中 国 职 业 技 术 教 育 学 会
智慧旅游职业教育专业委员会推荐用书

专家指导委员会 主　任 / 韩玉灵
副主任 / 邓　宁
总主编 / 杜兰晓

智慧旅游技术应用系列教材

智慧旅游产品创新与创业

ZHIHUI LüYOU CHANPIN CHUANGXIN YU CHUANGYE

主　编 郭　一　韦小良　陈晓华
副主编 魏　健　伍　欣　沙子凯

立体化教学资源

北京 · 旅游教育出版社

图书在版编目（CIP）数据

智慧旅游产品创新与创业 / 郭一，韦小良，陈晓华主编. -- 北京 : 旅游教育出版社，2022.8
智慧旅游技术应用系列教材
ISBN 978-7-5637-4460-2

Ⅰ. ①智… Ⅱ. ①郭… ②韦… ③陈… Ⅲ. ①智能技术—应用—旅游产品—产品设计—高等职业教育—教材 Ⅳ. ①F590.63

中国版本图书馆CIP数据核字(2022)第128028号

智慧旅游技术应用系列教材
智慧旅游产品创新与创业
郭一　韦小良　陈晓华　主编
魏健　伍欣　沙子凯　副主编

总 策 划	丁海秀
执行策划	陈凤玲
责任编辑	陈凤玲
出版单位	旅游教育出版社
地　　址	北京市朝阳区定福庄南里 1 号
邮　　编	100024
发行电话	（010）65778403　65728372　65767462（传真）
本社网址	www.tepcb.com
E - mail	tepfx@163.com
排版单位	北京旅教文化传播有限公司
印刷单位	北京柏力行彩印有限公司
经销单位	新华书店
开　　本	710 毫米 ×1000 毫米　1/16
印　　张	16.5
字　　数	245 千字
版　　次	2022 年 8 月第 1 版
印　　次	2022 年 8 月第 1 次印刷
定　　价	59.80 元

（图书如有装订差错请与发行部联系）

智慧旅游技术应用系列教材
专家指导委员会、编委会

总序 PREFACE

随着信息技术的快速发展并在旅游领域的深入应用，旅游业发生了前所未有的变革。《“十四五”文化和旅游发展规划》指出：积极发展智慧旅游，深化“互联网＋旅游”，加快推进以数字化、网络化、智能化为特征的智慧旅游发展。如何利用信息技术发展智慧旅游，实现旅游服务、旅游管理、旅游营销和旅游体验的智能化，促进旅游业全面转型升级和高质量发展，为把旅游业建设成为人民群众更加满意的现代服务业提供智力支持和人才保障，是当下旅游高等教育亟待解决的重要课题。

浙江旅游职业学院一直秉持着“依托行业、产学结合、接轨国际”的办学理念，借着浙江数字经济转型的东风，工学结合、校企合作，紧紧围绕智慧旅游教育领域积极探索，并开设了智慧旅游等一系列平台课程。2021 年 3 月，教育部全面修订新版职业教育专业目录。本人很荣幸地受教育部委托，作为组长牵头旅游大类中高本一体化专业目录修（制）订工作。在此过程中，由浙江旅游职业学院牵头申报了智慧旅游技术应用这个新专业并得到批准。自此，智慧旅游技术应用成为高职院校独立的专业，并于 2021 年 9 月正式开始招生。2021 年 8 月，本人再次受教育部委托，作为组长牵头带领团队完成了智慧旅游技术应用专业教学标准和专业简介的研制工作。

智慧旅游技术应用作为新专业，亟需一套与之相匹配的专业教材。在旅游教育出版社的邀请和大力支持下，我们开始筹划全国首套智慧旅游技术应用专业系列教材的编写与出版工作。2021 年 6 月，浙江旅游职业学院承办了智慧旅游技术应用专业系列教材论证会，牵头组织了国内 14 所旅游院校、10 余家旅游行业企业专家参与系列教材的编写工作。

该系列教材一共 5 册，分别是《智慧旅游技术概论》《旅游大数据及其应用》《旅游新媒体运营》《智慧旅游运营实务》《智慧旅游产品创新与创业》。该系列教材的编撰，紧扣智慧旅游技术应用专业标准，注重学生理论知识的提炼与实践能力的提升，从智慧旅游基础知识、旅游行业、实践运营、案例分析等多维度，围绕市场调研与商务数据分析、旅游大数据应用、旅游新媒体运营、智慧旅游产品应用以及智慧旅游运营逻辑主线而精心编撰，优选了国内外大量的智慧旅游相关案例，具有较强的针对性和实用性。

在此，要衷心感谢北京第二外国语学院、上海师范大学、上海旅游高等专科学校、青岛酒店管理职业技术学院、郑州旅游职业学院、太原旅游职业学院、泰山学院、江西婺源茶业职业学院、淄博职业学院、山西职业技术学院、长沙商贸旅游职业学院、南充文化旅游职业学院、上海师范大学天华学院、南京旅游职业学院等单位和编写团队的倾情付出。同时，也诚挚感谢以韩玉灵教授为主任、邓宁为副主任的专家指导委员会的悉心指导和帮助，以旅游教育出版社丁海秀副社长为首的工作团队的全力支持与配合。

本套教材既可作为中高职旅游类专业教学用书，也可作为职业本科旅游类专业教学参考用书，同时还可作为工具书供从事旅游服务与管理的企事业单位专业人员和社会人士借鉴与参考。

本套教材虽凝聚多方心血而成，但基于智慧旅游技术应用是新专业，且应用领域十分广泛，作为全国首套智慧旅游技术应用专业系列教材，肯定还存在诸多不足和遗漏之处，恳请读者不吝批评和指正，我们将在今后再版过程中予以完善与修正。

总主编：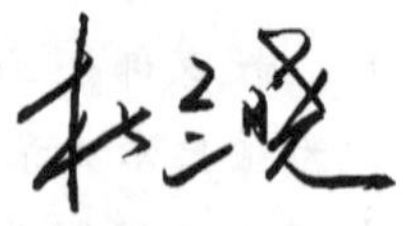

2022 年 8 月

前言 FOREWORD

随着旅游业与信息技术产业的融合发展，智慧旅游成为旅游业迈向现代服务业的重要依托。智慧旅游凭借先进的信息技术手段，实现了人与旅游资源、旅游信息的整合，创新了旅游企业的管理服务能力，改变了商品交易模式，改变了游客旅游消费习惯，提升了游客旅游体验感等。为了满足文化和旅游领域高质量发展对高素质技术技能人才的需求，提高人才培养质量，旅游人才的培养模式也应与时俱进、不断创新，才能适应时代发展的新要求。

当下，“大众创业 万众创新”已成为中国高校最生动的实践，在风起云涌的创业浪潮中，大学生创业已成为高校中的亮点。互联网行业是一个高速发展的行业，大学生创业大赛此起彼伏，成为当前高校一项重点工作。但是时下旅游院校创业课程师资不足、教材滞后，尤其当下智慧旅游背景下大学生创业实践领域的教材尚属空白。

本教材聚焦智慧旅游创业领域，从智慧旅游产品维度，梳理当前智慧旅游管理、智慧旅游服务、智慧旅游营销三个维度出现的智慧旅游产品，主要有硬件、软件，以及旅游线路等产品，从产品的视角切入创新创业。整本教材既融合了创新智慧旅游产品的特点，又围绕创新创业的商业逻辑总结创新创业的基本规律。使用的素材以一手的资料与案例为主，通过真实鲜活的创业项目剖析与解读，加深读者对创新创业的理解，为当下智慧旅游背景下的大学生创业提供翔实的实践指导。

本教材由八大项目构成，项目一介绍智慧旅游与创新创业的基本概念，以及当下智慧旅游的环境；项目二介绍创业机会的识别与开发；项目三介绍智慧旅游产品的分类；项目四从交互产品入手，介绍智慧旅游系统设计与实操；项目五介绍智慧旅游产品的设计与策划；项目六手把手教学生创业，主要围绕团队构成、商业模式构建、创业资源获取等方面展开；项目七从产品的角度围绕市场运营展开；项目八介绍知识产权及法律风险管理。本教材围绕专业教育与创业教育融合的理念，从产品到市场、从专业到创业、从商业到产业，通过专创融合实现育人目标。不是每个人都适合创业，但是旅游从业者应该接受创业教育，经历创业实践，提升创业素养。

最后，诚挚感谢国内外智慧旅游相关专著以及许多高水平论文报告的作者们。他们的作品为我们编写本书提供了丰富的参考，使我们受益匪浅。同时，衷心感谢浙江旅游职业学院和旅游教育出版社有关领导、专家和编辑，他们为本书的编写和出版付出辛勤的劳动，提出有益的修改建议。感谢浙江深大智能集团智慧旅游研究院陈晓华、马蜂窝电商培训负责人魏健等朋友的大力支持。

由于水平有限，加之智慧旅游发展很快，书中难免有一些不足之处，欢迎使用本书的读者提出宝贵意见。

编者

2022 年 8 月

目录 CONTENTS

项目一 导论

项目导读

两千余年前，阿基米德曾说："给我一个支点，我就能撬起地球。"两千年后的今天，有什么能够撬动地球？IBM 公司的回答是"智慧系统"。伴随 5G、人工智能、无接触服务等走入人们的日常生活，智慧系统给传统旅游产品与服务带来挑战与机遇。智慧旅游便是智慧系统下旅游业迎接时代挑战与机遇的重要产物。那，究竟什么是智慧旅游？如何与创新创业的实践相对接？何以精准识别与分析现状？本项目以回答上述问题为指引，任务一重点梳理智慧旅游的缘起与发展及概念界定；任务二从创新、创业与"双创"（创新创业）的概念展开；任务三从宏观及微观双视角分析智慧旅游新环境及产品现状。

学习目标

知识目标

1. 了解智慧旅游的发展历程。
2. 掌握智慧旅游的概念。
3. 掌握创新创业的基本概念。
4. 了解智慧旅游环境现状。

能力目标

1. 了解智慧旅游产品的环境。
2. 了解创新创业的必备条件。
3. 掌握智慧旅游产品涉及的相关技术。

素质目标

通过对我国智慧旅游发展现状的学习，掌握智慧旅游创新创业者的基本素质、适应能力及专业素养。

思政目标

通过对国内外智慧城市、智慧旅游的了解与比较，正确认识国内外旅游行业的发展态势，引领学生价值观的塑造，用辩证思维去看世界。

思维导图

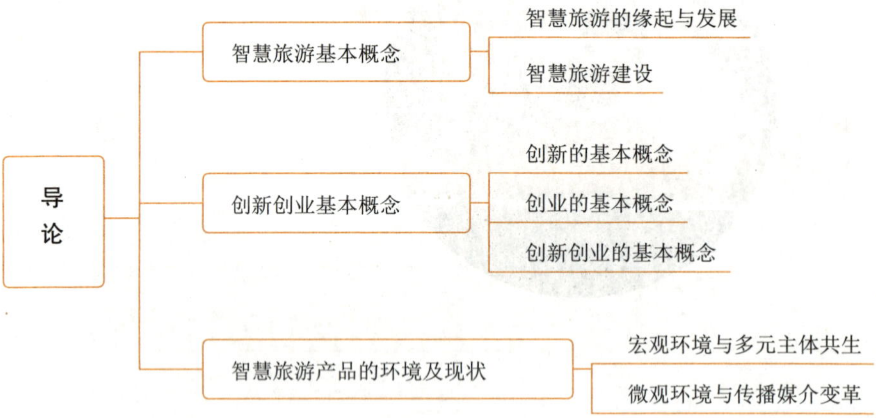

【案例导入】

浙江省智慧旅游建设

浙江省已建成旅游产业信息服务平台、“浙里好玩”旅游信息公共服务平台、全域浙江导览系统等智慧旅游服务产品。

浙江省通过一、二期智慧旅游建设，初步形成旅游大数据中心，完成大多数4A级及以上景区客流量监测和视频接入，实现对14种基础数据采集，初步汇聚全省酒店游客入住数据、高速出入口车辆识别数据、个推数据、银联旅游消费数据、OTA订单数据、游客特征数据、气象环境数据、旅游舆情数据等。

浙江省产业信息服务平台于2016年4月上线，是国内首批旅游综合服务平台，具备旅游资源展示、旅游产业监测、旅游营销分析、旅游项目投资分析、产业融合分析、旅游知识服务等功能模块，能够服务行业管理部门、涉旅企业及游客、旅游从业者等多个主体，实现了涉旅数据的集中展示。

“浙里好玩”旅游信息公共服务平台是全国首批优质旅游省级服务平台，利用大数据及移动互联技术，结合分享经济，提供浙江省旅游的全过程优质服务，包括“四美”产品推荐、旅游攻略玩法、旅游活动互动、旅游达人分享、公共服务等十大功能模块，实现对全省优质旅游资源的整合，全面提升旅游舒适度和获得感。

全域浙江导览系统为全国首个全域旅游线上手绘导览，基于手绘地图，为游客提供个性化旅游资源查询的同时，集成语音导览、厕所、餐饮等公共服务。

浙江省旅游局响应浙江省政府数字化转型要求，启动“诗画浙江全域旅游信息服务系统”建设，进一步完善全省旅游数据中心云服务能力，充分归集、梳理旅游系统各部门数据，建立全域旅游各产业管理功能，全面提升旅游行业监管水平，对景区、旅行社、住宿业进行全面的监测管理。

其中，智慧景区西溪湿地：“全国智慧旅游景区试点单位”，建成了西溪湿地数字化管控平台，包括园区水闸系统、高压配电系统、路灯系统、停车场的视频接入和车流量分析系统、园区建筑设施管理系统、园区名木古木管理系统、园区安保人员定位调度管理系统、人流量统计系统等。

（资料来源：本案例根据《杭州智慧旅游规划研究》相关资料整理）

案例分析：我国旅游业突飞猛进，逐步发展成为旅游大国，在当代科技的推动下，智慧旅游应运而生。智慧旅游不但能提高旅游运营企业的效益，而且能改善客户的满意度，实现政府、企业、旅游者三者的共赢。智慧旅游的落地，应从服务、管理、营销等维度入手。

任务一　智慧旅游基本概念

一、智慧旅游的缘起与发展

旅游信息化及智慧城市建设，在将 5G、人工智能及 RFID 无线射频技术等渗透进人们日常生活的同时，推动智慧旅游成为各旅游目的地建设的重点及理论研究的热点。

（一）智慧旅游的缘起

1. 智慧地球

（1）智慧地球的提出

智慧旅游的提法源于“智慧地球”及其中国实践的“智慧城市”。2008 年 11 月 IBM 提出“智慧地球”概念，随着世界各国的科技发展布局，“智慧地球”战略已经得到了各国的普遍认可。数字化、网络化和智能化，被公认为未来社会发展的大趋势，而与“智慧地球”密切相关的物联网、云计算等，更成为科技发达国家制定本国发展战略的重点。自 2009 年以来，美国、欧盟、日本和韩国等纷纷推出本国的物联网、云计算相关发展战略。

（2）智慧地球的定义

IBM 的“智慧地球”，实际上就是要把新一代的 IT 技术充分运用到各行各业之中，把感应器嵌入和装备到全球各个角落的电网、铁路、桥梁、隧道、公路等各种物体中，通过网络将它们普遍连接，形成“物联网”，从而使人类能以更加精细和动态的方式管理生产和生活，实现智慧地球。

（3）智慧地球的特征

智慧地球具有三方面的特征：一是更透彻的感知，即能够充分利用任何可以随时随地感知、测量、捕获和传递信息的设备、系统或流程；二是更全面的互联互通，即指智慧的系统可按新的方式协同工作；三是更深入的智能化，即能够利用先进技术更智能地链接世界，进而创造新的价值。

2. 智慧城市

（1）智慧城市的提出

IBM 公司提出智慧地球概念后，智慧城市便应运而生。2009 年 11 月，中国政府发表了题为《让科技引领中国可持续发展》的讲话，提出要着力突破传感网和物联网的关键技术，及早部署后 IP 时代的相关技术研发，使信息网络产业成为推动产业升级、迈向信息社会的发动机。目前，中国已将物联网技术列入国家中长期科技发展规划，智慧城市建设在各地积极展开。

（2）智慧城市的定义

智慧城市是数字城市与物联网和云计算等技术有机融合的产物。基于数字城市的基础框架，各类物联网传感器将人及其相关的固定或移动物品连接起来，并将海量数据的存储、计算和交互服务交由云计算平台在“云端”处理，按照处理结果对城市实施实时自动化控制。关于智慧城市的概念比较多元。其中，2014 年 8 月以国家发改委为首的八部委联合下发了《关于促进智慧城市健康发展的指导意见》，将智慧城市定义如下：智慧城市是运用物联网、云计算、大数据、空间地理信息集成等新一代信息技术，促进城市规划、建设、管理和服务智慧化的新理念和新模式。

（3）智慧城市的特征

由数字城市与物联网及云计算技术结合所形成的智慧城市具有以下特征：一是以数字城市为基础框架；二是包含物联网和云计算（智能传感网、安全网、控制网及云计算智能处理）；三是面向应用和服务。

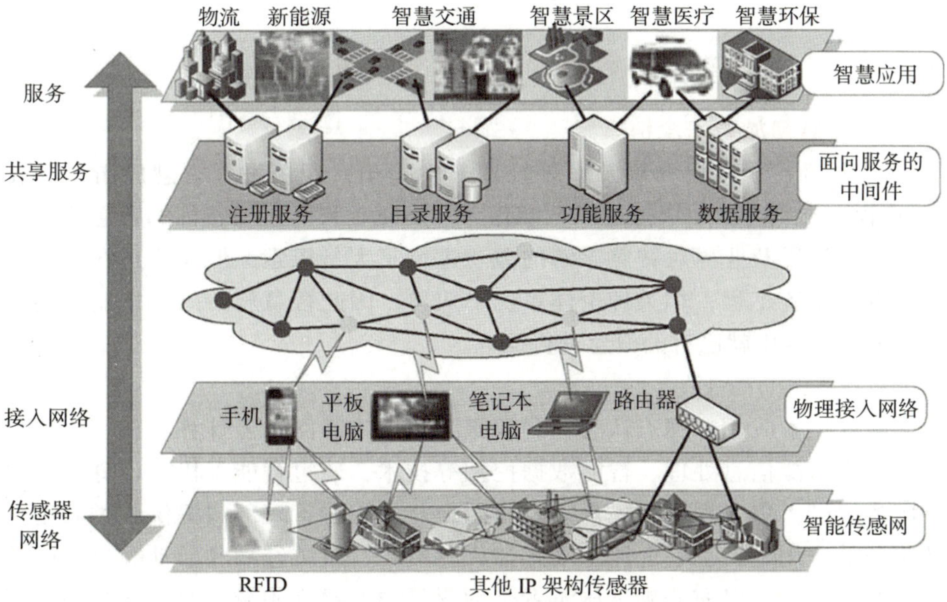

图 1-1　基于物联网的智慧城市的一般架构

（4）智慧城市的应用

智慧城市的建设主要围绕智慧政务、智慧产业、智慧民生三大方面，从管理部门、行业企业、老百姓的视角，围绕政务、医疗、交通、社区、校园等应用场景展开。

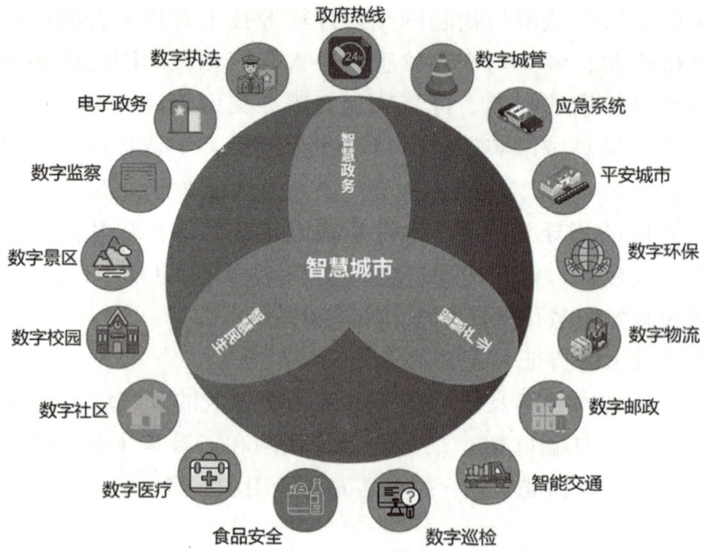

图 1-2　智慧城市应用场景

（二）智慧旅游概念梳理

《“十四五”文化和旅游发展规划》中指出：积极发展智慧旅游，深化“互联网 + 旅游”，加快推进以数字化、网络化、智能化为特征的智慧旅游发展。目前学界及业界对智慧旅游的概念进行了大量探索，但作为正在发生的一项复杂系统工程，相关理论体系仍不成熟，因此智慧旅游的基本概念尚未达成一致，这里就已有的概念进行梳理。

1. 技术应用论

信息技术应用论观点认为，智慧旅游凭借物联网、云计算、新一代通信网络、高性能信息处理、智能数据挖掘等技术，通过智能手机、计算机等多种服务终端，集成为广大民众以及旅游企业、旅游管理部门提供各类旅游公共服务的应用平台。平台能主动感知旅游资源、旅游经济和活动等方面的信息并及时发布，以充分满足旅游者个性化需求，提升旅游企业经济效益，提高旅游行政监管水平，从而带来新的服务模式、商务模式以及政务模式的智能集成系统，是旅游产业中重要的技术、服务和监管革命。

图 1-3　数字人工智能 AI

2. 管理变革论

以张凌云等为代表的管理变革论，认为智慧旅游是新一代信息技术为满足旅游者的个性化需求，提供高品质、高满意度服务，在旅游资源与社会资源的共享与有效利用上带来的系统化、集约化的管理变革。

3. 旅游新形态论

该视角将智慧旅游视为新一代信息技术与旅游业融合过程中呈现的旅游新业态，或是认为智慧旅游是以新兴信息技术为代表的智慧技术对旅游生产消费环节进行改造，使旅游过程更智慧，将此过程视为旅游业可持续发展的一种模式。

4. 旅游服务体系论

如果说工业革命是生产的规模化，那数字革命则是服务的规模化。该视角站在服务业的视角来审视信息、技术对旅游这样一个服务业的加持作用。并将旅游服务视为一个由企业、政府、游客、社区居民等多主体构建的大系统。李萌认为智慧旅游是利用新一代信息技术为手段，为满足旅游者个性化需求的一种系统化、集约化的综合旅游服务体系。李云鹏认为，将“旅游者个体在旅游活动过程中所接受的泛在化的旅游信息服务”作为智慧旅游的定义更能揭示其本质特征。其他研究者还从不同的角度提出了个人对智慧旅游的独特见解。姚志国、鹿晓龙认为，智慧旅游其实是旅游信息化的新阶段，是现代信息技术与旅游服务、管理、营销、资源和信息的系统化整合与深度开发利用，目的是服务于公众、企业和政府。周倩认为，智慧旅游是旅游消费市场的变化和新一代信息技术在旅游业的发展应用而产生的一个新概念。

通过概念梳理，本书认为智慧旅游是在技术加持下的管理、服务的创新系统演化，旨在打造新兴信息技术赋能的旅游创新生态系统。

（三）智慧旅游的发展

我国的智慧旅游发展分为以下五个阶段：

第一阶段：萌芽阶段（2008—2010年）

这一阶段是IBM提出的“智慧地球”概念到“智慧旅游”概念的演变阶段，智慧旅游开始被人们所认知。

第二阶段：初具雏形（2010—2011年）

这一阶段以2010年江苏镇江市在国内率先提出智慧旅游发展命题为标志，代表着我国进入智慧旅游的研究阶段。学术研究文献在这一阶段也有了大幅度的提升。

第三阶段：正式提出（2011—2012年）

这一阶段是以2011年正式提出的“要用10年的时间基本实现智慧旅游”为标志，象征着我国智慧旅游发展从理论研究开始进入实践阶段。2012年，国家旅游局正式确定国家智慧旅游试点城市建设，并于同年成立了中国智慧旅游产业联盟。

第四阶段：持续推进（2012—2016年）

2014年，发布《关于促进智慧城市健康发展的指导意见》，在智慧城市建设方面提出要“鼓励发展基于移动互联网的旅游服务系统和旅游管理信息平台”，推进旅游行业的信息化应用。在此阶段，各个省市县（区）也开始探索智慧旅游的步伐，如浙江省的千岛湖景区、西溪湿地景区等都启动了智慧旅游建设项目。

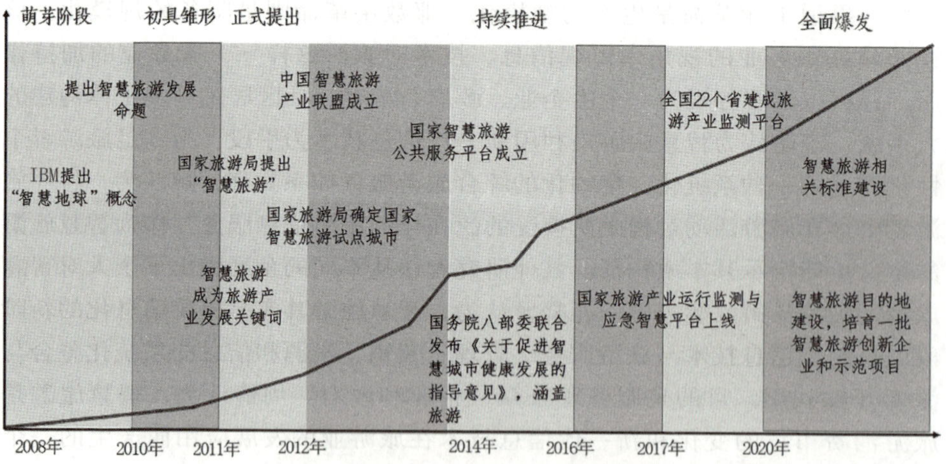

图1-4 中国智慧旅游发展历程

第五阶段：全面爆发（2016—至今）

2016 年，国家旅游产业运行监测与应急智慧平台上线，启动全国范围内“国家—省—市—县（区）”四级智慧旅游一体化建设，并下发相关文件，指导四级旅游大数据的对接。截至 2017 年，全国 22 个省建成旅游产业监测平台，并且在智慧旅游服务、管理、营销等方面的应用逐渐深入。旅游业日益蓬勃发展，智慧旅游建设全面开花，逐渐往智慧旅游相关标准化建设发展。

二、智慧旅游建设

了解智慧旅游，要从智慧旅游建设服务目标群体开始分析。作为旅游行业的重大发展与突破，智慧旅游建设最重要的着眼点还是对旅游行业整体的变革，以满足旅游市场日益增长的管理需求、服务需求，并提供更为智慧化的服务体验。

1. 服务旅游管理部门

政府职能部门以智慧旅游建设为战略目标，转变传统的粗放型管理模式为现代化集约型的管理模式，实现对旅游产业整体运行情况智慧化监测，从而制定相应的应急预案，提升对旅游产业的监管能力，确保旅游安全。

智慧旅游还将实现旅游管理部门从管理型政府向服务型政府的转变，提升政府旅游公共服务能力，实现旅游公共管理与公共服务职能的无缝融合。旅游管理部门实现对传统的、新型的旅游资源进行智慧化的统一管理与整合，结合地区旅游行业特色及游客偏好等信息，对旅游资源进行合理配置与调度，以提高旅游资源的利用率。

2. 服务涉旅企业

旅游景区能够以智慧景区建设为切入点，提升景区服务能力，制订精准的景区推广策略，给游客带去智慧化的服务体验，从而提升景区运营能力，比如对文化遗产保护类景区，以智慧化的手段，实现对文化资源的保护，寻求游览与保护的平衡点。

视频 1-1：智慧酒店

接待型企业以智慧酒店建设为切入点，对酒店的经营运行情况进行更加便捷的智慧化管理，寻找管理漏洞，提升酒店经营能力；从服务的角度，为游客提供智慧化的入住体验，提高游客满意度，打造酒店品牌；从营销角度，实现对游客的精准入住推荐。

视频 1-2：智慧旅行社旅游线路操作系统

旅行社可以通过对旅行社经营状况的监测与管理，寻求旅行社产品的突破点以及与市场的契合点，提升旅行社经营能力及对游客的服务能力，提供更合适的旅游产品及旅游线路。

智慧旅游建设还能助力实现乡村旅游特色资源的整合，提升乡村旅游的经营能力，帮助解决游客与乡村旅游之间信息不对称问题，为游客提供智慧化的服务信息，以智慧化的乡村旅游带动乡村整体的发展。

3. 游客

对旅游资源进行全面整合，根据游客偏好，为游客提供信息定制等个性化服务，创造良好的智慧化游前体验；在游中，结合当地旅游特色，以智慧化方式提升游客游中满意度；在游后使游客能够有渠道进行反馈，并进行问题追踪。

任务二　创新创业基本概念

一、创新的基本概念

人类文明的演化史可以说是一部创新驱动发展的历史。创新在推动全球发展、提升国家竞争优势、改善社会结构及改变个人生活中发挥着巨大能量。然而直到20世纪初，人类才真正开始了解并运用创新，开启创新的迭代更新。

（一）创新概念的提出

创新最早是一个经济学概念，是由美籍奥地利学者熊彼特在其著作《经济发展理论》中提出的。他认为生产技术与生产方式的变革是经济发展的核心影响因素。在熊彼特的观点里，创新是建立一种新的生产函数，并将生产要素与生产条件的全新组合引入到新的生产体系。

熊彼特还对创新概念进行了解析，认为创新包括新产品、新技术/工艺/生产方法、新市场、新原料或半成品供应源、新企业组织或产业组织方式共五大方面。

（二）创新概念的演变

熊彼特的创新将经济与技术相结合，视创新为经济发展的原动力，开启了创新的发展史。但由于熊彼特所提创新重点突出新技术的商业应用，清华大学陈劲教授指出这种创新具有局限性：首先，该创新概念仅突出了创新经济学上的意义；其次，熊彼特忽略了经济活动中企业家之外的创新主体；最后，熊彼特未从微观视角来审视企业如何在外界环境巨变中创新组织体系。随后不同领域涌现了一批优秀学者对创新理论进行了不断补充与完善，由此推动了创新范式的不断演进。

创新 1.0 范式亦可称为技术推动模式。该范式是以熊彼特为代表的创新概念形成的，起源于对技术的关注。如“二战”前后，基于半导体、信息、材料等核心技术科学研究面向军工、民用等产业化应用的成功，引发高科技就业与产业变革的黄金时代。该阶段技术驱动成为创新的主要模式，强调基础科学对最终技术产品的重要性，同时加强资源投入，呈现多研发、多创新、多产出的增长范式。

创新 2.0 范式即创新系统时代。该阶段系统论思想被引入到创新领域，创新的内涵由国家创新体系扩展到区域、系统等尺度，其核心目的是引导人们用系统的观点看待创新。该阶段弗里曼（1988；1995）、尼尔森（1993）等人提出了国家创新系统，库克（1992；2004）提出了区域创新系统，Malerba（1996；2002）提出了产业创新系统，我国学者陈劲（1996；2014）提出了企业创新系统。

创新 3.0 范式亦可称为共生式创新。其理论主流传承于演化经济学。该阶段是集合要素及系统创新的再一次升级，体现为产学研用的“共生”，即政府、企业、大学院所及用户的四螺旋创新。该范式生成于生产消费者（prosumer）崛起的背景之下，是一种生态化、动态化的创新模式。

二、创业的基本概念

被誉为“创业教育之父”的杰弗里·蒂蒙斯（Jeffry Timmons）是美国百森商学院的教授，他认为创业不仅仅意味着创办企业、筹集资金和提供就业机会，也不等同于创新、创造和突破。创业不仅受机会的制约，还要求创业者设计系统的实施方案，并掌握高超的平衡技术和领导艺术。

南开大学创业管理研究中心主任张玉利教授认为创业是一种思考、推理和行为方式，它为机会所驱动。把创业仅仅理解为创建新企业是片面的，创业的本质在于把握机会，创造性地整合资源，创新和快速行动，创业精神是创新的源泉。创业是具有企业家精神的个体与有价值的商业机会的结合，是开创新的事业。创业行为普遍存在于各种组织和各种经营活动中，发扬创业精神是取得更大成绩和进步的前提。不同学者对创业研究具有不同的视角，包括创业机会视角、社会网络视角、社会资本视角、双元组织视角、衍生创业视角等。

小米创始人雷军曾说：“近年来创业似乎是一件时髦的事，其实创业从不像这个词听上去那么美好，就如同在风沙中穿过沙漠寻找水源，只有在你从所有痛苦和挣扎中走出来之后，再回忆种种刻骨铭心的经历时，它才是美好的”，可见创业并非一件容易的事，那究竟什么是创业，不同人有不同的见解与认知，没有固定的范式与标准。

还有从价值、行为、机会三维视角对创业进行的界定：从价值视角来看，创业是创业者及创业搭档对他们拥有的资源或通过努力对能够拥有的资源进行优化整合，从而创造更大经济或社会价值的过程；从行为视角来看，创业是一种需要创业者及其创业搭档组织经营管理，运用服务、技术、器物作业的思考、推理和判断的行为；从机会视角来看，创业是以点滴成就点滴喜悦致力于理解创造新事物（新产品、新市场、新生产过程或原材料，组织现有技术的新方法）的机会。

三、创新创业的基本概念

2015 年，国务院办公厅颁发了《国务院办公厅关于深化高等学校创新创业教育改革的实施意见》，意见指出深化高等学校创新创业教育改革，是国家实施创新驱动发展战略、促进经济提质增效升级的迫切需要，是推进高等教育综合改革、促进高校毕业生更高质量创业就业的重要举措，并就人才培养质量标准、创新人才培养机制、健全创新创业教育课程体系、改革教学方法和考核方式、强化创新创业实践等方面提出实施意见。2018 年 9 月 18 日，国务院下发《关于推动创新创业高质量发展打造“双创”升级版的意见》，就双创环境升级、双创发展动力升级、创业带动就业能力升级、科技创新支撑能力升级、双创平台服务升级、完善双创金融服务、构筑双创发展高地等进行了战略部署。

从创新创业管理视角来看，创新创业指在技术、服务、产品、组织、市场、管理、渠道创新等方面的其中一个或几个点创新进行的创业活动。创新是双创的特征，创业则是双创的目标，创新与创业具有互为表征与互促的作用。

【案例】

创业标杆：扎克伯格谈为何创业

2015 年，Facebook 创始人扎克伯格为清华经管课堂上的同学们分享了三个小故事，并以此来说明自己为什么创业。

第一个故事是关于相信使命，就是做重要的事情。2004 年，他创立 Facebook 时，互联网上有很多网站，通过它们可以找到大量资料，如新闻、音乐、书、电影、购物等。可是，没有服务能帮助我们找到生活中最重要的东西：人。因此，当他创立 Facebook 时，想解决的重要问题是想把人们连接在一起。当一个人有使命时，就会专注这件事。

第二个故事是用心。当你有了使命，你会用心地往前走，离自己的目标越来越近。谷歌、微软为什么没有做这个产品，而他反而做出了世界上最大的互联网社区？一开始，Facebook 只是一个小产品，是为美国学生服务的。但是，随着社会的发展，Facebook 的使用对象逐步从学生扩大到所有人；从网络版社交媒体发展为移动端社交媒体。

第三个故事是向前看。2005 年，他的目标是连接 10 亿人。当他达到这个目标，发现 10 亿仅仅是一个数字，他想连接全球的人。世界上，很多地方没有网络，没有电脑，面对非常难的挑战，他努力着，也逐渐克服一个个困难，一直向前看。

（资料来源：搜狐网 2015-10-24）

案例思考：创新创业，你准备好了吗？创业之路，需要准备哪些呢？扎克伯格分享的小故事对你创业有什么启示？

任务三　智慧旅游产品的环境及现状

智慧旅游是现代科技创新与旅游产业发展升级相结合的产物，也是我国旅游产业转型升级的战略方向。它运用新一代信息网络技术和装备，充分、准确、及时感知和使用各类旅游信息，从而实现旅游服务、旅游管理、旅游营销、旅游体验的智能化，促进旅游业态向综合型和融合型转型提升。

一、宏观环境与多元主体共生

智慧旅游的环境分为宏观环境与微观环境。宏观环境主要围绕 PEST 四个维度展开，其中 P 是指 Policy（政策），E 是指 Economy（经济），S 是指 Society（社会），T 是指 Technology（技术）。

（一）智慧旅游行业政策环境分析

国家从政策上对智慧旅游行业作一些纲领性的指导，这也是对其重视的表现，会花费更多的人力、物力、财力来解决这一新兴行业存在的问题，这有利于积极开拓智慧旅游创新创业。

文化和旅游部在《“十四五”文化和旅游发展规划》中提出要深化旅游

业供给侧结构性改革，深入推进大众旅游、智慧旅游和“旅游+”“+旅游”，提供更多优质旅游产品和服务，加强区域旅游品牌和服务整合，完善综合效益高、带动能力强的现代旅游业体系，努力实现旅游业高质量发展。要积极发展智慧旅游。加强旅游信息基础设施建设，深化“互联网+旅游”，加快推进以数字化、网络化、智能化为特征的智慧旅游发展。加强智慧旅游相关标准建设，打造一批智慧旅游目的地，培育一批智慧旅游创新企业和示范项目。推进预约、错峰、限量常态化，建设景区监测设施和大数据平台。以提升便利度和改善服务体验为导向，推动智慧旅游公共服务模式创新。培育云旅游、云直播，发展线上数字化体验产品。鼓励定制、体验、智能、互动等消费新模式发展，打造沉浸式旅游体验新场景。

（二）智慧旅游行业经济环境分析

21世纪，我国经济焕发出勃勃生机，保持着强劲的增长势头，作为与一、二、三产业都有关联的智慧旅游产业，国民经济的平稳快速发展是保证其发展的经济基础与前提。但作为典型新兴行业，市场对该行业产品刚性需求的特点决定了宏观调控对智慧旅游行业具有一定的保护性，因此行业受国内经济波动的影响相对较小。

（三）智慧旅游行业社会环境分析

随着社会环境的持续变化，智慧旅游业将面临更快的发展，同时也预示着新机遇的到来。我国拥有非常大的智慧旅游产品消费市场，随着国内经济快速发展，消费者可支配的收入不断增加，对智慧旅游产品的多样化、个性化、多元化消费趋势将日渐明显。

（四）智慧旅游行业技术环境分析

中国的科技发展战略开始发生转变。国民经济和社会发展“十四五”规划与科技部随后制订的科技发展规划都明确提出了实现技术跨越式发展的总体目标，强调要在“促进产业技术升级”和“提高科技持续创新能力”两个层面进行战略部署，在进一步发挥劳动密集型产业比较优势的同时逐步形成中国高技术产业的群体优势。完善、发达的基础结构能够降低企业的决策成本和生产成本，提高企业运作效率。

目前，中国智慧旅游涉及的主要技术围绕大数据、云计算、物联网、人工智能、5G通信技术、区块链等展开，良好的技术环境为智慧旅游行业发展提供了强有力的保障。

图 1-5　5G 通信技术发展为智慧旅游提供了强有力的保障

（五）多元主体共生现状

目前，全国各地都在积极推进智慧旅游建设，类型也比较多。随着各地智慧旅游建设，中国智慧旅游建设已经在地域分布以及建设模式方面形成了一定的特色。在地域分布上，初步呈现出集群化分布，且有东部沿海地区向内陆地区拓展的特征。有报告分析，从国家级智慧旅游项目建设情况来看，已经形成“东部沿海集聚、中部沿江联动、西部特色发展”的空间格局：环渤海、长三角和珠三角地区以其雄厚的工业园区作为基础，成为全国智慧旅游建设的三大聚集区；中部沿江地区借助沿江城市群的联动发展势头，大力开展智慧旅游建设；西部地区根据各自的建设特色，也正加紧智慧旅游建设。未来一段时间，中国中西部地区智慧旅游建设或将迎来全新的建设浪潮。

根据行业现状，智慧旅游的四大应用对象为以政府为代表的旅游公共管理与服务部门、旅游者、旅游企业以及目的地居民。与传统旅游信息技术应用面向政府、企业与旅游者三大主体不同，智慧旅游将目的地居民纳入应用对象，即智慧旅游在智慧城市外延下，不仅能够为旅游者提供服务，还能够使旅游管理、服务与目的地的整体发展相融合，使旅游者与目的地居民和谐相处。智慧旅游应重点集中于旅游管理服务部门的监管平台、海量游客的个性化智慧产品开发、旅游企业的智慧项目建设三个方面。

二、微观环境与传播媒介变革

微观环境，主要是指企业层面的智慧旅游建设，一般分为智慧旅游系统建设与智慧旅游产品创新。智慧旅游的建设应当理性有序，坚持“顶层设计与底层建设同步进行”的思路，即应该在国家层面确定建设标准和平台，设计指导性纲领，以避免重复建设和信息孤岛造成的巨大浪费；在企业层面提出智慧旅游建设标准、程序及要求，保证系统中有效的信息传递，顶层与底层建设必须同步推进。此外，在智慧旅游建设平台上实现商务、服务、政务系统的共建共生，实现资源共享、优势互补的协同效益。

针对智慧旅游的四大应用主体，智慧旅游的实现路径也不同。从旅游者角度，智慧旅游提供智慧的旅游咨询、智慧的旅游预订和购买、智慧的旅游接待和智慧的旅游售后服务。从旅游企业角度，借助智慧旅游平台实现全域营销，促进传播媒介从传统的纸媒逐步变为新媒体传播。同时智慧旅游强大的数据处理和共享能力解决了旅游企业，尤其是中小企业自身信息化程度不高的问题，可降低企业运营成本。从旅游目的地角度，智慧旅游优化旅游目的地营销及接待体系。从管理组织角度，智慧旅游可优化管理方式，提升管理效率。

在新媒体时代，每家企业、每个游客都是发声者，新媒体的开放性与旅游的分享性，在一定程度上不谋而合。传播学家麦克卢汉在其著作《理解媒介：论人的延伸》中提出了其著名理论：“媒介是人的延伸”，即媒介是人感觉能力的延伸和扩展。这样我们可以将印刷媒介看作视觉的延伸，广播是听觉的延伸，电视则是视听觉的综合延伸，互联网可以理解为是人类中枢神经系统的延伸。而智慧旅游呈现的内容则是感知觉的延伸。智慧旅游的发展，主要围绕旅游消费方式、旅游服务方式、旅游管理方式、旅游营销方式四个方面展开。传播媒介的改变，同时也改变了旅游的消费方式、服务方式、管理方式、营销方式，如电子支付、7×24在线服务、智能管理、新媒体营销……新媒体也助推了旅游业发展，如新媒体可引导旅游舆论导向、加快旅游IP的推广、助推智慧化管理和消费、拓宽旅游信息传播渠道、加速旅游品牌塑造等。

拓展知识：人工智能

【思政园地】

北京故宫是世界文化遗产、国家5A级景区。2018年，故宫博物院开放区域已达全院面积的80%。随着开放区域的不断扩大，如何将古建安全、文物保护、观众安全落到实处，是开放服务工作面临的新挑战。完善硬件服务之外，通过数字化手段增强博物馆的管理与服务手段，对外让观众畅通游览、对内创新观众管理方式，成为推动故宫博物院线上线下服务的一体化发展内在需求。

从2018年起，故宫博物院数字与信息部同专业地图团队合作，对故宫开放区域600多个建筑、展厅、服务设施位置信息精确采集，采用GPRS导航、LBS定位、360度全景呈现等技术，集成大众喜爱的紫禁城祥瑞、故宫美图、特色路线等，打造集指路、百科与闲聊为一体的AI专属导游，推出了“玩转故宫”小程序，满足不同观众的个性化游览需求。

2021年12月发布的数字故宫小程序2.0中的“玩转故宫”全新升级为“智慧开放”项目，除继续优化地图导航服务，更以开放服务面临的突出问题为导向，从运营管理、服务质量、游客需求、开放安全、古建安全保护等多个维度抓取核心问题，扩展在线购票、预约观展、在线购物等实用板块，新增游客参观舒适指数查询、无障碍路线查询等功能，将“零废弃”“适老化”“无障碍”等理念融入开放服务中，并对AR实景导航在故宫场景的应用进行了探索。从“玩转”导航的小助手，到更智能、更友好、更简单的开放服务平台，故宫博物院公共服务水平迈上了新的台阶，也向“智慧博物馆”一站式参观体验的建设历程迈出了新的一步。

（资料来源：中国旅游新闻网 2022-01-30）

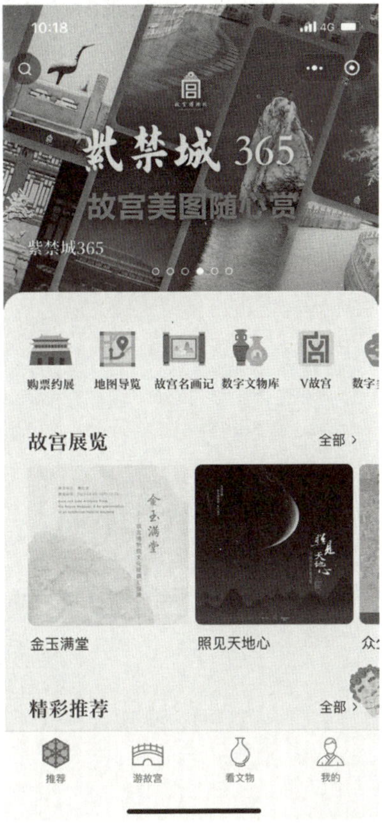

图1-6　故宫博物院小程序截图

点评：北京故宫是世界上现存规模最大、保存最为完整的木质结构古建筑之一，是中华民族集体智慧的结晶，1987年被列为世界文化遗产。2020年恰逢故宫建成六百年，故宫旅游也已经迈向更深层次的智慧化道路。智慧旅游可以通过各种现代化手段将故宫的建筑、故宫的色彩、故宫的故事、故宫的文化、故宫的历史……呈现给游客；让游客从中国建筑感受壮丽辉煌，从中华文化感受到丰富多彩，从明清历史感受到兴盛衰败，从故宫文物感受到国粹之美……作为中国人，在社会主义核心价值观的引领下，需要用语言、技术等各种方式传递中华文化，讲好中国故事。

思考与练习

一、判断题

参考答案

1. “智慧旅游”源于“智慧地球”。 (　　)
2. “智慧旅游”发展经历了五个阶段。 (　　)
3. 智慧旅游建设目标仅仅局限于旅游管理部门与旅游企业。 (　　)
4. 智慧旅游建设围绕智慧管理、智慧营销、智慧服务、智慧分析而进行。 (　　)
5. 创新创业是交融在一起，但是创业者必须要有创新精神。 (　　)

二、简答题

1. 智慧旅游的概念是什么？
2. 智慧旅游与智慧城市之间有什么异同点？
3. 市面上，智慧旅游产品具体有哪些？请例举出来。

项目二　创业机会识别与开发

项目导读

本项目共分为四大任务，任务一主要帮助大家认知什么是创业机会，机会都有哪些特征，机会的周期长短，机会主要来自哪些方面；任务二对创业机会作了基础分类，并教大家如何识别创业机会；任务三识别出某些机会后还要通过科学的调研和分析来检验是否可行，是否值得投入；任务四锁定某些机会后要进行比较和评估，规避隐藏在机会中的陷阱，最后把握好机会，开发创业的机会并进行创业规划。

学习目标

知识目标

1. 了解创业机会都有哪些特点。
2. 了解市场调研及分析的流程。

能力目标

1. 能够快速识别创业机会。
2. 能自行组织市场调研并作分析。
3. 能评估机会对自身创业的价值。

素质目标

1. 增强学生对创业的认知，激发学生在日常生活学习中关注机会，发现机会。
2. 帮助学生理性认知创业的可行性，提升创业的成功率。

思政目标

1. 学会获取有效信息、甄别信息、客观评价信息。
2. 深植国家情怀，培养社会责任感。
3. 培养学生经世济民、德法兼修的职业素养。

思维导图

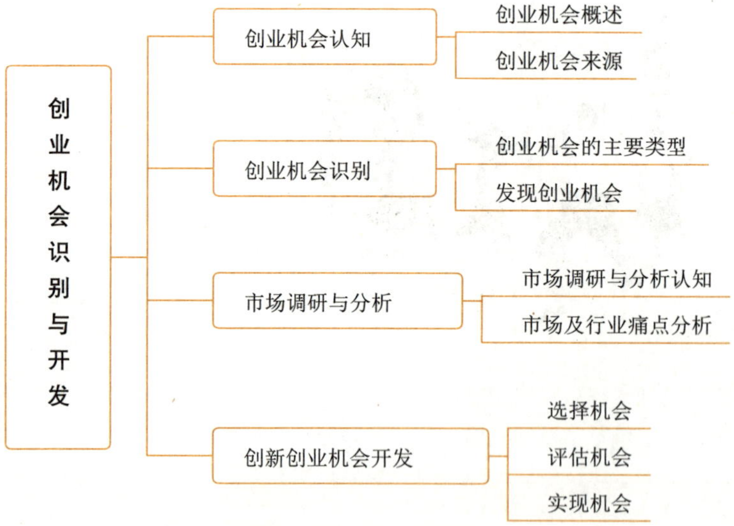

任务一　创业机会认知

一、创业机会概述

创业是一个艰苦的过程，也是一个渐进的过程，创业能否成功除了团队的努力程度和掌握的资源水平外，把握机会可以说是至关重要的一条，有时候甚至是决定成败的最大因素。作为现实创业者或即将成为创业者的我们需要特别重视借机会这个“东风”，顺势而为。

（一）创业机会的定义

创业机会主要是指具有较强吸引力的、较为持久的、有利于创业的商业机遇，创业者据此可以为客户提供有价值的产品或服务，并同时使创业者自身获益。

（二）创业机会的特征

1. 普遍性

凡是有市场、有经营的地方，客观上就存在着创业机会。创业机会普遍存在于各种经营活动过程之中，但这种普遍性并不是均匀分布在各个地区、各个行业之间的。一般情况下，经济高速发展的地区、增长较快的行业，机会也相对较多。

2. 偶然性

对企业或个人来说，创业机会的发现和捕捉带有很大的不确定性，任何创业机会的产生都有意外因素。如同新冠疫情对旅游行业的冲击非常大，对很多创业者来说是灾难，但也有创业者逆向思维，转危为机，实现逆势增长。

3. 消失性

创业机会存在于一定的时空范围之内，随着产生创业机会的客观条件的变化，会相应的消逝和流失。古人早就有“机不可失失不再来”的名句，放到高速发展的当今社会，激烈的竞争和信息的透明，使得机会普遍来得快去得也快，稍纵即逝。

（三）机会窗口期

窗口期的概念最初来自传染病学，指所有的传染病感染者从开始被感染到全部被检出的时间段，后来引申为做某件事的最佳时间段。错过了这个时间段，就很难甚至再也无法完成了。

1. 短期机会

一般指 1 年内，没有太高技术含量、拼融资和线下拓展的创业项目，例如当年的团购业务千团大战，1 年内凭实力可做到头部的项目还有活下去或高价卖掉的机会。

2. 中期机会

一般指 3 年内，有一定技术门槛、拼产品研发和用户体验的项目，例如各种直播，遍地开花的共享单车业务，在 2~3 年时间能分出胜负，赢者通吃，绝大多数创业公司会倒掉。

3. 长期机会

一般指 3~5 年内，与社会经济发展阶段及基础设施建设周期相关，同时与国家一个五年规划周期切合的项目，例如拼多多创立于 2015 年，随着国内下沉市场的经济快速发展，城镇化水平的提高，物流成本急速降低，最后实现了 3 年上市、5 年内年活跃买家超过淘宝的创业奇迹。

4. 远期机会

一般指 5~10 年内，技术还未成熟、产业链尚在完善中，但已经是行业公认的未来发展方向。例如发展新能源汽车成为国家汽车产业战略转型方向，国内的造车新势力蔚来汽车于 2014 年创立，经过 5 年左右的时间，不断迭代，电池技术逐渐成熟，零配件成本大幅度降低，当实现量产后，市场也日趋成熟，销量得以暴涨，蔚来汽车一跃成为国内新能源汽车领头羊之一。

二、创业机会来源

创业机会不是凭空而来的，通常都是有迹可循的，且来源多样。有些机会比较显性，容易被发现，而有些机会比较隐性，需要长期从事某领域工作才能感知到。一般创业的主要机会来源如下：

1. 政策引导

从国家的产业政策导向可以预判行业发展的兴衰，作为一个创业者，一定要特别关注国家出台的各种相关政策，从新颁布的法律法规到各种规划都蕴含着创业机会。例如《“十四五”文化和旅游发展规划》中大量提到加强旅游信息基础设施建设，深化“互联网 + 旅游”，加快推进以数字化、网络化、智能化为特征的智慧旅游发展。培育云旅游、云直播，发展线上数字化体验产品。这对智慧旅游创业就属于政策利好，接下来的几年时间，各级文旅机关和大型旅游企业均会强化这方面的投入。

视频 2-1：旅游产业政策的基本认知

2. 技术革新

每一次技术革新都会创造出大量的创业机会，但也需要具备一定的进入门槛，技术对于智慧旅游产品的开发至关重要，没有技术的不断提升，“智慧”二字就无从谈起。例如增强现实（AR）技术的成熟，导览类智慧旅游产品就可以融入实景互动模块，使线上线下场景无缝链接，可增加旅游项目的可玩性，拉动二次消费。

3. 环境变化

环境变化一般指自然环境、经济环境和社会环境发生大的改变，从而影响到创业。例如自然环境方面，北京治理雾霾成效显著，无形中促进了夜游和旅拍项目的发展；经济环境方面，扶贫攻坚取得胜利后，乡村迈入全面振兴的新阶段，乡村旅游项目焕发新的活力；社会环境方面，新冠疫情对实体旅游形成巨大冲击，但同时又催熟了“云旅游”模式，让很多之前名不见经传的小项目通过直播获得了巨量关注，这些变化对于相关联的智慧旅游创业项目来说都是机会。

4. 客群扩展

一般情况下一个区域的客群或一个产品的客群是相对稳定的，不会有剧烈变化，但旅游行业比较容易受到一些外部因素的影响，会导致客群突然变化，这样新需求会带来新的创业机会。例如一条新开通的高铁会带来沿线城市的旅游客群变化，之前碍于交通不便而犹豫不决的中老年游客可能会成为新的客群；另外，如果省城新开一个大型主题公园项目，则接下来的一年周边城市家庭亲子自驾游客群就会激增，服务这些新客群对智慧旅游创业都是机会。

5. 标杆引领

市场上现有的一些标杆项目对创业机会也有很好的引导作用。这些标杆可能来自别的行业，对本行业有借鉴意义，如舞台灯光秀运用到景区夜游项目中；还有些标杆企业带头做产品创新，如腾讯与云南省文旅厅合作“一部手机游云南”开启了国内各地“一机游”“一码游”的风潮。

6. 资本追捧

有一些创业机会并非普通创业者易于发现或重视，但站在投资方的角度能看得更远、更准，所以资本开始追捧某个领域，说明这个领域机会较多。虽然会面临激烈的竞争，但因为有资本加持，创业者的试错成本会相对较低。例如共享经济火爆的时候，各行各业都围绕这个概念创新创业，拿到投资相对容易，虽然大浪淘沙后绝大部分失败或被兼并了，但是也为进入此轮风口的创业者积累了很多宝贵的经验，同样是一种难得的机会。很多最终获得成功的创业者也是通过一次次把握时代的浪潮，经历多次失败后连续创业实现自我迭代才能抓住更大的机会，最终取得更大的成功。

任务二 创业机会识别

一、创业机会的主要类型

创业机会并不是简单地以大小划分，而是有具体的分类，可以帮助创业者更清晰地识别机会的属性，理性预判机会的发展趋势，以降低创业风险。

（一）整体机会与细分机会

按照产业范围，可划分为整体市场机会和细分市场机会，例如中国国民经济持续增长，对全国乃至全球的旅游市场都是一个整体机会，这样基于旅游市场的创业整体成功率会较高。而细分市场机会则是某些业态、某些区域、某些产品品类的机会，例如文化和旅游融合政策，给旅游演艺市场带来了发展机会；新冠疫情导致出境游暂停，却给国内长线目的地如青海、西藏、新疆、内蒙古等地区带来更多优质客源机会，同时也提升了城市周边精品民宿的创业机会。

（二）当下机会与未来机会

识别一个机会是处在当下还是未来，主要分为外部条件和内部条件两个方面。其中，外部条件指市场需求和技术发展等要素在当下是否相对成熟，内部条件指创业者自身在现阶段是否具备抓住机会的能力。在外部条件和内部条件两方面都符合的情况下，就属于当下机会。如果有一方面不符合，则属于未来机会；如果两方面都不符合，就不构成创业机会。例如近年来市场涌现出很多定制游需求，旅行社纷纷从跟团业务升级为定制业务，而做定制旅游行程需要耗费大量的人力，这就为智能行程 SaaS 系统开发创造了创业机会，而恰巧创业者具备系统开发能力，这就属于当下机会。如果创业者没有任何技术背景，需要招募专业人才，这样的机会则属于未来机会。

（三）显性机会与隐性机会

根据机会能否清晰地辨别，可以将其分为显性机会和隐性机会。显性机会又称明晰机会、外显机会，是指能明确辨别和评估的机会，即创业者可以通过自身经验、视听媒体、市场数据等方式获知，描述给非专业人士也能基本获得认同的机会。例如 2019 年泰国发布入境政策，2020 年会对中国游客实行落地签新政策，旅游从业者马上能联想到泰国旅游会迎来一轮高速增长，进而带来一些创业机会，这就是显性机会。反之，如果机会隐藏太深，极少数人能获得相关信息，且无法辨识需求的真伪，需要大量调研来实证，这类机会就属于隐性机会。一般情况下，显性机会容易发现和抓住，但同时也可能面对较大竞争。而隐性机会较难发现，或进入门槛过高，但一旦抓住就会形成较大的竞争壁垒。

二、发现创业机会

法国著名雕塑家罗丹名言：“世界上并不缺少美，而是缺少发现美的眼睛”，对于创业机会来说可以套用同样的句式：“市场上并不缺少机会，而是缺少发现机会的心智”。心智即思考能力，机会不是简单用眼睛看出来的，而是要通过系统的思考才能发掘出来的。

（一）开阔自身视野

一个人的视野通常与其认知一脉相承，视野广阔，能看到别人不能看到的领域，见微知著，超越普通人的认知，则易于发现机会。很多在线旅游大平台的创始人都不是传统旅游从业者，而是别的专业出身，但是能跳出传统旅游资源为王的思维定式，以用户需求和痛点为出发点，成功创立了自己的商业版图。所以发现创业机会的第一步就是要开阔视野，其方法是多样的，“读万卷书，行万里路”、阅人无数就是最基本的方法，值得每个创业者去践行。

（二）关注国际同行动向

众所周知，中国互联网初期很多成功案例多少都借鉴了国际上创新项目的模式，大的诸如 Google、Amazon、Facebook、Uber 等，旅游行业也有 Expedia、Booking、Tripadvisor、Airbnb 等。发现创业机会一种比较简单的方式就是时刻关注国际上一些同行的动向，且越早越好。平时可多关注一些国外的科技资讯和项目投资网站，发现一些值得借鉴的创新项目，转化为国内创业机会。

（三）深刻洞察用户需求

常规的用户需求因容易识别，一般很难创造大的机会。只有深挖用户的痛点，推己及人、以小见大，认清用户深层次的需求才能发现真正有价值的机会。例如马拉松赛事火爆全球，很多参赛选手同时也有强烈的旅游需求，尤其是到境外“跑马”。很多国际金牌赛事对参赛资格要求高，抽签难度大，显然是刚需，但这样的需求业内人士都清楚，能真正有实力解决资质的极少。但如果深入了解，马拉松参赛者还有很多别的需求，例如跑前准备和跑后恢复，在安排酒店和餐饮上可以更加人性化，通过增值服务来获得更高利润，还有一人“跑马”全家旅游，如何帮参赛者家人提供好旅游服务也是一个机会。

图 2-1 “跑马”也是一次深度游

（四）关注国家政策导向

视频 2-2：《“十四五”旅游业发展规划》中关于智慧旅游部分的介绍

作为创业者一定要对本行业的政策、法规保持敏感度，时刻关注现有政策的变化、新政的发布。比如对所在行业的五年规划有一个通盘了解，提取出与要创业的行业息息相关的内容深入研究，定期关注主管机关的信息发布，如智慧旅游创业者首要关注文旅部官网、官方微博和公众号，本省文旅厅官网等相关机构的信息发布。还可以订阅相关行业垂直媒体的公众号，第一时间获取关键信息，以发现蕴藏的机会。

（五）研究竞争对手

对于准备要创业的人来说，通过发现竞争对手的短板或者提前了解其动向，同样也可以挖掘出创业机会。尤其是一些大企业会尝试做一些创新项目布局未来，但因为守业与创业心态不同，加上各种内部原因，创新项目不一定能持续做下去，这些项目反倒可以给创业者提供很好的指引和思路。

（六）其他行业成功经验类比

古人常说“不识庐山真面目，只缘身在此山中”“一叶障目不见泰山”，都非常形象地表达了所谓业内人士容易局限于自己的思维定式，对变化习以为常，固步自封，从而无视或小看机会。反倒局外人视角不一样，可以看到一片新天地。所以创业者要跳出行业看行业，多去看看其他行业的一些成功案例，从中寻求灵感，站在不同角度审视用户需求，发现一些隐藏的机会。例如，传统的旅游购物有一大痛点，就是游客行程中不方便买大件商品，导致集中在最后一天提着大包小包赶路，既影响商家的销售，又影响游客的体验，逐渐就有线下旅游购物店通过网店物流模式找到灵感，游客选完商品无论多少都可以直邮到家，创业者从而抓住这个机会，专门为一个地区的店家开发一套订单管理系统，以提升物流的处理效率。这就是跨界思维的巨大价值，“他山之石可以攻玉”。

任务三　市场调研与分析

一、市场调研与分析认知

本书讲的市场一般指旅游产品和服务的需求市场。任何一个创业项目的形成与发展始终与市场紧密关联。创业项目的价值只有投放到市场中并被认可后才能激发企业创造更多的价值，并通过创新与变革的不断迭代推动企业的可持续与高质量发展。而市场调研与分析是创业初期必要的工作。

（一）市场调研与分析的目的

1. 市场调研与分析的概念

市场调研（market research）是市场调查与市场研究的统称，是一种把消费者及公共部门和市场联系起来的特定活动。

美国市场营销协会（AMA）认为市场调查是一种通过信息将消费者、公众和营销者联系起来的职能，这些信息用于识别和确定营销机会和问题，从中提炼营销活动，评价营销业绩，增进人们对营销过程的理解。市场研究则是站立在市场调查的基础上，运用严谨、科学的方法对消费者及市场的精准研判。

市场分析是一种市场思维与方法，主要是根据已有的调查与研究资料，运用统计学知识来分析市场、营销及信息传播等方面的变化趋势并进行预测。市场分析是现代企业管理中必不可少的环节，也是企业管理者必备的能力。具体来讲，市场分析需要分析人员具备综合素质，需要了解甚至熟知经济学、计量学、统计学、心理学、营销学、社会学等学科。当然，也有学者将市场分析等同于市场调查，该观点将市场分析的思维运用于市场调查过程中。

市场调研与分析是一个包含多个流程，即市场调查—市场研究—市场分析的过程性工作。这三个概念之间具有明显的交叉性，如从广义视角来看，三者的研究对象均为市场，同时又有区别：市场调查强调资料的科学、完全、严谨收集，市场研究强调基于调查与分析的多维度、广视角、深洞察的一种研判，市场分析则强调对市场调查及市场研究的数理化分析及可视化呈现。

2. 市场调研与分析的目的

市场调研与分析的主要目的是精准把握市场现状，为开拓某产品或服务市场而进行科学、严谨的前期工作。具体来讲，包括分析某产品的潜在销售量、开拓潜在市场，对不同地区之间的商品进行合理分配以及研究企业经营商品的地区市场占有率，以此更好地认识市场商品供应和需求的比例关系，从而采取正确的经营战略来满足市场需要并提高企业经营活动的经济效益。

（二）市场调研与分析的设计流程

1. 调研前期准备

（1）与负责人进行沟通

负责人是调研工作的领头羊，具有示范作用，在组织团队、发挥团队效用中起着至关重要的作用。在正式调研前，与此次调研工作的负责人进行深入沟通是确保调研工作顺利进行的重要环节。沟通内容包括此次调研的核心目标、时间进度、经费预算、想实现的预期效果和对团队成员的激励等内容。

（2）正式会议安排调研任务

正式会议是调研工作即将开始的象征，通过会议方式，启动调研是调研与分析的第一个重要时间节点。会议纪要及安排的科学、合理是确保日后调研与分析工作的基础模型，是日后工作出现偏差时的一个指南针。

2. 实施市场调研与分析

（1）准备阶段

①锁定目标市场

市场是一个宽泛的概念，能否细分市场并有目的地选择合适的目标市场是调研工作是否有效的关键。比如，某 OTA 平台想要增加新的在线旅游产品与服务，这一新产品与服务是针对哪部分群体，亲子、情侣、研学还是闺蜜？不同的目标市场具有不同特征，锁定目标市场是调研工作的第一步。

②初步调查

在确立调研目标之后，需进行初步调查以确定目标制定的可行性，其具体工作包括团队人员、技术等资源和研究能力的调查与分析。同时，初步调查应花费一些时间去查询资料、数据库等，也需要有经验的调研人员对项目目标的可行性进行分析，必要时可咨询与请教相关的行家与专家。对一些可行性差的目标，应与任务委托方进行沟通与协商。

③选定方案

一套最佳实施方案是整个项目的核心，意味着可用最少的人财物等要素的投入，在最短的时间内有效地实现调研目标。整个方案应调查策略、方法、人员分工、进度安排、经费预算等，形成一个操作性与执行性高的方案。

④成立项目组

团队的力量不是某几个人的力量简单相加，而是实现 1+1>2 的效果。因此，一个项目的形成必须组建一个人人可以发力的项目组。其中，项目组长必须由经验丰富、擅长组织管理的人员来担任。根据项目实施需求，配备不同类别及等级的调查与研究人员。需要注意的是在分配任务前，项目组长需要具备识人断事的能力，准确把握每个成员的优劣势，根据项目需求让适合的人做适合的事。此外，根据项目要求及本单位人员素质状况，充分利用可借调的人力资源为项目提供帮助，如聘请行家或专家，聘请专业的数据分析师等。

⑤安排时间进度

时间进度是整个项目顺利推进的基准，将任务分段更易使得调研与分析人员拿捏工作的节奏，从而保证工作效率。安排时间进度宜紧不宜松，整个项目计划要有弹性，以备不测。

⑥经费预算

调研费用要根据调研工作范围、难度等确定。经费预算一般包括人员劳务费、资料收集费用、问卷设计与调查费、差旅费、社交费、管理费等，可根据项目任务弹性安排不同费用的比例。

（2）进行阶段

①收集二手资料

二手资料是了解研究对象最便捷的方式之一，具有易获得、概括性强、透明化等特点，可以促使调研与分析人员对研究对象有整体认知。在正式启动实地调查前可以通过网络、图书馆、数据库等数据源获取资料。

②实况调查获取第一手资料

第一手材料是指从调查或亲身实践中直接获取的最原始资料，也叫原始资料，具有证据直接、准确性与科学性较强等特点。实况调查时要因项目目标在调研深度与广度上不同而进行合理安排。具体调研方法有抽样入户调查、街头访问、电话访谈、连续性调查、实验法、座谈会等。

③数据整理与分析

调研数据必须经过科学整理才能真正为项目分析所用，成为有效数据，并通过对其进行分析才能够最大化揭示调查对象各种要素之间的内在关联与真实情况。

④市场调研与分析结果

市场调研与分析的结果通常以报告形式出现。调研报告必须围绕项目问题与解决方案直接、客观、真实、准确地展开，做到有依据、有条理和有道理。

3. 反馈

该阶段与以上两个阶段并未限定先后顺序，而是贯穿在项目的整个过程中，可及时反馈项目进行过程中出现的偏差，并在第一时间对反馈进行讨论，以规避项目可能面临的风险。

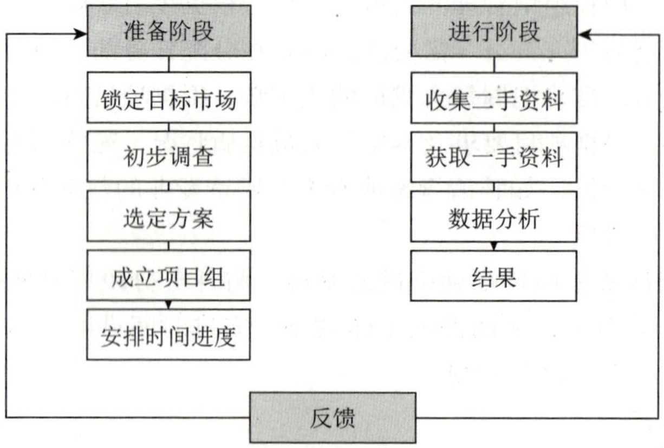

图 2–2　市场调研流程

（三）市场调研与分析的方法

市场调研与分析的方法贯穿于整个项目过程中，主要分为研究对象抽样方法、数据收集方法及数据分析方法。

1. 研究对象抽样方法

由于全面调查针对调研对象的每个个体，具有费时、费力、费财等局限性，因此抽样调查成为市场调研的重要方法。抽样调查只是从全部的调研对象中选择若干具有代表性的个体以组成调研样本，通过对样本的分析，来推断总体的特征。具体的抽样方法有简单随机抽样、系统抽样、随机抽样等。

2. 数据收集方法

（1）访谈法

访谈法是指通过面对面、电话或书面沟通等方式向被调查者提出询问从而获取所需资料的方法，具体包括入户访谈、电话访谈、邮件调查等。这些访谈方法各有优缺点，可根据被调查者及调查问题的情况，综合调查结果与成本等因素，选择适合项目调查的访谈法。

（2）观察法

观察法是指调研者在调研现场有目的、有计划、有系统地对调研对象的行为、言辞、情绪等进行观察并客观记录，从而获取一手资料。科学的观察具有目的性和计划性、系统性和可重复性。常见的观察方法主要有核对清单法、级别量表法、记叙性描述。观察一般是利用眼睛、耳朵等感觉器官去感知观察对象。由于人的感觉器官具有一定的局限性，观察者往往要借助各种现代化的仪器和手段，如照相机、录音机、显微录像机等来辅助观察。

（3）实验法

实验法在某种程度上也是一种观察法。实验基本包括采取行动和观察行动所造成的后果。实验法适合于范围有限、界定明确的概念与假设。用实验法来研究小群体的互动行为也较为合适。典型的实验法是在实验室内进行的，而对旅游活动而言，实验法的范畴可扩展到旅游情境中，不一定是在实验室进行的才叫实验法，基于某一特定旅游场所或旅游情景都可以设计实验。

（4）德尔菲法

德尔菲法，也称专家调查法，1946 年由美国兰德公司创始实行。其本质上是一种反馈匿名函询法，大致流程是对所要预测的问题征得专家意见之后，进行整理、归纳、统计，再匿名反馈给各专家，再次征求意见，再集中，再反馈，直至得到一致的意见。该方法是由企业组成一个专门的预测机构，其中包括若干专家和企业预测组织者，按照规定的程序，背靠背地征询专家对未来市场的意见或者判断，然后进行预测。

（5）大数据挖掘法

伴随人工智能的发展，大数据日渐成为重要的数据源，与以往结构化的问卷和访谈数据不同，大数据具有数据量大、客观性强等优点。目前旅游行为调研已将大数据作为重要的数据源，并基于以 python 为代表的数据挖掘方法进行了大量的调研与分析工作。

3. 数据分析方法

根据数据属性，可以将数据分为定性数据与定量数据，并进而将研究方法分为定性分析与定量分析。

（1）定性分析

定性数据在统计学上包括分类和顺序数据，是一组表示事物性质、规定事物类别的文字表述型数据。

定性分析法是依据预测者的主观判断分析能力来推断事物性质和发展趋势的分析方法。这种方法可充分发挥管理人员的经验和判断能力，但预测结果准确性较差。一般是企业在缺乏完备、准确历史资料的情况下，首先邀请熟悉该企业的经济业务和市场情况的专家；根据他们过去所积累的经验进行分析判断，提出初步意见，然后再通过召开调查会、座谈会方式，对上述初步意见进行修正、补充，并作为预测分析的最终依据。

（2）定量分析

定量是指以数量形式存在着的属性为基础对其进行测量，具有定量属性的数据便是定量数据，比如身高、年龄等可以用数量描述的数据。定量分析法是对社会现象的数量特征、数量关系与数量变化进行分析的方法，是主要基于统计或计量学等对获取数据按照数理方式进行加工整理。

二、市场及行业痛点分析

（一）痛点

从营销学视角来看，痛点通常指“用户对产品以及服务不满意的情况”，这种不满意表现出来就是一种“痛”。消费者在产品对比过程中形成心理落差，企业通过这种心理落差让消费者产生一种不买自己的产品就会后悔或者不满的感觉，这就是痛点。痛点与需求相辅相成。需求是痛点的源泉，痛点是需求发展到某一阶段的必然结果。

从创业来看，创业机会如果按照解决问题来划分，则分为解决“痛”与解决“美”两种。跟投资人聊项目，你所解决的痛点是必问的问题。所谓的“痛”是满足了市场或用户的某种需求。比如，VR 旅游，新冠疫情期间，不能外出，如何满足旅游者想要出去感受祖国大江大河的需求，虚拟现实旅游通过逼真的身临其境感暂时满足或寄托了用户的某种需求。可见，创业机会是来自对“痛点”的解决，对消费者不断涌现的需求的满足。

基于以上对“痛点”的阐释，这里可将市场及行业痛点理解为供给端（即旅游企业 / 创业）与需求端（旅游消费市场）之间不平衡的问题。

（二）常见的市场及行业痛点

1. 消费端痛点

（1）时间之痛

每到“五一”“十一”等假日期间，出现车堵、人堵现象。旅游高峰带来的一些弊端是长期以来一直困扰旅游业的痛点，如何精准预测与合理分流就是旅游业面临的“时间之痛”。

（2）消费之痛

诸如“青岛大虾”“哈尔滨天价鱼”、导游强制消费等旅游消费也是旅游业所面临的痛点。如何严明市场监管、肃清市场秩序、保障旅游者权益是消费痛点。其中，对旅游企业而言，“指尖旅游时代”，在线购买与线下体验不符导致的体验感差现象屡见不鲜，卖家版和买家版成为旅游者在线购买旅游产品时较大的顾虑。

（3）距离之痛

“景区最后一公里”一般是指旅游者离开公共交通工具或私家车之后，到景区入口的一段路，或景区内不同景点之间的一段路。目前旅游者在景区最后一公里上面临的问题有：①到达难，即景区出入口与停车场、公共交通站点之间距离远，没有衔接交通；②流动难，即同一景区不同景点之间交通衔接不力；③服务差，即有衔接交通的，但管理、调度又不到位，接驳车延误、等待时间长、收费贵等情况频出。

2. 产业端痛点

（1）供应链通畅问题

由于旅游供应链比较复杂，上下游供应商系统差异有时会导致订单无法对接，需要人工“搬单”；另外涉及与境外供应商货币结算差异时，货币汇率变动大经常会导致赔钱；还有碎片化资源标准化程度较低，不同供应商的资源组合起来难度较大。

（2）现金流周转问题

旅游业中的很多项目具有高客单价、低毛利、购买和出行间隔时间长的问题，尤其是出境游，会占用企业大量的现金流，如突遇风险很容易导致资金周转困难甚至是资金链断裂。

（3）淡旺季用人问题

旅游业淡旺季明显，业内有句俗话“旺季忙死、淡季闲死”，旺季缺人，淡季人员冗余，导致企业人效低下，员工收入极不稳定。

（4）营销内容创作水平低问题

旅游的属性适合通过内容来营销，但限于大部分旅游企业缺乏专业的内容创作者，同时近年来对内容素材的知识产权保护越来越严格，加上聘请专业团队费用较高等问题，导致旅游企业的宣传推广受到一定制约。

（5）定制行程交付效率问题

旅游定制产品标准化程度较低，且限于旅游定制师知识面及经验差距较大，交付行程时间长短和内容都差别较大，极大影响了用户的体验。

任务四 创新创业机会开发

在识别、发现创新创业机会后，将其转化为产品往往是真正考验创新创业者最关键的难题。本任务将重点从选择机会、评估机会及实现机会三方面阐释创新创业机会开发。

一、选择机会

选择机会是抉择该机会是否可以变现的关键。现实生活中，适合开发的机会并不是信手拈来，创业者要如同投资人一般敏锐，需要层层筛选，在众多机会中找到适合自己的机会。

（一）筛选利己的创新创业机会

所谓"利己"即天时地利人和，特别是可以获得或掌控他人难以获得与掌控的资源；相较于竞争对手，自己是否有与之抗衡的能力；是否有足够的能力承受该创新创业机会所面临的各种风险等。同时要及时把握机会，着眼于问题导向、善于利用变化、及时跟踪新技术及政策红利。

（二）规避陷阱

在筛选创新创业机会的过程中，规避一些显而易见的陷阱也是降低创业风险的关键环节。

1. 认知偏差

每个人限于自身生长的环境，对社会和市场的认知差异是很大的，尤其是算法技术大行其道的当下，每天手机看到的都是机器推荐的，特别容易陷入信息茧房。所以当发现一个机会的时候，不能一叶障目，盲目乐观，要控制冲动，要通过充分调研，请教专业人士，全方位认知机会的价值后，再投入精力和资源，以减少认知偏差降低风险。

2. 进入障碍低

很多创新创业机会容易被识别，比如直播兴起之后的 MCN 公司，轻资产运作，技术含量不高，广告公司、模特公司、培训机构都可以转型做，进入门槛低。一两年内全国各地蜂拥而上，结果就是火得快倒得也快，年轻的创业者一定要认清形势，避免盲目跟风。

3. 技术不成熟

一项新兴技术从发明到成熟一般会经历五步，即初始阶段、泡沫阶段、泡沫破灭阶段、发展阶段，最后到成熟阶段。比如20世纪80年代就出现了VR技术，但是直到前些年随着技术发展才大行其道，但限于整个产业链技术发展水平差异大，初期也是概念多于商业化运营，大量创业团队推出各种VR产品，但只有类似Sony这样拥有强大游戏生态的厂商能占有市场。

4. 投资大

很多创新创业机会看上去很有市场，比如共享充电宝，好像人人都有手机，外出充电都需要。但实际这是一个规模经济创业项目，需要覆盖够广且能异地取还，还需要定制大量设备投入市场，投入资金也巨大，还要以极低的定价教育用户，最后能在竞争中取胜的还是那些有大资本支持的项目。

5. 获利时间长 / 周转慢

在评估创新创业项目机会的时候，一定要提前做好资金周转率的预估。很多创业项目一路顺风顺水，但由于资金周转率较低，如果市场出现一个突发情况，短期资金周转不畅就会陷入危机，甚至拥有很多资产但短期无人接盘，最后现金流断裂很容易崩盘。

二、评估机会

1. 市场评估

评估创新创业机会的关键是对市场的把控。只有正确的市场地位、合理的市场结构才能确保有足够的市场规模去支撑整个创新创业的动力与后续跟进。市场规模大，进入障碍相对较低，市场竞争激烈程度进而也下降，若进入一个十分成熟的市场，则利润空间小，进入意义不大。此外，较强的市场渗透率及较大占有率也至关重要。特别是在赢者“通吃”的局势下更具有竞争优势。

2. 效益评估

效益评估包括合理的税后净利、损益平衡所需时间、投资回报率及资本需求。可根据项目财务与建设基础数据，对整个寿命期内的财务成本与收益情况进行评估，从而论证项目是否具有经济上的可行性。一般而言，财务效益评估是决定项目可行与否，能否获得投资及项目估值多少的基本依据。

三、实现机会

想要抓住创新创业机会，把机会变成落地实施项目，最后获得应有的回报，至少要重视以下几点，这些也是众多创业成功者的宝贵经验。

1. 调整心态

机会是给有准备的人。创新创业是一件充满挑战的事情，要面对各种困难，如项目起起伏伏，团队聚散离合，这时首先就要调整好心态。具体来说就是首先要有乐观积极的心态，遇到任何苦难不要焦虑，将其当作人生一段有意义的经历，克服它，还要多激励团队小伙伴。然后是坚持的心态，创业是个漫长过程，很多创业团队就失败在黎明前的最后一刻，并不是弹尽粮绝，而是过于计较得失，如果方向正确，多坚持一天就多一天迎来转机的机会。再有就是要抱有谦虚合作的心态，创新创业基本都是合作的成果，孤掌难鸣，要有合作共赢的心态，在合作中要谦虚。最后还要有感恩的心态，感恩自己的队友，感恩外部帮助过的人，甚至感恩迫使成长的竞争对手。

2. 确定方向

在发掘创新创业机会的时候，首先应该从自己熟悉的、有资源、相对有把握的方向着手研究，这样才能提高成功几率。不妨做个系统的梳理，包含自己所学专业、各项能力水平、从业经验，是否有支持，拟邀请创业伙伴的背景等，以及本地重点产业发展情况，本地市场消费水平及消费者偏好，产业政策方向等。盘点得越细致，在确定方向的时候就越清晰，在纠偏时对创业伙伴越有说服力。

3. 快速学习

有很多机会可能并不是创业者完全掌握的领域，而且创新创业也不局限于一个专业或一项技术，还需要具备商务、市场、运营、财务、法务、投融资、政策等基础知识，这些都对创业者提出了很高要求，如何通过结构化思考高效学习，边学边创，学以致创将成为常态。

4. 充分调研

明确了创新创业方向，在不断快速学习相关知识技能的同时一定会遇到各种问题和阻碍，有时候可能会怀疑所选的方向，甚至全盘否定创业思路。这种时候一定要有定力，多做调研，最好与业内不同层次从业者和目标用户进行深度访谈，从正面和侧面去了解实情，验证团队的做法是否合理，不断地进行纠偏。

5. 盈利分析

创新创业是很多年轻人的梦想，有时候比较容易被自身情怀左右，做一些不在乎市场反馈、相信总有欣赏的人愿意买单的事情，但现实是残酷的，尤其是面对投资收紧的情况，项目自身有盈利能力，不全靠资本催熟也非常重要。创业初期就要根据调研信息预估在未来一年的盈利可能性，只要是正向的，即使没有投资还能维持下去就是值得做的项目。

6. 优选合伙人

智慧旅游的创新创业不是个体经营的概念，有一定难度，需要各类型的人才协作，取长补短。尤其是创业初期没有明确的收益，选择什么样的合伙人是成败的关键。首先，合伙人对创业应该有明确的信念，一定要有主人翁精神；其次，合伙人之间的能力和资源最好要互补，持开放的合作心态；最后，在正式确定公司章程、签订股权协议前，一定要深度了解、确认核心合伙人的人品与性格，否则就算初期成功了，后续也可能麻烦不断。

7. 合理的股权分配

股权，是股东在初创公司中的投资份额，是话语权、控制权、分红权的依据。很多创业团队都会面对一个问题：始于情怀，终于分利，同甘共苦易，共享富贵难，所以在创业初期就要科学合理地分配股权。一般初创期可根据以下三个标准来分配，即合伙人出资比例、各自能力和经验、其他的资源投入，其中大部分情况下出资应该作为基本盘，比如占 70% 以上，其他的情况再具体协商。当然，无论是几个人合伙，切忌分配比例过于均分或悬殊，既要有合理博弈，又要利于重大事项的决策。

【思政园地】

从浙商精神十六字真言，看商道成功思维
他山之石，可以攻玉

浙江自古以来就是华夏富庶之地，这片灵秀的土地孕育出数不胜数的成功人士。浙江商人是充满传奇色彩的，从古到今这群人给后代除了留下巨富之外，留下的东西可以化作十六字真言——守志笃行，诚信为怀；开天掘地，有容乃大。

守志笃行

浙江人跟其他地方人大多一样，他们首先是勤劳的并且有志气的，先辈们留下了光荣的传统。他们的成就可以高至云巅，但他们的人可以低到泥土里去，他们用行动在传承祖辈们留下的精神力量。

“莫畏浮云遮望眼，守得云开见月明”说的正是他们的守志笃行。

诚信为怀

浙商能有今天在全国乃至全世界范围的地位和成就，一切归本溯源都离不开“诚信”二字。浙商奉行做生意先做人，三分生意七分做人，做人关键是诚信。做生意还是实在一点好，经营要走正道，为人要讲正气，产品要讲

信誉。

“恒信者昌”，老板自己必须守信，一诺千金。善不由外来兮，名不可虚作。

开天掘地

浙商散落在全国各地，全世界各地。在浙江人眼里，只要想做事哪怕一开始没钱也要做，眼光要放得长远，即使是从小工做起也没什么大不了。而另一方面想要赚大钱，需自立门户，自己给自己当老板，一直打工的人，不会有什么大出息。不要等到万事俱备，准备到有一半的把握时，就可以采取行动。

百尺竿头五两斜，此生何处不为家？

有容乃大

浙商有开明的胸怀，团结合作比什么都重要。做生意会有竞争对手，但不会有真正的敌人，只有利益在纠葛。他们奉行梯子原则，你我互帮互助共同发展，有钱并不想着一个人赚，于是他们的生意越做越大，越做越好。

齐头共奋进，不动万恶心。

（资料来源：世纪加盟网 2019-07-30）

点评：创业之路机遇与挑战并存，浙商精神的十六字真言，值得深思与实践。在创业之前，必须要明确：为什么而创业？企业的价值愿景是什么？对国家和社会是否有益？

思考与练习

一、判断题

1. 创业机会具有持久性的特征。（　　）
2. 对其他行业成功经验的类比有助于发现创新创业机会。（　　）

二、选择题

1. 以下哪些是创新创业的机会主要来源？（　　）

A. 政策引导　B. 环境变化　C. 技术革新　D. 客群扩展

2. 以下哪些方面不属于创新创业机会的典型陷阱？（　　）

A. 投资太大　B. 合伙人不和　C. 技术不成熟　D. 进入障碍低

三、思考题

根据云景文旅科技有限公司推出的“一码游贵州”这个微信小程序的功能，分析一下这个项目的创业窗口期大致有多长，其创业机会来源于哪些方向？

参考答案

项目三　智慧旅游产品概念与分类

项目导读

智慧旅游是旅游业和信息技术融合发展的结果，而智慧旅游产品是智慧旅游最为重要的内容之一，通过智慧旅游产品实现旅游服务、旅游管理、旅游营销、旅游体验的智能化、智慧化，对全面提升旅游业发展水平、促进旅游业数字化转型升级、提高旅游满意度都具有十分重要的意义。为帮助初学者对智慧旅游产品有一个全面的认识，了解智慧旅游详细产品内容，本项目将从智慧旅游产品基本概念入手，介绍智慧旅游应用产品及智慧旅游硬件产品。通过本项目内容的理解与学习，掌握智慧旅游产品的基本分类与内容，为智慧旅游产品创新创业奠定良好的基础。

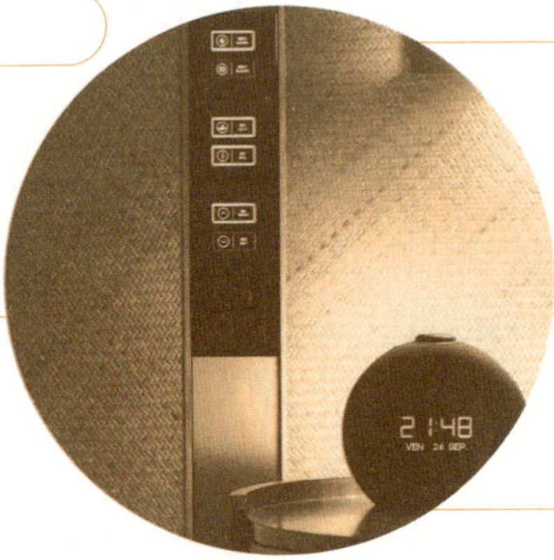

学习目标

知识目标

1. 了解智慧旅游产品的基本概念。

2. 掌握智慧旅游软硬件产品基本内容。

3. 理解智慧旅游产品的应用场景与价值。

能力目标

1. 能够阐述智慧旅游产品基本概念。

2. 能够阐述常用的智慧旅游软硬件产品。

3. 能够阐述各类智慧旅游产品的应用价值。

素质目标

1. 增强学生对智慧旅游产品的定义有更加全面认知，激发学生对智慧旅游产品的兴趣。

2. 培养学生从旅游管理、营销、服务的角度认识智慧旅游的建设内容。

思政目标

1. 依托改革开放成果，结合数字中国建设，数字浙江建设，以发展的视角看中国。

2. 融入工匠精神，学习智慧旅游新产品。

思维导图

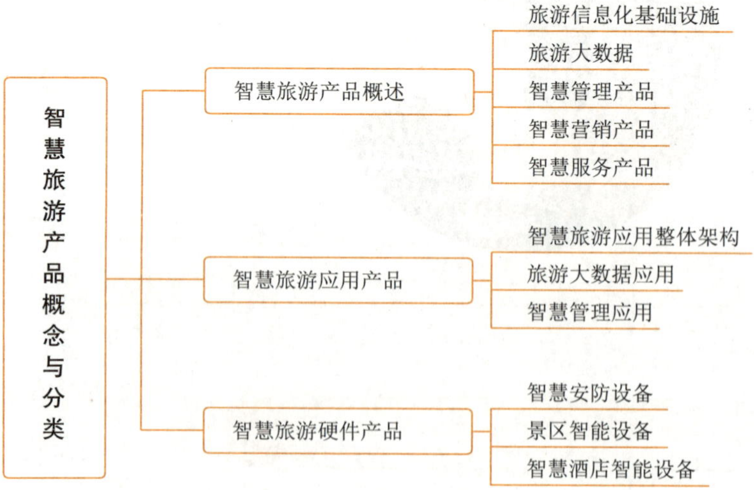

【案例导入】

浙江淳安大下姜全域旅游数字化电商平台

大下姜全域旅游数字化电商平台，以推进大下姜数字经济与乡村振兴深度融合，让数字技术成为乡村振兴的助推器，通过该电商平台充分发挥数字化新服务的作用，以实现产业流程优化、游客服务提升和管理模式创新，依托全域旅游电商平台为游客提供体验丰富的“大下姜生活方式”。2020年，依托大下姜平台举办了25位“书记主播”网上带货活动，开展以周边乡村和产业为主的直播电商培训，指导朋友圈卖货的私域运营诀窍，为“大下姜”孵化一支本土的新直播电商团队，让农民变主播，让手机变农具，直播变农活，数据变农资，链接乡村与城市，让优质的“大下姜”产品通过互联网电商走向全国，在数字化乡村建设的进程中，巩固“大下姜”脱贫攻坚成果，打造高质量发展建设共同富裕示范区样板窗口。

案例思考： 本案例中的大下姜数字化电商平台属于哪类智慧旅游产品？其特点有哪些？

任务一　智慧旅游产品概述

一、旅游信息化基础设施

信息化基础设施层是智慧旅游建设的基础，包括机房服务器及网络设施设备、数据存储设备、安防与保护方面的设施设备、数据感知与采集的物联网设备、对外发布信息的显示大屏、用于游客接待入园的检票设备等内容。

二、旅游大数据

旅游大数据是智慧旅游建设的重要组成内容，智慧旅游的发展离不开大数据，利用大数据相关技术可以让旅游管理更加智慧、旅游营销更加精准、游客服务更加便捷；充分运用大数据技术可实现旅游数据的挖掘分析与应用，为领导决策提供数据支持，为游客提供旅游精准信息服务，为旅游企业提供精准营销服务，对于提升旅游行业形象和服务管理水平具有重要意义，同时也有利于促进旅游管理创新，为智慧旅游的发展提供有力支撑。

三、智慧管理产品

智慧管理是通过信息技术实现旅游管理从传统模式向现代化、智能化和自动化模式的转变，能及时准确地掌握游客的旅游活动信息、旅游企业的经营信息与旅游管理信息，实现旅游行业监管从传统的被动处理、事后管理向过程管理和实时管理转变。通过与公安、交通、工商、卫生、质检等部门形成信息共享和协作联动，结合旅游信息数据形成旅游预测预警机制，提高旅游应急管理能力，保障旅游安全，实现对旅游投诉以及旅游质量问题的有效处理，维护旅游市场秩序。

国家也鼓励和支持旅游企业通过智慧旅游建设，改善经营流程，提高管理水平，提升产品和服务竞争力，增强游客、旅游企业和旅游主管部门之间的互动，高效整合旅游资源，从而推动旅游产业的高质量发展。

四、智慧营销产品

利用信息技术，通过舆情监控、旅游预测和数据分析，发现并挖掘旅游热点和旅游者的兴趣，引导旅游企业规划并开发相应的旅游产品，制订相应的旅游主题，推动旅游产品和营销模式创新，充分利用新媒体传播特性，吸引游客主动参与旅游的传播和营销，并通过积累游客数据和旅游产品消费数据，逐步形成自媒体营销平台。另外，通过旅游产品分析、客源分析与营销渠道分析等筛选效果明显、可以长期合作的营销渠道，达到优胜劣汰、优势互补、合作共赢的营销渠道。智慧旅游营销通常体现在以下几个方面：

1. 智慧营销推广

可运用 VR 全景展示、短视频、抖音、直播、全员营销等创新科技模式进行宣传推广，使游客可在线游览体验旅游景区、酒店等场景，提升游客对旅游产品的吸引力，激发游客出游与消费的意愿。

2. 智慧分销管控

这种方式又称线上线下一体化（O2O）分销管控，如深大智能通过智游宝建立线上直销与分销体系，对接携程、美团、去哪儿、飞猪、驴妈妈等在线旅游网站，实现旅游景区在线分销统一管控，包括统一的渠道、分销产品、产品价格、产品库存管理，订单的统一发码与验码，财务结算等功能，同时支持二维码、二代身份证、刷脸等多种订单核验方式，方便游客快捷入园，提升游客入园体验。

3. 数字化营销平台

伴随着互联网技术与行业的发展，“互联网 + 旅游”在智慧旅游中已广泛应用，利用互联网、云计算、大数据等技术设计开发出基于移动端（APP、微信小程序）为主的数字化营销服务平台，其常见功能包括：旅游资讯、旅游攻略、活动介绍、产品展示、产品预订、移动支付、电子发票、营销活动（如抽奖、秒杀、团购、优惠券、限时折扣、抵价券、买即送 / 满即送等），可为游客提供方便快捷的旅游产品的预订或预约服务。

4. 精准营销服务

又称信息精准推送，利用大数据技术和数据分析结果向游客精准推荐旅游景点及相关服务信息，提升旅游企业的获客能力和营销效益。

五、智慧服务产品

智慧服务是智慧旅游的重要内容，推动传统的旅游消费方式向现代的旅游消费方式转变，并引导游客产生新的旅游习惯，创造新的旅游文化。从服务游客角度出发，通过信息技术提升游客旅游体验与旅游品质。游客在游前的旅游信息获取、行程安排与决策，游中的导游导览、产品预订与支付，游后的旅游质量评价、分享、投诉等过程中，都能感受到智慧旅游带来的全新服务体验。基于互联网 / 移动互联网、物联网、云计算、定位导航等技术打造的智慧旅游服务系统与服务内容，让游客的旅游过程更顺畅，为游客带来更佳的旅游安全保障和旅游品质保障，提升旅游的舒适度和满意度。

通常以“一部手机游”“一码游”概念，通过 APP 或小程序等方式为游客提供一站式、个性化的智慧旅游服务，内容包括为游客提供全面的旅游信息查找、旅游咨询、旅游资讯、旅游攻略、旅游活动推介、旅游行程规划、旅游帮助、旅游地图服务、互动评论、旅游投诉等服务，并提供旅游交通、旅游景区、旅行社、酒店、住宿、购物、娱乐等产品的在线预订和在线支付服务功能。

【案例】

智游宝——智慧旅游公众服务支撑平台

智游宝是第三方智慧旅游公众服务支撑平台，为文旅行业数字化转型升级提供全面技术支持与运营服务，平台服务内容涵盖了数字文旅全业态、全场景、全渠道的产品服务，包括云票务、云计调、云小交通、云酒店、云餐饮、云零售、云进销存、云全域年卡、云同业分销等云应用服务，帮助旅游景区、文旅集团、旅游目的地及文旅政府等行业用户实现数字化转型升级，为旅游资源方提供在线分销与管控服务，可实现安全、便捷、高效的旅游产品管理、预订、退订、核销、资金结算、电子发票及数据分析等技术服务。

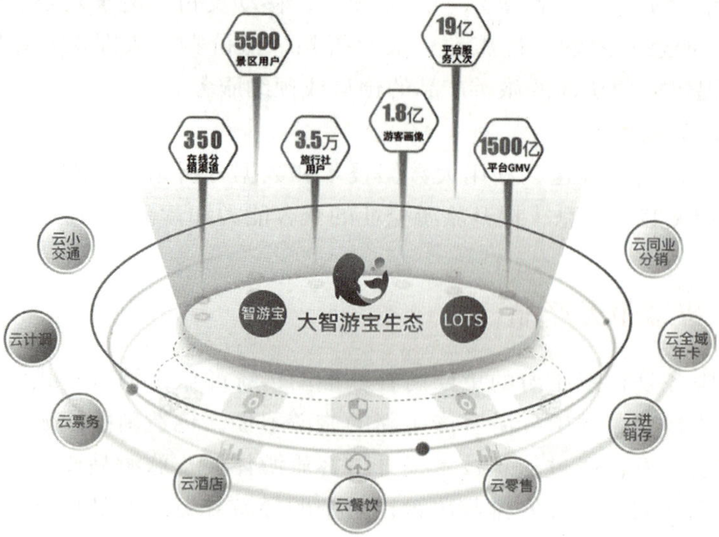

图 3–1　智游宝平台

案例点评：智游宝属于智慧旅游服务平台，其服务内容全，通过信息技术提升了游客的旅游体验与品质。

任务二　智慧旅游应用产品

一、智慧旅游应用整体架构

智慧旅游的总体框架由“五个层次、两大体系”构成，其中，五个层次分别为信息化基础设施层、技术支撑层、数据层（数据汇聚与交换共享）、应用层、交互展示与体验层，它们自下而上层次化构成智慧旅游系统的主体部分。两大体系为技术支撑体系（包括互联网、物联网、移动通信、云计算、大数据、人工智能、地理信息、虚拟现实、区块链等）和运营保障与安全体系（包括组织管理、网络信息安全、政策法规、标准规范、指标体系、评价评估、审计监督等）。其中安全体系的建设目标是实现数据资源的保密性、完整性、可溯源性、可用性，从系统安全、网络安全、平台安全、应用安全、服务接口安全、数据安全等技术安全体系进行规划设计，切实保障基础设施、共享交换、应用服务的安全运行，总体架构内容如图 3–2 所示。

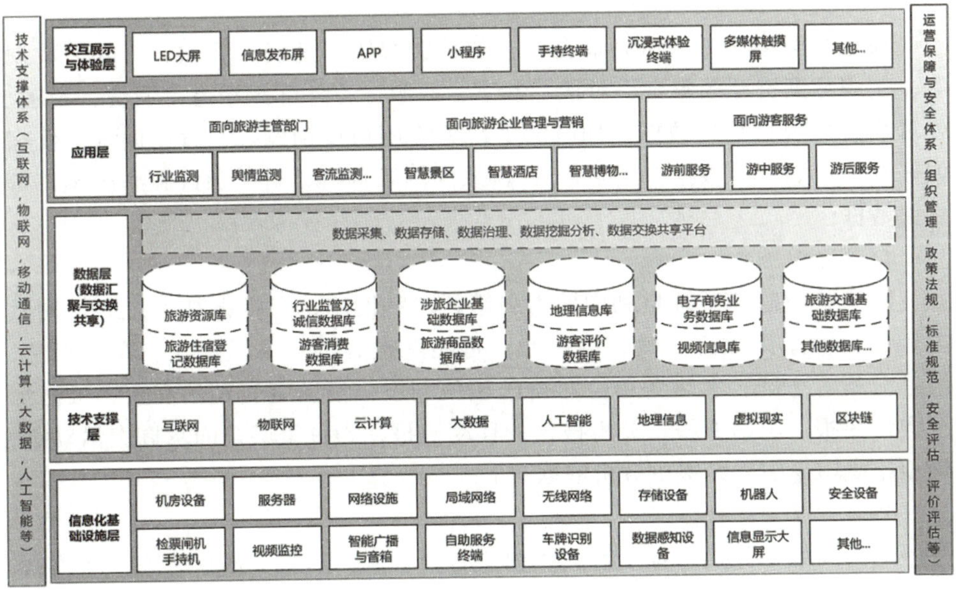

图 3–2　智慧旅游应用整体架构

二、旅游大数据应用

（一）旅游大数据来源

旅游大数据的来源分为行业管理数据、业务数据、互联网的数据、网络舆情、通信运营商数据等方面。

1. 行业管理数据

行业管理数据包括视频监控、道路车流量、停车场等方面，主要通过与区域内各景区对接实现数据上报，针对旅游局的特殊性与行业地位，可发文至景区要求与景区现有系统对接，实现景区内数据对接，同时与区域公安部门、交通部门等管理部门联网，获取相关人流量、客流量数据。

主要是指政府自有数据源，包括工商、公安、交通、气象、环境、国土资源厅等职能部门数据，省旅游局及地市旅游局年度统计数据、旅游发展公报、交通路网 GIS 数据、国土地理信息及遥感数据、气象数据、环境实时监测数据、海关出入境数据、民航客流量数据等。

2. 业务数据

业务数据包括吃、住、行、游、购、娱交易方面的数据，目前可通过与银联、支付宝、微信等支付机构合作，实现对本区域内的消费业务数据收集。

3. 互联网的数据

与互联网第三方旅游企业合作，如：驴妈妈、携程、谷歌、百度大数据等，实现数据资源的整合、对接、共享，对第三方外部数据进行清洗、脱敏、处理后转化成自身的数据，如电商平台关于用户购物偏好、餐饮偏好、住宿偏好和消费能力等数据以及 OTA 平台景区门票预订、机票预订和酒店预订等相关数据。

4. 网络舆情

网络舆情监控系统是利用搜索引擎技术和网络信息挖掘技术，通过网页内容的自动采集处理、敏感词过滤、智能聚类分类、主题检测、专题聚焦、统计分析等方式，实现各单位对自己相关网络舆情监督管理的需要，最终形成舆情简报、舆情专报、分析报告、移动快报，为决策层全面掌握舆情动态，做出正确舆论引导，提供分析依据。

5. 通信运营商数据

运营商数据包括游客年龄、性别、消费水平、职业、客源地等属性数据，人流量、出游时间、停留市场等游客行为数据。运营商通过对部署在各地移动基站的数据监测，可以实时定位景区手机终端（即手机用户）的位置，并可以确定长时间驻留在目的地或景区的机主，从而判定这些机主为当地市民或企业工作人员，从监测得到的实时手机用户可计算景区游客数量和空间分布，为应用平台景区人流实时监测功能及游客画像提供数据支持。

（二）旅游大数据应用

1. 旅游公共信息服务应用

旅游公共信息服务平台是旅游公共服务供给体系的基础。公共信息服务在传统线下旅游咨询中心的基础上，借助大数据等优势，可整合旅游公共信息资源，加强旅游重要信息发布，拓宽旅游公共信息发布渠道，重点在信息咨询、信息发布以及游客体验等方面提高公共服务水平。尤其在移动互联网技术的普及下，旅游公共信息服务平台要适应即时、碎片化的旅游资讯需求，能精准快速地把有效信息推送给有效人群，实现对游客的精准信息服务。

2. 旅游公共交通服务应用

基于旅游大数据，构建旅游公共交通服务内容或应用，提升公共交通服务管理效率，为游客提供便捷、有效的旅游公共交通信息；对旅游交通信息感知更及时，交通信息发布（交通预警告警）更高效、精准；完善智慧交通体系，对景区（点）的车流量信息、停车场车位数量、景区周围实时路况等信息进行监控以及实时更新，将以上信息数据及时汇总，并向游客发布，做到数据共享。

3. 旅游公共安全保障服务应用

旅游安全保障服务是旅游服务中非常重要的一环，随着新技术的推动，其具有广泛的大数据应用空间。各地景区及相关政府部门搭建客流预警及分析大数据平台，用于分析和统计游客的实时动态信息以及历史统计信息，为旅游公共安全保障提供数据决策支撑。

4. 旅游环境监测与分析

旅游公共环境监测主要包括公共卫生监测、气象监测、生态环境监测。其中，旅游生态环境监测主要针对旅游景区，旅游目的地的整体旅游生态环境一般纳入智慧城市建设范畴，基于大数据和物联网技术建设物联网智能生态环境监测平台，将景区环境空气、大气污染物、水、噪声等环境质量参数，通过自动监测设备实时采集数据，并将监测数据通过 GPS/ 北斗、物联网与互联网等方式传输到生态环境监测平台，通过移动端和 LED 显示屏直观、快捷地展现给游客。

5. 旅游舆情监测与分析

旅游舆情是指游客在旅游目的地、旅游景区游览体验与消费过程中，针对某个问题与现象所表达的态度、意见和情绪的总和。旅游舆情所指向的具体对象主要为旅游服务提供者，如景区、酒店、民宿、餐馆、导游等。运用大数据技术实时采集和监测旅游舆情数据成为旅游市场治理的重要工作内容之一，在出现负面舆情预警事件时能及时采集准确的应对措施，根据事件的严重程度和影响范围进行分级处理，并追踪舆情事件的传播势态，分析舆论倾向，做出正确的引导，预防、减少和消除突发旅游舆情造成的负面影响，以防止事态进一步扩大。

（1）舆情监测。利用舆情监测系统实时监测舆情数据，包括各社交网站、论坛、OTA 评价、新闻媒体报道、百度搜索指数等数据，舆情数据可通过爬虫系统等方式获取。

（2）舆情分析。运用大数据技术对采集到的旅游舆情数据进行清洗、舆情分类、内容类型权重分析、语义分析、情感判断等操作，在数据自动处理结果基础上，再通过舆情分析人员对分析结果进行二次梳理与加工，实现对旅游舆情热点事件研判、负面舆情发展趋势等分析内容，通过数据可视化技术实时展示舆情分析结果，最终形成舆情分析报告，为管理者提供市场管理决策依据。

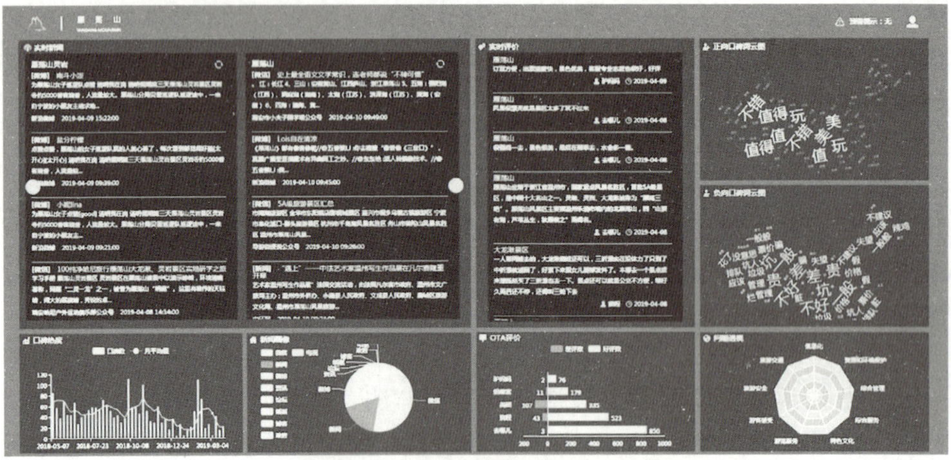

图 3–3　旅游舆情监测（图片来源于雁荡山景区）

6. 旅游精准营销服务

在市场营销工作中，无论是产品、渠道、价格还是顾客，可以说每一项工作都与大数据的采集和分析息息相关。通过获取数据并加以统计分析来充分了解市场信息，掌握竞争者的商情和动态，知晓产品在竞争群中所处的市场地位，达到“知己知彼，百战不殆”的目的；通过积累和挖掘旅游行业消费者档案数据，有助于分析顾客的消费行为和价值取向，便于更好地为消费者服务和发展忠诚顾客。利用游客的数据会更好地满足旅游消费者的需求，向他们推送更多个性化需求的旅游信息和产品，不仅能有效提升游客的消费体验，还有利于形成系列化和持久性的旅游收入。

三、智慧管理应用

（一）行业管理应用系统

智慧旅游将旅游目的地旅游管理从传统方式转向现代方式，通过现代信息技术，可以及时准确地掌握游客的旅游活动信息和旅游企业的经营信息，实现目的地旅游管理从传统的被动处理、事后管理向过程管理转变。基于大数据平台目的地旅游管理把感应器嵌入和装备到各类旅游资源中，通过服务器和云计算将物联网整合起来，实现旅游资源和旅游信息的整合，更准确和实时地进行旅游目的地的旅游管理。同时，基于大数据平台的目的地管理，支持目的地旅游企业运用新型技术，提高管理水平，提升产品和服务竞争力，加强旅游行政主管部门、游客、涉旅企业和旅游资源与环境之间的互动，有效整合旅游资源，推动旅游目的地整体发展。

行业监管旨在借助信息化软件系统应用，主要对地区旅游从业单位、各景区及配套设施单位进行有效管理，为各单位高效、协同办公提供便捷通道，及时获取行业信息与通知，提升旅游管理部门对旅游城市、旅行社、景区、饭店、乡村旅游等各种旅游业态及旅游业务工作的综合管理能力和效率。

1. 旅行社管理系统

通过旅行社管理系统，可以为旅游行政管理部门提供信息化管理支撑，为旅行社企业提供工作管理平台，实现对出境游、入境游、国内游三个旅游市场的有效监管和服务，全面提升旅游服务和监管工作水平，提升旅游行业应对突发事件的处置能力，增强旅行社管理的科学性、有效性、时效性。

旅行社管理系统的主要功能包括：

（1）旅行社信息管理：旅行社业务信息的统计与分析。

（2）旅游电子合同管理：实现对旅行合同的电子化管理，包括合同统计与合同分析等。

（3）电子行程单：行程路线的查看与电子行程管理。

（4）旅行社审批管理：规范旅行社申报流程，建立多级审核机制，扩大政府信息公开，建成旅行社审批管理系统。

（5）旅行社诚信管理：诚信证件的审核注销与统计管理。

（6）旅行社等级管理：旅行社星级等级评定与星级等级查询。

2. 旅游投诉管理系统

旅游投诉管理系统的建立是为了实现行业主管部门对旅游企业的服务质量进行监管，为游客提供旅游服务投诉建议的渠道，有效提升旅游区域内各涉旅企业的服务质量，需要构建游客投诉管理系统，规范旅游商家的经营行为，保障游客在旅游消费过程中的合法权益，提升游客旅游满意度。借助游客投诉管理系统，监管人员可通过 PC、移动终端等设备实时查看游客对市域内旅游服务的意见投诉并进行及时处理。

3. 旅游综合执法系统

旅游综合执法以《旅游法》《旅游行政处罚办法》《行政处罚法》《旅游投诉管理办法》等法律法规为依据，利用信息化技术手段设计开发旅游综合执法平台，通过平台完成在线旅游投诉、案件处理、案件状态跟踪与督办，案件统计与分析等业务功能，通过综合执法平台可完成旅游案件的交办、转办、合办、督办等功能，实现跨部门协同执法，全面提高旅游行政主管部门依法行政、依法监管的服务水平。

另外，运用大数据技术，打通数据壁垒，构建执法信息大数据库，归集整合辖区内与监管执法相关的视频监控、执法巡查信息、各类 APP 公众号、网络舆情、信访热线等方面数据信息，打通信息孤岛，实现各条线数据信息的相互关联、融合，为分析研判、精准派单提供信息支撑，实现辖区内旅游执法一网办理、实时共享。借助大数据技术对各类旅游案件发生情况进行分析研判，提高执法精准度、预见性，实现旅游市场的精准执法。

4. 旅游诚信管理系统

《“十四五”文化和旅游发展规划》中指出：完善文化市场、旅游市场信用监管系统，加强信用信息归集共享和公示，完善市场主体和从业人员信用档案。推广信用承诺制度。推进信用分级分类监管，组织开展企业信用评价。研究建立信用修复机制，加强协同联动，提高修复效率，保障市场主体权益。增强信用监管效能，依法依规将符合条件的失信主体列入失信名单并实施信用惩戒。

诚信是旅游市场经济能够良性运转的重要基石之一。在旅游业快速发展和人民群众对美好旅游需求日益增长的形势下，旅游诚信体系建设的重要性和紧迫性尤为凸显。旅游诚信缺失的现象主要体现在旅游促销信息、旅游合同、旅游服务、在线旅游产品等方面。对于严重失信相关责任主体实施联合惩戒，做好旅游目的地及景区的诚信评级及公布，为游客出行与消费提供参考依据，有助于减少旅游投诉与纠纷，提升游客满意度。

5. 产业运行监测系统

旅游产业运行监测系统内容主要包括旅游数据中心、旅游基础资源监测与统计、综合视频监控、景区客流监测、团队监测、导游监测、出境游监测、旅游消费监测、市场秩序监测、旅游交通监测、旅游舆情监测、假日监测、游客满意度监测等功能。

（1）旅游基础资源监测。基于数据可视化、GIS 等技术，对数据能灵活展现，通过可视化方式查看、分析、组合、过滤、关联与对比旅游相关多维数据，通过 GIS 地图可一览所有数据情况。

（2）综合视频监控。综合视频监控是通过对接景区视频监控系统，主要有游客集散的景点、进出口要道及门禁、停车场所、景区主要道路特别是交通危险路段的景区实时监控画面，实现基于 GIS 地图对景区运行的动态监控，及时发现景区运行中发生的紧急事件，做出快速反应。

（3）景区客流监测。景区运营监测旨在对景区的运行关键因素进行监测，主要有基于运营商的客流量动态监测统计数据、景区票务系统接入平台，可实现查看景区实时人流量统计、时段人流量统计、整天人流量统计、游客分布统计。

（4）出境游监测。出境游监测通过对接旅游团电子行程单和旅游合同数据的接入，实现对全国旅游团队及出境旅游团队的监测，方便相关部门在发生旅游突发事件时迅速开展救援、服务工作。

（5）导游监测。对接导游数据，通过分析导游数据，统计分析导游数量以及变化趋势，导游资格和等级，展现导游的热点分布、导游自画像。

（6）旅游投诉监测。旅游投诉监测与分析通过对接旅游投诉数据，对其整合和分析，统计旅游投诉总量、投诉类别以及投诉数量变化趋势等，分析投诉排名，进行投诉信息实时滚动播放，展示游客在咨询、投诉方面的基本诉求。

（7）假日监测。假日运行监测为实现对各景区节假日及旅游黄金周期间的旅游景区运行监测主要包含重点景区客流量监测、投诉情况、互联网评价、旅游安全事故、同期假日数据分析。

（8）旅游舆情监测。通过接入互联网信息游客评价、点评数据，实时实现旅游舆情监控，及时发现游客的满意度，消除或改善不安全或游客不满意的项目和产品，提升游客服务质量，以各类图标方式进行分析展示。

（9）游客满意度监测。接入主流互联网渠道上关于旅游景区、住宿、餐饮等方面的评价数据。得出游客对浙江景区、酒店、餐饮等主要旅游要素的正面、负面、中性评价。识别各景区、酒店、餐饮网络形象变化、市场优势和短板所在，以各类图标方式进行分析展示。

（二）智慧景区应用系统

1. 景区智能票务系统

（1）景区智能票务系统概述

景区智能票务系统是为景区提供票务综合管理服务的软件系统，实现了线上线下一体化整体架构。整个架构主要包括网络售票、营销管控、数据总线、电子票务四大部分，各网络售票渠道订单通过营销管控平台进行归集管理，并采用 TESB 数据总线技术将数据实时同步到线下电子票务系统。

近年来，旅游业线上线下融合发展不断推进，取得积极成效。“互联网＋旅游”发展如火如荼，越来越多的景区开展智慧化升级建设，数字化服务让人们出游更加便捷舒适。智能票务系统作为景区智慧化建设的重要组成部分，不仅响应国家疫情防控政策号召，实行实名制分时预约，还能提高门票销售和查验效率，提升游客体验。从最初的窗口售票到线上线下一体化售票，从人工验票到电子验票，正在不断进步。现在，随着人工智能技术的发展和应用，景区迎来了一个更加现代化的人脸识别和快速检票时代。

视频 3-1：景区人脸识别入园

它的出现解决了景区传统票务管理存在的四大问题：①智能票务系统解决了人情票、假票、售票窗口拥堵等问题；②智能票务系统解决了人工检票工作效率低、出错率高等问题；③智能票务系统解决了财务统计易错漏、管理决策不科学等问题；④智能票务系统解决了疫情常态化防控下人流控制难的问题。

智能票务系统主要包括软件系统和硬件配套设备，其中软件系统主要实现景区现场全渠道售票、取票检票相关业务的管理，实现业务数据的综合查询。硬件设备主要包括售票终端、自助售取票机、检票闸机、检票手持机等核心设备。通过智能票务系统景区可将线上线下所有业务数据进行整合，建设智慧旅游数据中心，对归总数据进行统计分析和数据挖掘，提供领导查询和决策分析支持。

景区智能票务系统根据服务对象的不同分为管理端系统和客户端系统两部分。其中，管理端系统是面向景区管理人员的系统，提供产品管理、人员管理、权限管理、数据管理等服务；客户端系统是面向游客的交互体验系统，提供售票、检票、退票以及查询等服务。

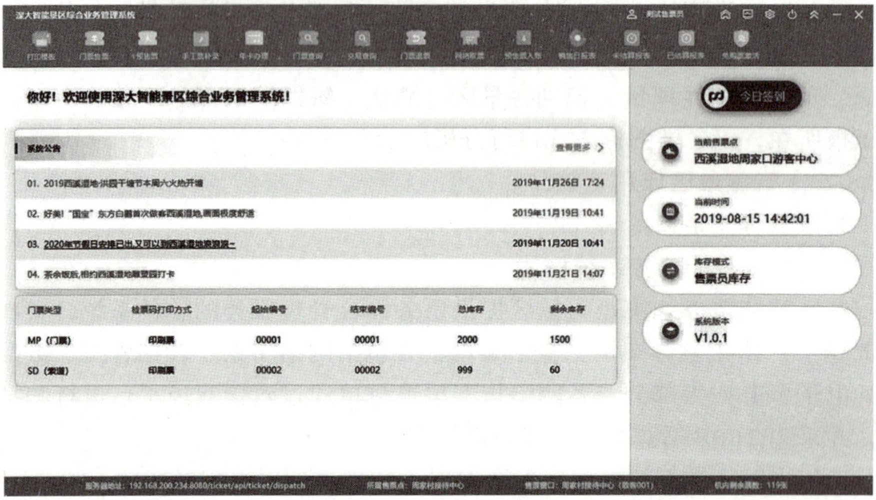

图 3-4　景区智能票务系统

（2）景区智能票务系统基本功能

景区智能票务系统将景区门票、餐饮、酒店及交通等进行有效整合，为客户提供一站式服务，实现了票务管理的自动化、规范化和智能化，从根本上解决了票据查询难、售票劳动强度大等问题，提升游客体验的同时，还提高了景区的管理水平。除此，智能票务系统还具有多方面的应用：

①实名制分时预约。现在“无预约不旅游”基本已成为大众共识。智能票务系统的实名制分时预约功能不仅能够提高景区售检票的工作效率，还能有效地保障游客安全健康出行。游客实名预约购票成功后，需要在预约时间内持二代身份证检票入园，入园后积极配合工作人员，快速完成相关核验。

②便捷入园。智能票务系统支持人脸识别、指纹、电子二维码、二代身份证、纸质门票以及 RFID 卡等多种门票介质，配合闸机、手持等智能硬件实现“无接触检票”和“快速入园”，有利于提高景区入园效率，避免入口游客扎堆的情况，有效缓解客流高峰带来的管理混乱问题。

视频 3-2：景区实名制分时预约

③应急管理。采用 RFID 技术的电子门票作为数据载体，能起到标识识别、人员跟踪、信息采集的作用。电子门票与读写器、现场控制器和应用软件等构成的 RFID 系统直接与相应的管理信息系统相连，使景区内的游客可以被准确地跟踪、定位。

④景区环境容量控制预警。旅游环境容量是衡量一个景区生态现状的重要指标。传统的景区游客流量测算是以调查表的方式进行统计，既不能反映其真实的环境容量，也不能体现实时的变化情况。而现在的智能票务系统配合景区监控系统能够对景区人流进行统计和控制预警，可实现景区游客容量的实时监控和统计分析，以保证景区的游客量在满足景区环境容量限制的情况下最大化地发展。而其他游客可在家中通过互联网查询当前指定景区的游客数，以便决定当前是否出游。

2. 景区综合管控平台

景区综合管控平台基于互联网、物联网、云计算、大数据、GIS 地理信息、人工智能等技术，实现对景区人、财、物的可视化集中管控、大数据挖掘分析与应用以及集中指挥调度，如图 3-5 所示。景区的相关物资、服务场所、服务设施、全息数据、应急事件等内容以 GIS 地图与大数据可视化方式进行管理与分析，使景区的日常管理与服务工作更加精细化、智能化、立体化、协同化以及数据共享化，使管理者能全面感知景区的一事一物，提升景区管理效率与服务能力。

视频 3-3：景区综合管控平台

基于一张 GIS 地图实现对景区可视化的管理与管控，包括景区旅游资源、景区工作人员（导游、保安、保洁等）与车辆（内部车辆、游客电瓶车）的定位与行迹查看、景区基础设施（建筑、景点、道路、路灯、水闸、视频、Wi-Fi、广播）和服务设施进行全面透彻与及时的感知，对游客、景区工作人员实现可视化管理，景区可视化综合管控平台如图 3-6 所示。

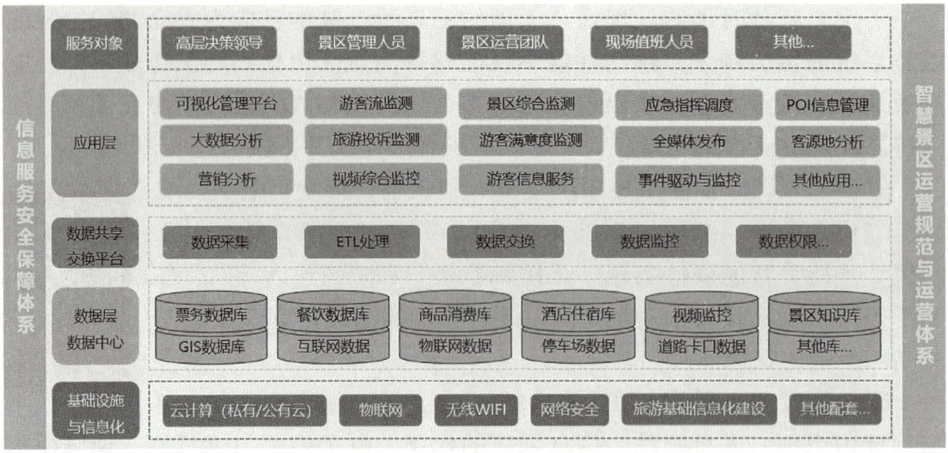

图 3-5　景区综合管控平台架构图

图 3-6　景区可视化综合管控平台

景区综合管控平台主要功能包括：

①景区部件管理。对景区所有设施设备部件进行可视化管理，在 GIS 地图上标注各类部件位置，如售票点位、检票点位、出入口、商店、餐饮、厕所、文物、座椅、电子屏、Wi-Fi、视频监控等设备，以进行位置与信息管理。

②旅游标识管理。对景区所有标识集中管理，在 GIS 地图上标注景区所有安装的标识标牌位置，包括出入口、游玩路线、景点介绍、二维码导览图等。

③物联网设备控制。在 GIS 地图上标注物联网设备，对具有通信功能的物联网设备进行集成对接，实现对设备进行控制，如对视频监控、音箱广播、大屏、路灯、水闸、环境监测模块等设备进行数据对接与采集。

④文物遗建、名木古树管理。将景区内所有的文物、遗建、名木古树在 GIS 地图上标注与展示，对每个文物遗建、名木古树进行建档、维护记录管理与查看。

⑤信息监测与通知。监测景区各类信息，包括服务设施监测、游客量监测、生态监测、火情监测、停车场监测、道路车辆监测等数据，并在异常情况下以弹屏、短信等方式进行信息通知与告警。

⑥视频监控。通过视频实时监控了解景区重点场所的现场情况，及时掌握现场出现的各类突发事件，以便调度人员处理，提前做好预防安排，把现场事件风险降到最低，确保游客及财产安全。

⑦人员定位及轨迹管理。对在岗的安保人员、保洁、导游等进行实时位置定位，在出现应急需求情况下便于指挥调度，同时可查看历史轨迹，便于信息回溯。

⑧车船位置定位与轨迹管理。通过 GPS 设备对接集成，实现对电瓶车、游船等对象进行实时位置定位，并可追溯历史轨迹信息，同时为指挥调度提供位置服务，在出现应急事件情况下就近调度资源。

⑨值班管理及应急预案。安排每天的现场值班人员与值班领导，在出现任何应急事件下能及时通知到负责人，提前做好各类等级的应急预案，根据预案高效有序处理问题，把管理风险降到最低。

3. 智慧停车场系统

智慧停车场系统是基于物联网、云计算、大数据和移动互联网技术研发，以解决景区停车问题的智慧化管理平台。以自助停车、快速通行为服务场景，将停车场数据与景区运营数据互联互通，彻底打通线上线下，实现不停车进出及停车数据的分析、应用。

（1）系统组成

智慧停车场系统包括控制中心、出入口以及停车场等组成部分。

①控制中心。负责对整个景区车辆的统一管理，主要部署核心交换机、大屏显示设备、中心管理服务器及平台软件等设备。

②出入口。负责对所有进出景区车辆的有效管理，主要部署出入口道闸、车牌识别单元、出入口控制单元、RFID 读卡单元以及发卡单元等设备。

③停车场。主要负责停放车辆的有效管理，实现进入时的正向诱导，主要部署车位检测单元、LED 显示屏等设备。

（2）系统主要功能

①车辆管控。自动抓拍并区分“固定车”“临时车”“布控车”三种车辆类型，实现车辆区分管理。

②车辆引导。引导驾车者以最短时间、最佳路线进入空闲车位。

③视频查看。实现过车图片和信息实时显示，视频实时预览，进出车辆自动匹配，图片预览按车道轮询。

④车牌自动识别。由出入口摄像机、防护罩、闪光灯及车辆检测器组成，当车辆经过时摄像机触发闪光灯补光并抓拍车辆照片，摄像机内置车牌识别模块，可对车辆号牌、车身颜色等进行自动识别。摄像机将抓拍到的图片、识别结果及出入口时间地点等信息形成一条过车记录上传管理中心服务器。

⑤车位管理。对车位进行实时控制管理，停车后可以进行停车时间监测，管理人员可查看停车数据。

⑥ LED 显示屏。在景区道路入口，通过 LED 显示屏显示欢迎词、空车位数量、车位已满等信息。

⑦短信提示。游客进入景区之后，可以通过短信发送的形式，向游客发送停车场位置、空车位数量等信息。

⑧费用支付。支持微信支付、支付宝支付等移动支付手段，为游客提供便捷式停车付费体验。

⑨统计分析。可统计分析停车场每天和每月的使用率、分时段使用率等信息。

4. 信息发布与显示系统

景区信息发布系统是利用信息发布屏将文字、图片、视频等各类多媒体信息全方位展现出来的一种高清多媒体显示技术。作为一种迅速发展的综合性电子信息技术，它能够综合处理文本、图形、图像、音频、视频等多媒体信息，使多种信息建立逻辑连接，集成为一个系统并具有强大的交互性。

建立景区信息发布系统，可实现景区信息内容的发布管理，通过网络广播系统、显示终端系统、微信公众号以及手机短信等多种形式，向游客提供城市天气、景区实时客流、停车场停车位数量等多种旅游信息。

在旅游景区，常见的显示终端分为户外屏和室内屏。其中，户外屏主要设置在景区入口、广场、停车场等游客聚集场所，一般以拼接的 LED 大屏为主；室内屏主要设置在游客中心、展厅等咨询服务场所，以电子触摸屏为主。显示终端系统根据类型可分为 LED 大屏显示系统和触摸屏显示系统。

（1）LED 大屏显示系统。通过 LED 大屏显示系统，可快速、直观地将信息在 LED 大屏上进行发布、展示，便于游客方便快捷地了解景区最新信息。

LED 大屏显示系统主要由 LED 显示终端、传输电缆或网络、控制中心构成，具有信息展示、周期播放、定制播放、间隔插播、节目转播等多种功能。

（2）触摸屏显示系统。触摸屏显示系统由触控系统、管理系统、数据库三部分组成。其中，触控系统用于实现人机交互，实现旅游信息查询及展示功能；管理系统用于对所有查询终端的使用权限管理，并对内容进行编辑修改，通过网络共享实现对所有查询机的同步远程更新；数据库用于存储对外宣传的文字、图片、视频等内容。

旅游电子触摸屏搭载了触摸屏显示系统，并与互联网相连接。景区可以通过旅游电子触摸屏对景区景点、酒店、旅游项目以及配套设施加以形象化宣传。游客不仅可以通过旅游电子触摸屏自助查询景区路线、景点情况等信息进行预约，还可以直接预订餐饮、住宿和购物。

任务三　智慧旅游硬件产品

一、智慧安防设备

随着信息化建设的不断深入，很多用户都加快了信息化网络平台的建设，安全防范越来越引起重视，而安防监控系统则为用户安全防范发挥了积极的作用，其依靠视频监控系统、智能分析、报警系统等子系统及其之间的系统联动，可为用户及时提供异常事件的监控信息，将被动监控化为主动，以做到防患于未然。

（一）视频监控

近年来，AI 视频监控技术不断沉淀发展，整体行业发展风向由“看得清”向“看得懂”逐渐转变，因拥有实时、高效、省人力等优势，不同行业不同场景对视频 AI 能力的需求不断加大。目前市场上摄像头接入需求由千级向十万级发展，需要使用到的能力从简单转码向 AI 检测、内容检索、关联分析等多复合能力发展。

（二）数字对讲机

数字对讲机是将语音信号数字化并以数字编码的形式传输，即对讲机传输频率的所有调制都是数字的。其基本原理是将模拟语音转换成数字信号，然后转换成射频。由于它是一个数字信号，设备也可以直接传输数据。数据对接机主要特点如下：

①实现数字语音和控制功能。如果移动中的员工能够在进行语音交流的

同时，以无线获得文字消息传送服务、位置服务等多个应用程序，通过数字对讲机管理则效率会显著提高。

②覆盖范围更广的清晰语音通信。数字对讲机的数字纠错技术可以在更大范围内传送准确的语音和数据，而没有任何损失。

③通话安全性。数字对讲机固有的通信安全性可以防止扫描设备的窃听。色码 + ID，非法拦截的概率几乎可为零。

（三）数字广播

传统的广播，普遍采用定压音频或调频方式。而音频广播则受到电压、功率、阻抗衰减等因素影响，使传输距离短、频率低，易受干扰，导致系统扩展性差。调频广播在调制解调中容易引入噪声，频点偏移也会导致信号失真。基于音频和调频传输可控制的智能广播，受传输方式限制，也只能以分区、分组的方式实现控制。再者，缺乏独立的节目源，也导致广播终端不能满足个性化的应用需求。而数字网络广播，可以基于现有的或在建的 LAN/WAN 网络来建设。基于 IP 网络的节目传送，每个广播点都可以有各自独立的广播节目。

旅游景区广播系统采用全数字化的音频处理方案，传输系统以以太网为基础，配合 TCP/IP 协议，可确保系统具备良好的稳定性和可扩展性。系统采用全数字化的处理方式，能实现数据的无损传输，使在传输过程中发生的失真和噪声等问题得到了完全的解决。在网络飞速发展的今天，数字网络广播系统传输的距离可以非常灵活地添加网络分控和网络广播终端，具有非常广阔的扩容性。数字广播的特点如下：

①传输数字化。旅游景区广播通过 TCP/IP 协议将播音话筒、卡座、收音头以及音频网络服务器、分控主机音频以数字格式传输到每个网络广播接收终端，这种全程数字化传输的方式避免了音频信号的衰减与噪声加入，确保了音频的高保真播放。

②终端个性化。旅游景区广播广播基于 WAN、LAN 或 INTERNET，每个网络广播终端在所属网络中都可以具有独立的 IP 地址，能够同时播放不同的音乐，可满足旅游景区广播的需要。

③前端网络化。数字网络管教广播将前端音源扩展到整个网络，节目定时播放可以通过网络远程操控。网络化的管理，还可以对不同的用户设置不同的权限。

④播放自动化。数字网络广播能够实现自动化播放，并可为各个节目设置播放时间，服务器将自动进行播放，并且播放内容与对象范围可以任意选择。

⑤操作人性化。数字 IP 网络广播可提供图形菜单界面、人性化的操作，轻松简便，专一实用，提高了使用效率。

⑥应用智能化。数字 IP 网络广播有很多智能化的设计，可以在广播过程中实现录音、列表循环播放等语音功能；还可以实现定时设置、自动播放，并能够进行远程编排、维护、消防联动管理等功能。

（四）移动执法仪

随着无线通信技术和视频监控技术的快速发展，一套针对执法部门的移动执法系统被研发应用。该套系统能将警力快速调动到一线，实时记录执法过程，实时指挥执法过程，获得完整有效的证据，快速达到执法目的，并规范化整个执法过程，实现城市治安的实战应用需求。

移动执法仪应用特点如下：

①科学、有效的执法数据管理。针对现阶段数据管理不专业，无法快速查询和共享等问题，系统需具有执法记录仪数据快速自动导出，科学分类存储，可按不同搜索条件查阅，可共享给其他第三方业务平台使用等功能。

②执法监督和指挥调度。针对管理人员无法监督执法人员在日常执法过程中（简易程序）是否按程序规范执行，系统需具有远程执法监督的功能，要能够做到执法全程留痕，实时远程监督和事后回溯。

针对执法队伍管辖区域不同、资源划分不同的现状，系统需具备统一指挥调度的能力，指挥调度中心能够实时监测管辖区域内相关视频与数据，并在出现特殊情况时统一调配执法资源，集中处置，高效地完成事件处理。

③人员精细化管理。针对执法队员流动性大，难以管理的现状，系统需具有人员统一管理的能力，对在编的执法队员和临时的协管队员进行日常精细化管理。具体功能包括但不限于日常考勤、视频查岗，轨迹查看、任务派发、事件上报、脱岗报警等网格化管理手段。

④基于移动网络（4G 或 5G）的音视频互通和现场视频回传。建设移动执法平台，前端设备采用智能执法设备，基于移动网络实现管理平台和执法人员之间的音视频互通和现场视频回传。通过网络监控提高执法人员巡视、执法的时效性和有效性：一方面网络实时监控对本单位的巡查工作产生互补作用；另一方面当事故发生后，领导能够及时作出反应，通过大屏可以实时监控前端场景，并可实现对前线执法人员快速的通信指挥。

二、景区智能设备

（一）智能检票设备

智能检票设备是电子门票系统的配套硬件设备。目前，我国市面上常见的智能检票设备分为闸机和便携式检票终端两大类。

1. 闸机

闸机是一种通道阻挡装置，可应用于景区出入口，管理人流并规范游客出入。常见的闸机有辊闸、翼闸、摆闸。

（1）辊闸。辊闸是专门处理访问操作和游客流量的限行级出入操控设备，具有价格便宜、维护简单和防尾随功能强大等特点。按照拦阻体（闸杆）的不同构造又分为三辊闸、两辊闸和一字闸。

- 三辊闸

三辊闸由三根闸杆组成，杆的空隙只能容纳一人，适用于单向或双向控制人流，是景区最常见的入口检票设备类型。三辊闸可兼容 IC 卡、ID 卡、条码卡及指纹等读卡识别设备的使用，广泛应用于景区、地铁、工厂、大厦、体育馆等需要对通道实现智能化管理的场合。

- 两辊闸

两辊闸是在三辊闸的基础上进行优化，专为滑雪场设计的人员通道管理设备。两辊闸采用 RFID 身份识别系统，方便滑雪者读卡操作，为出入人员提供高效、便捷、文明、有序的通行方式，可有效管理滑雪场人员进出。

- 一字闸

一字闸是在两辊闸基础上进行优化，扩大使用范围的检票设备，主要针对滑雪场、溜冰场等人员通道进行智能管理。它将机械、电子、微处理器控制及各种身份识别技术有机地融为一体，通过 RFID 身份识别系统、生物指静脉识别系统，采用耐极寒环境的氟碳喷涂不锈钢机箱材料和性能可靠的低温环境安检全保护装置、报警装置、方向指示，以及友好的 LED、LCD 显示界面，协同实现对滑雪场、溜冰场通道的智能化控制和管理。

图 3-7　智能三辊闸设备

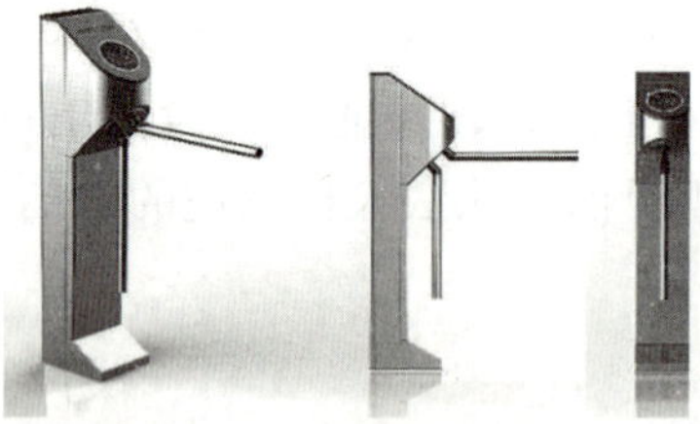

图 3-8　智能两辊闸设备

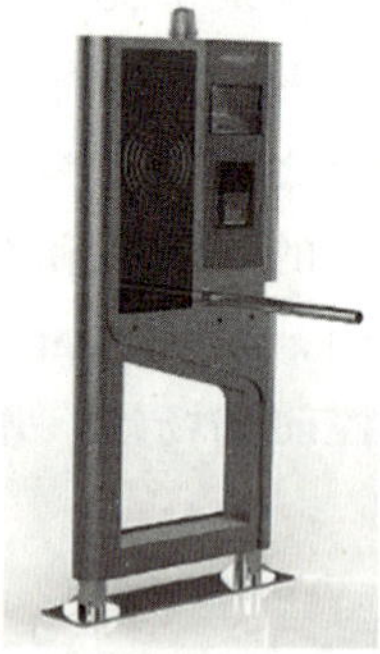

图 3-9　智能一字闸设备

（2）翼闸。翼闸又称剪式门，翼门一般是扇形平面，垂直于地面，经过伸缩实现阻拦和放行。翼闸可兼容射频卡、身份证及条码卡等读卡识别设备的使用，广泛应用于景区、地铁、火车站检票处等人流量较大的场所。

（3）摆闸。摆闸又称拍打门，其拦阻体（闸摆）的形态是具有一定面积的平面，垂直于地面，通过旋转摆动实现拦阻和放行。摆闸可兼容 IC 卡、ID 卡、条码卡及指纹等读卡识别设备的使用，广泛应用于景区、工厂、大厦、机场等对通道宽（指可以允许行人通行的宽度）要求较大且闸机外观形态美观的场所。

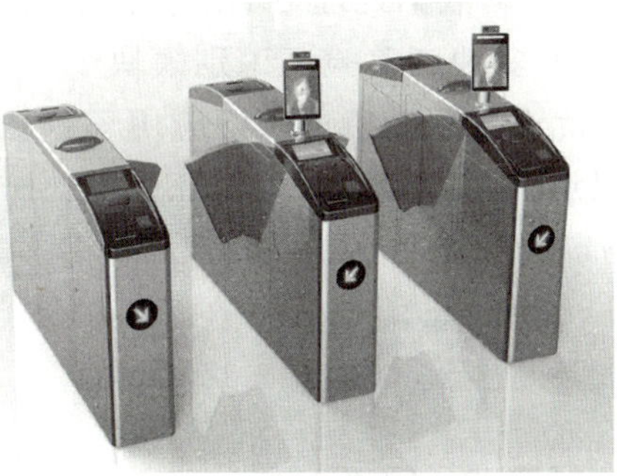

图 3–10　智能翼闸设备

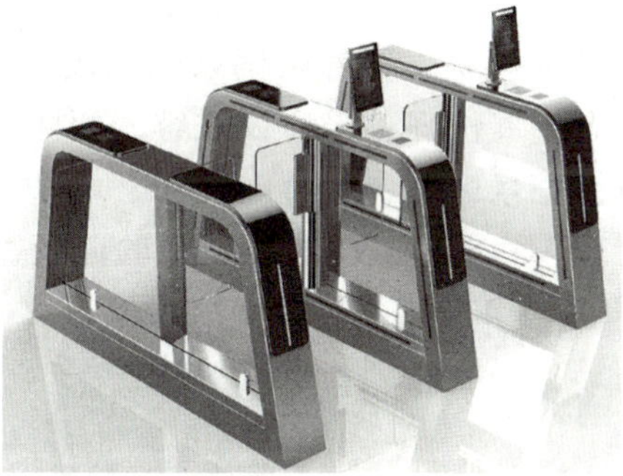

图 3–11　智能摆闸设备

以上三种检票闸机各有优缺点，具体如下表所示。

表 3–1　三种检票闸机的优缺点

闸机	优点	缺点
三辊闸	1. 能够有效实现单次单人通行，防尾随效果好，安全性和可靠性较高，容易引导游客使用 2. 闸机安装占地面积较小，成本低 3. 防水防尘能力强，对环境的适应度高，适用于室外和室内	1. 通道宽较小，一般在 500~600mm 2. 通行速度相对较慢 3. 受拦阻体形态的限制，不适于携带行李者与残疾轮椅通行 4. 外观可塑性差，美观性不足
翼闸	1. 通道较宽，通行速度快 2. 可快速打开，便捷度高 3. 紧急情况下可收缩两翼，方便游客疏散 4. 外形美观，适合对外观有要求的场合	1. 控制方式复杂，成本高 2. 受拦阻体形态的限制，容易人为硬件损坏 3. 伸缩式闸摆，维护难度大
摆闸	1. 通道宽较大，一般在 550~1000mm，适用于携带行李包裹的游客通行，也能满足残疾轮椅入园要求 2. 摆闸外形美观，闸摆可做广告位出租 3. 相对于三辊闸，通行速度较快，游客体验更好	1. 相对于三辊闸，成本较高 2. 受拦阻体形态的限制，耐冲撞性低，容易人为硬件损坏 3. 摆闸适用场景较为局限 4. 闸机安装占地面积较大，不适宜狭窄位置安装

2. 便携式检票终端

便携式检票终端是一种离线式检票设备，由景区售票人员手持对游客使用的门票（电子票、纸质票）和IC卡进行扣款、验证和记录；为游客提供入口检票、出口检票和不同区域（付费区/非付费区）之间移动提供验票服务。便携式检票终端可以在客流高峰时或闸机出现故障时缓解景区检票工作的压力。目前，市面常见的便携式检票终端有手持机和手机验票终端。

①手持机。手持机是便于携带的多功能移动数据处理终端设备，集RFID身份证模块、硬件解码条码阅读器、NFC等多种订单验证识别模块于一体，具有扩展性强、多协议兼容、便捷性高等优点。手持机可广泛应用于智慧旅游智慧景区的各类金融支付、电子票据识别、会员管理、身份证识别、访客管理、一卡通、O2O等订单验证及查询场景。

图3-12　智能手持机

②手机验票终端。手机验票终端是将手机验票APP安装到景区检票人员手机，检票员通过装有检票APP的手机用摄像头扫描游客的购票二维码以实现智能检票。手机验票终端适用业务单一的小型景区，也可作为大型景区高峰期的补充验票手段。

（二）自助售票设备

自助售票设备为游客提供无人值守式服务，集购票、取票、票务查询等功能于一体，有效实现了人机交互，大大缓解了景区高峰期的售票压力，适合景区及各类场所自助式购票。自动售票设备按照功能模块的不同可分为自助售取票机和自助取票机。

1. 自助售取票机

自助售取票机用于游客自助式购买门票。它集计算机技术、网络技术、通信技术及智能自动化技术于一身。通过联结售票系统，实现游客在人机界面的交互体验，可自由选择，轻松购票。自助售取票机支持现金、银联、手机等多种支付模式，提供门票打印、凭条打印等服务。

2. 自助取票机

与自助售取票机相比，自助取票机不支持售票功能，取消了银行卡插卡口和银联读取模块。

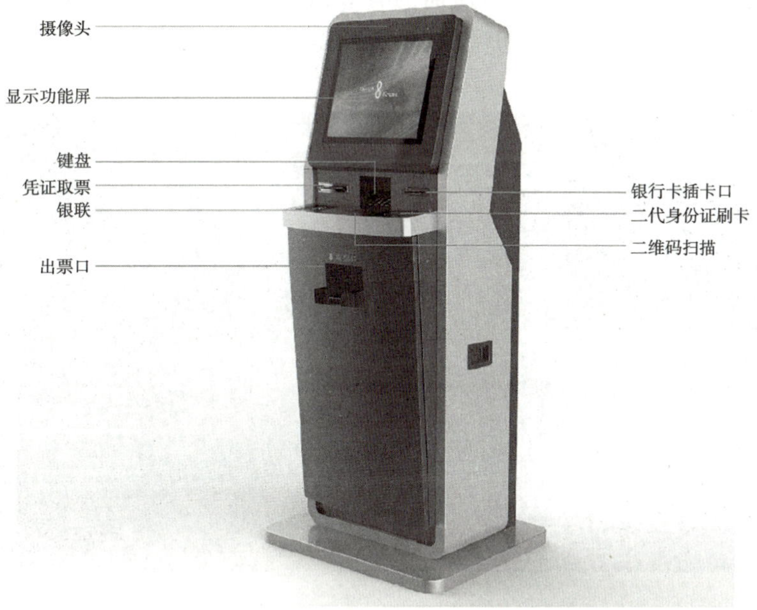

图 3-13　智能售取票设备

（三）智能服务设施

1. 机器人导游服务设备

机器人导游服务依托语言交互和深度学习优势，可为游人提供地图线路、语言播报、活动流程、语言交流、人机互动等多形式引导。通过语音、视频等方式对意向景点、周边设施进行定点或行进传讲解，循环播报旅行方案等，方便客户对其进行多维度的了解，可减轻导游的工作。机器人导游服务还能发挥线上服务渠道的引导作用，指导游客扫描二维码关注最新活动信息，牵动线下游客与线上平台建立互动，从而让景区人工导览和智能服务实现方便结合。

2. 智慧灯杆

智慧灯杆也称多功能杆，是以照明灯杆为基础，能够集成 5G 基站、Wi-Fi 热点、公共广播、一键求助、多媒体交互、充电桩以及气象检测、环境检测等的新型智能设备。一杆多用是智慧灯杆的最大特征，要注意是“集成”，而不是简单将多种设备放置在同一根杆上。

3. 交通诱导信息系统

交通诱导信息系统是智能交通管理系统功能体现的关键之一，使智能交通管理系统中各个子系统相互协调作用，对交通信息进行采集、处理和分析，并向交通管理者和出行者提供所需的有效信息。信息采集、信息处理及诱导信息的生成和诱导信息的发布，构成智能化城市交通诱导信息系统。

图 3-14 雁荡山智慧交通总览图

三、智慧酒店智能设备

（一）酒店自助入住设备

通过酒店自助入住终端机这种智能自助终端，可一键式使客人轻松登记入住、支付以及退房，有效降低前台人力成本，提升入住客人的时间效率和入住体验，完成酒店线上与线下资源的无缝对接。它不只是为酒店方提供便利，更是体现在为酒店客人提供便利，使其感受到方便、快捷、高品质的服务，更包含了客户所体验到的科技感、时尚感以及参与的乐趣，从而实现吸引客户，提升满意度，增加忠实客户，提高入住率的最终目标。酒店自助入住设备主要功能：

①取卡功能：可用身份证、二维码、验证码、会员卡来办理入住。

②发卡功能：酒店房卡的发放。

③打印功能：打印交易凭证。

④读卡功能：银联卡、酒店卡的读取。

⑤支付功能：扫二维码，生成手机验证码进行确认支付。

（二）酒店客控设备

酒店客房智能控制系统是针对高星级酒店的客房控制与管理需求设计、开发和制造的新一代酒店客房智能管理系统。系统利用计算机控制、通信、网络等技术，基于客房内的智能控制器构成专用的网络，对酒店客房的安防系统、门禁系统、中央空调系统、智能灯光系统、服务系统等进行智能化管理与控制，实时监测客房状态、宾客需求、服务状况以及设备情况等，以协助酒店对客房设备及内部资源进行实时控制分析。

其中，客房控制器是一种常见设备。它将酒店房间内主要电器设备（门锁、灯光、空调、窗帘、电视、受控插座等）通过客房管理主机集中控制管理，适用于新型概念酒店 / 主题酒店 / 风格民宿 / 老牌酒店转型。

酒店智能客控设备的主要功能如下：

①欢迎模式。当客人打开房门，廊灯自动亮起，进入可自动播放欢迎背景音乐；插卡后受控电源开启，房间各灯由门口到房内依次点亮，遮阳窗帘自动开启，温控系统进入入住状态，电视屏显示欢迎语，使客人有宾至如归的感觉。

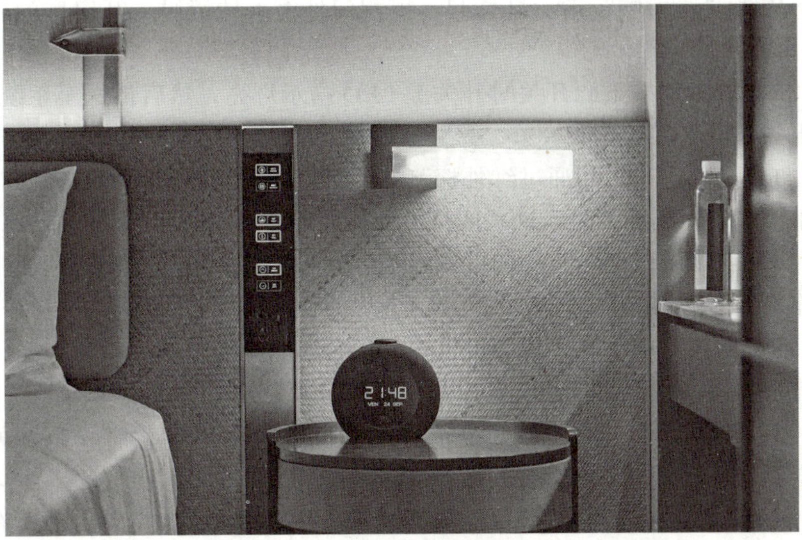

图 3-15　智能酒店客房

②节能温控。通过智能温控实现酒店节能，降低能源成本。温控器可显示室内温度并自动调节房间温度，入住客人插卡后，温控系统进入入住状态，按默认设定温度运行，使客房在客人进入时已达到舒适温度，如果客人进行了手动设定，则按客人设定温度运行。

③客房控制。智能门口显示器：在房门外配置智能门口显示器，上面有“请清理”“请稍候”“请勿扰”，及“门铃”等指示灯，触摸式面板，按下后客房内门铃响起。

·灯光控制：通过各种开关，控制廊灯、房灯、卫生间灯、可调光阅读灯等房间常用灯光。

·镜前灯控制：通过开关可控制镜前灯的开闭。

·电动窗帘：通过开关模块可直接控制窗帘及纱帘的开闭，并可与欢迎模式串联（客户插卡后灯光依次亮起，最后窗帘自动打开）。

·请清理：客人按下请清理后，门口“清理”显示灯亮起，同时在客控软件上显示，提醒服务人员及时响应客人的服务请求，客人即使出外办事回酒店后也能看到清洁整齐的环境，服务人员清理后指示灯灭，系统提示消失。

·请勿扰：客人按下勿扰后，门口“勿扰”显示灯亮起，同时在客控软件上显示，“勿扰”与“清理”和“门铃”互锁。即“勿扰”时，清理显示和门铃按钮无效，按总控开关关闭所有灯光时自动点亮勿扰。

·请稍候：客人在卫生间时，有客来访（即门铃响），可按“请稍候”按键，房内外“请稍候”指示灯亮起，提醒门外客人请稍候。开启房门后指示灯灭。

·洗衣服务：按下此开关时开关上 LED 指示灯亮，然后传送至系统软件，提醒服务人员进行处理。

·红外感应：卫生间通过红外探测器控制灯光，探测有人时自动打开照明灯和排气扇，探测无人时自动关闭灯光及排气扇。

·门磁：客房门框、衣柜门、阳台门、保险柜安装门磁，通过门磁与可控系统连接，经网络传送至客控软件显示房间各门的开关信息。

·叫醒服务：通过客控软件设置，到预约时间系统自动启动语音盒，鸟叫及蟋蟀声催醒客人，此时遮阳窗帘及廊灯可自动打开。

·SOS 呼救：若客人发生意外需要救助，可按动 SOS 紧急呼救开关，房外“紧急呼救”灯闪亮，客控系统报警。呼救时不可实现“请勿扰”请求。

·报警：当酒店发生火灾时，酒店管理人员手动或系统自动启动所有客房语音盒发出火灾报警声。

④夜间总控。客人休息时按下床头总控按键，关闭受控电源（夜灯除

外），此时房间进入睡眠模式，门铃锁止，勿扰指示灯亮；空调进入睡眠节能模式，按照预设温度运行，风机低速运行。如客人不需要夜灯，则按夜灯开关关闭夜灯。起夜时按任意键夜灯亮，再按其他键则打开相应受控灯。

⑤个性化服务。运用多媒体信息发布系统，酒店可自主编辑播放内容。客人利用客房内的多媒体电视屏幕，只需轻触遥控器，酒店周边的衣食住行等实用信息可一览无遗，不出房门即可实现订餐、票务预订、叫车出游、电影欣赏等个性化服务。

⑥预先退房。客人按下退房按钮，预退房指示灯点亮，即刻传送至前台及客服中心电脑，同时前台电脑上会有声光提示该房间请求退房，信息传送到系统软件，服务人员到该客房进行清理并通知前台打印出账单，服务人员可以提前进行结账工作，以节省客人在前台等待退房的时间。按下请求退房服务开关后，勿扰指示自动关闭。客人办完退房手续，前台点击“××房间退房”模式，远程控制门牌背光熄灭，温控系统进入无租态。

思考与练习

一、判断题

1. 智慧旅游是旅游业与信息技术融合发展的典范。（　　）
2. 旅游大数据是智慧旅游建设的重要组成内容。（　　）
3. 智慧旅游有利于带动产业发展。（　　）

二、选择题

1. 智慧旅游最终呈现效果体现在以下哪些方面？（　　）

A. 智慧管理　　B. 智慧营销
C. 智慧服务　　D. 互联网

2. 以下哪些选项属于智慧旅游的基础信息服务设施？（　　）

A. 网络设备　　B. 服务器
C. 检票闸机　　D. 视频监控
E. 信息显示屏

3. 以下哪些选项属于旅游大数据应用？（　　）

A. 旅游公共信息服务　　B. 旅游公共交通服务
C. 旅游环境监测与分析　　D. 旅游舆情监测与分析
E. 旅游精准营销服务

4. 以下哪些选项属于旅游行业管理应用？（　　）

A. 旅行社管理　　B. 旅游投诉管理

C. 旅游综合执法　　D. 产业运行监测

E. 旅游电商

5. 以下哪些选项是智慧景区入园常用的智能检票设备？（　　）

A. 三辊闸　　B. 翼闸

C. 摆闸　　D. 手持终端

E. 自助售取票机

三、思考题

1. 智慧旅游产品的基本内涵是什么？

2. 智慧旅游产品与传统旅游产品的主要区别是什么？

3. 阐述智慧旅游产品的分类及主要内容。

参考答案

项目四　智慧旅游系统设计与实操

项目导读

在移动互联时代，涌现出了各种各样的互联网新职业，其中产品经理成为众多职位中最具代表性的岗位，在微信取得巨大成功后，以微信产品经理身份出道的张小龙，更是成为众多互联网人的标杆。在大众创业、万众创新的时代背景下，大学生在读书期间也能够通过"互联网＋创新创业大赛"等平台将自己的项目创意展示出来，获得多方资源支持，持续推动项目孵化，服务区域经济发展。那么，如何以系统的思维设计项目，如何以书面的形式与团队成员沟通项目创意？用什么工具进行交互产品原型设计？原型设计的发展趋势是什么？本项目以回答上述问题为指引，任务一梳理系统设计原则与方法；任务二重点介绍产品经理三大文档和交互产品原型设计的概念；任务三介绍 Axure 软件的基本功能和相关概念；任务四通过交互产品原型设计实训带领大家掌握 Axure 的基本操作。

学习目标

知识目标

1. 了解系统设计的原则以及三要素。
2. 了解产品经理三大文档的概念及内涵。
3. 了解交互产品原型的相关概念及设计工具。
4. 掌握 Axure 软件的基本操作。

能力目标

1. 能够掌握系统设计原理。
2. 能够阐述产品经理三大文档的区别。
3. 能够使用交互产品设计工具进行团队协作。
4. 能够独立设计交互产品原型页面。

素质目标

1. 通过系统设计思维的训练，增强学生对产品经理相关业务流程的认知，培养学生使用书面形式进行沟通的职业素养。

2. 通过对交互设计工具的学习和训练，培养学生具备系统思维和创新创业精神。

思维导图

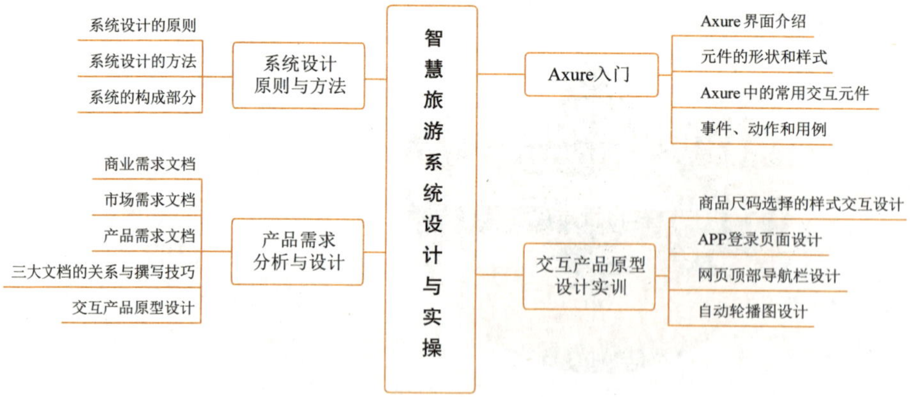

【案例导入】

在设计工作中经常会出现下面的对话：

产品经理：我这边有个关于产品介绍页面的设计需求，帮忙设计一下。

视觉设计师：好的，具体的尺寸与内容要求说一下。

产品经理：尺寸宽度为1200px，长度根据内容适配，内容是产品宣传页上的内容。

视觉设计师：好的，我做两套方案。

……

产品经理：看了你的两套方案，觉得少了一个登录入口，加一个登录按钮。

视觉设计师：好吧。

……

产品经理：测试那边没说，按钮间距与其他页面不统一，还要帮忙再调整一下。

视觉设计师：其他页面不是我做的，你有设计规范吗？

产品经理：我没有啊，前端那边估计有切图标记，我要一下再发你。

……

案例点评：从以上案例可以看出，设计师与产品经理都缺乏系统性思维，没有了解清楚系统中的各个元素以及它们之间的关系，只能针对当前出现的问题做处理。在做一个产品设计之前，需要全局视角，与团队全员沟通，了解系统结构以及各个元素之间的关系，做好准备工作，才能针对问题去解决。

任务一　系统设计原则与方法

系统思维可以追溯到20世纪初。第二次世界大战期间，涌现出了许多新的通信技术和新的思想理论，如信息理论、控制系统论等。中国也引进了许多系统思维相关著作。那什么是系统呢？德内拉·梅多斯在《系统之美》中对系统的定义是："系统并不仅仅是一些事物的简单集合，而是一个由一组相互连接的要素构成的、能够实现某个目标的整体。从这个定义可见，任何一个系统都包括三个部分：要素、连接、功能或目标。"世界上，并不是所有事物都是系统的，要素、连接、功能或目标这三个维度是判断事物是否具有系统性的条件。比如创业项目就是一个系统，项目的要素是创业团队，即项目创始人、合伙人、骨干、职员等；而连接是项目的管理规则、运营制度、激励制度等，需要通过项目团队与受众对象的互动交流产生连接；目标则是企业正常运营、盈利。

在设计管理中有效地运用系统思维可以保证其他思维不片面化，不走向歧途。系统思维其实是一种观念和意识，做设计决策时要从系统的角度来观察思考，运用系统思维的方法将各项事物有序地组织起来。运用系统思维，可以让我们做起事情来，更有效率，更事半功倍。因此，管理工作中系统性思维的运用与否，会影响到每个管理环节的工作效率，从而决定最终管理工作的局面。

管理工作的有效性和创造性是系统思维在设计管理工作中的主要体现，可以说这种思维方式是实现部门目标和打开新局面的重要保障，也是创新的内在动力，对快速应变机制的运行将产生积极影响，以避免管理工作中出现不必要的被动和失误。我们应该学会用战略的眼光、发展的思路、创造性的思维来解决各种复杂的管理事务，完成项目目标。

在系统设计时应该养成系统性思考的习惯，首先应该明确前面提到的系统的三个构成部分，思考要素——在设计方案中，最核心的要素是什么？连接——各个要素之间是如何连接的？它们之间的关系是怎样的？它们进行输入和输出的途径是什么？目标——产品或者项目最终想要达到的目标是什么？

这些问题是系统设计的基础，做系统设计之前需要清楚这三个构成部分。系统设计思维的养成，不仅能帮助我们做出更明智的决策，还能让我们更清晰有力地阐述设计方案，促进团队的高效协作。

一、系统设计的原则

系统设计应当根据项目设计整体的思想，使新系统满足科学化、合理化、经济化的总体要求。一般要遵循完备性、系统性、可行性三点。

1. 完备性

主要是指系统的功能齐全、完备，能够满足用户需要。如果是软件信息化系统，一般要具备数据采集、管理、处理、查询、编辑、显示、分析及输出等功能。如果是创新创业项目，一般要有核心团队、项目目标、创新创业基本必备物资、产品、市场运营渠道等。

2. 系统性

一般的系统设计，在基本要素完备的情况下，各要素之间要相互连接、融为一体。如一般的旅游产品线路，各个景点之间涉及哪种交通工具接驳，都需要充分考虑；如旅游过程中，导游的服务质量与游客的游后评价，息息相关。因此，旅游创业项目，需要考虑各个环节、要素的整体性与系统性。

3. 可行性

系统设计需要考虑可行性，包括系统设计是否可行、系统能否长期稳定地运行两个方面。

除了以上三点，一般的系统设计，需要遵循 SMART 目标管理原则，该原则是由著名管理学大师彼得·德鲁克提出。目的在于帮助管理者对下属实施绩效考核和对目标进行管理。SMART 原则对应五个字母，分别是“S=Specific、M=Measurable、A=Attainable、R=Relevant、T=Time-bound”。如下所示：

S=Specific（具体的），指要达成的行为标准，要能够具体地描述出来。

M=Measurable（可衡量的），指系统目标应该是明确的，要有明确的数据作为衡量是否达成目标的依据。

A=Attainable（可达成性），指目标是可被执行人所接受，通过努力可以完成。

R=Relevant（相关性），指实现此目标与其他目标的关联情况。如果实现了这个目标，但和其他的目标完全不相关，那这个目标即使达到了也没有意义。

T=Time-bound（时限性），是指目标是有时间限制的，需要清楚完成的时间段。

由此，SMART 目标管理原则与上述的完备性、系统性、可行性还是一脉相承的。

二、系统设计的方法

（一）问题导向法

在生活和工作中我们都会面临各式各样的问题，有时候思考问题比较片面，把局部当成整体，会犯片面和没有重点的错误。因此需要通过系统性的思维方式去思考，全面分析问题的根源，从而看清全局的形势，从中找寻到最佳的解决方案。

下面是我们在面临问题时如何进行有效系统思考的流程，主要包括以下 6

个主要步骤。

1. 确定问题及设定目标

我们需要先清楚目前遇到的问题有哪些，明确解决问题的目标是什么。比如创业项目中，社会痛点很明显，显然是可以找到问题的。但是如果对于给出的问题需求比较模糊时，就需要进一步去明确和确认，弄明白在哪些问题情况下开展工作。一般，确认问题大概分为三步：

第一步，找出问题的关键点。例如，当接到一个设计需求时，可以询问对方：这个需求的目的是什么？为什么会产生这个需求？这样的问题可以帮助我们了解需求背后问题产生的关键原因。

第二步，设定目标并进行确认。可以通过给出的建议目标，根据对方反馈，再进行确认。设定目标时，需要明确目标应该达到的水平或标准。

第三步，准备解决问题的资源。明确了目标后，就需要准备一些资源来解决问题。

2. 分析问题

这是流程中最重要的一步，需要将问题拆解成一个个简单清晰的小问题，然后找出解决问题的方法。我们一般用 5W2H 和鱼骨分析法来确定问题并寻找一切与之有关的信息，以最终找到问题根源。

5W2H 分析法，又称七何分析法，第二次世界大战期间由美国陆军兵器修理部首创。它易于理解使用，富有启发意义，广泛用于企业管理和技术活动中，对于决策和执行性的活动非常有帮助，也有助于弥补考虑问题的疏漏。

5W2H 由七个英文单词或词组的首字母组成，分别是 What（要做什么事）、Why（因为什么原因）、Who（什么人）、When（什么时间）Where（什么地点）、How to do（如何去做）、How much（成本多少），用七连问发散思维思考问题并从中得到启发，最后得到答案。

5W2H 分析法在系统设计中如何使用呢？如设计师用七连问：Why？拿到设计需求后，应该首先了解这个模块产生的原因，为什么要做这个功能，先确定做此功能的价值；What？明确这个功能的具体内容和含义以及还要做哪些功能点；When？了解清楚各个团队的交付节点和时间点；Where？了解系统的整体结构是什么？产品的信息架构是什么？这些功能点的具体位置在哪里？ Who？系统的相关受益者是谁？产品目标用户是谁？谁来用这个产品？涉及的相关人员有哪些？ How to do？整套系统设计方案应该如何实施？每个模块又如何实现？ How much？需要用到的资源和人力成本是多少？

鱼骨分析法，又名因果分析法，是一种发现问题根本原因的分析方法。其常用的鱼骨图是通过头脑风暴和思维发散的方法，找出一些特性的因素，按相互关联性整理而成的层次分明、条理清楚并标出重要因素的图形。如图4-1所示，针对一个问题（作为鱼头），列明产生问题的几个主要原因（鱼骨主干），从主要原因继续延伸，列出每个主要原因产生的小原因，如此一层一层挖掘分析下去，直到找出可以解决问题的方法或者步骤。通过鱼骨图分析，可以把各种因素或原因全部列举出来进行归类，并判断其合理性。

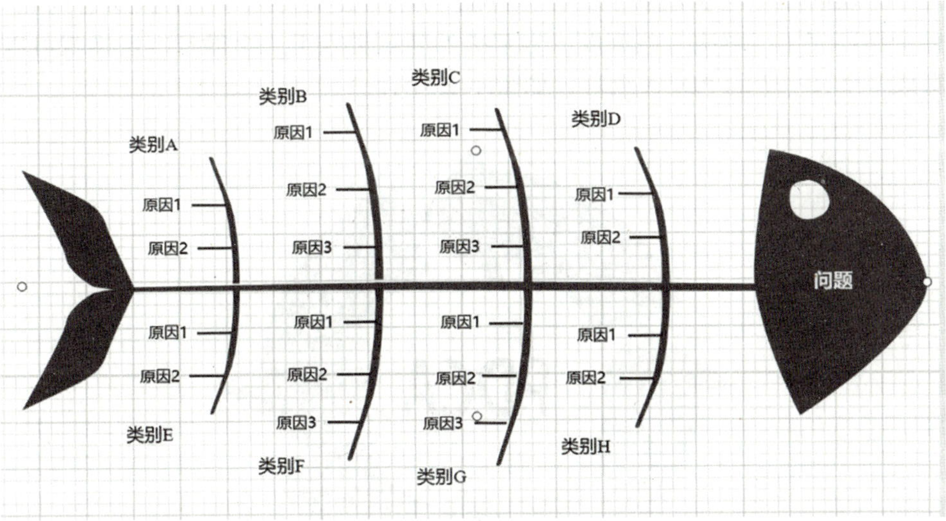

图4-1　鱼骨图

3. 找出解决方案

通过上一步骤对每个问题产生的原因进行梳理后，这一步就要针对每项原因提出解决方案。拆分和定位问题才是解决问题的关键，要明确解决问题的核心关键目标，建议设计几套不同的方案以供选择，然后根据评价标准选择最好方案。

4. 制订方案计划

制订计划方案时需要注意确定具体的、可操作的、可跟踪检验的行动计划。明确具体步骤、所需要的资源、相关的负责人、每步完成的时间和预期的结果等。在制订计划时，我们可以借助SMART目标管理原则来进行。

5. 实施方案

将解决方法化解为便于管理、可监控的具体步骤，然后根据每个步骤进行跟踪和进度检查，发现并解决实施中的具体问题，核查并确定目标是否完成。

6. 评估解决方案

根据计划检查实施情况，需要对问题的解决情况进行评估，并将实施结果与预期做比较，检查问题是否已经解决，是否产生其他新的问题。如果问题没有解决，需要重新进入新一轮的问题分析。如果问题解决了，将实施方案中的成功做法沉淀积累下来并把方法标准化，建立控制机制，保证持续使用新的标准化，对于失败的教训也要总结，以引起重视。

（二）PDCA 循环法

上述问题导向法的 6 个步骤，可能不会实施一次就可以解决所有问题，一个循环完了，解决一些问题，未解决的问题进入下一个循环，这样就可以形成一个又一个的 PDCA 循环，如图 4–2 所示。

图 4–2　PDCA 循环

PDCA 循环首先是美国质量管理专家休哈特博士提出的，由戴明采纳、宣传，获得普及，所以又称戴明环。PDCA 循环将质量管理分为四个阶段，即计划（Plan）、实施（Do）、检查（Check）和行动（Action）。在质量管理中，要求把各项工作按照计划、计划实施、检查实施效果进行划分，然后将成功的纳入标准，不成功的留待下一循环去解决。

（三）系统循环图

通常，我们遇到问题会用碎片化的方法解决，但正确的方式是我们应该具备解决问题的思考框架，能够采用系统思维的方式来解决问题。系统设计的一个有效思考工具，就是系统循环图。要学会利用系统循环图来帮助我们实现系统设计并解决复杂问题。

系统循环图可以把一系列的问题通过系统的认知用图形表达出来，从而梳理清楚系统中的复杂关系，加深对真实系统的理解，进而给出问题的解决方案。绘制系统循环图的过程可以加深我们对系统的思考和认知。

系统循环图强调每项事物都和其他事物联系在一起。例如，旅游公司接到一起投诉，私人定制线路没有如期反馈给客户。如果按照线性思维分析会认为是线路定制师延误时间导致没有交工，其实原因有好多种，有可能是客户需求变更，或者是人员短缺，或者是定制师的工作效率不高，这些都有可能是导致延期的原因。如果按照系统思维的方式，就应该从几个维度去寻找原因来判断延期的根源。

邱昭良在《如何系统思考》一书中总结出一套系统循环图的绘制步骤，具体有以下 4 个步骤，在设计管理中分析问题时可以加以应用。

（1）找问题。把问题罗列出来，写出需要解决的问题。

（2）找原因。找出问题的原因有哪些，在问题的周围写出几条原因。可以使用 5W2H 分析法或鱼骨分析法等工具分析原因。

（3）找结果。找出这个问题可能导致的后果有哪些。

（4）找回路。所谓回路，简单说就是一种闭合的因果循环，就是把产生这个问题的原因和导致的后果关联起来，看看是否存在回路。如果有，可以用带有箭头的直线标记出来，从原因指向结果。如果原因和结果之间是增强的关系，在箭头处标记一个加号，代表是正反馈回路；如果原因和结果之间是削弱的关系，在箭头处标记一个减号，代表是负反馈回路。这样就可以得出这个回路是正反馈回路还是负反馈回路。

系统循环图反映了事物之间的反馈关系，当很多增强的要素加在一起就会产生自我增强性的反馈，随着时间的积累，这种力量也随之增强，这就形成了不断增强的循环系统。如果系统中存在不利于成长的回路时，就需要通过调整回路的强弱，来实现系统之间的平衡。

三、系统的构成部分

系统的构成部分包括功能目标、要素、连接。

（一）目标

目标，指系统的目标。一家创业公司就是典型的系统，公司的愿景是目标，员工是公司的最小组成单位，公司通过制度、规则将员工有序地组合在一起为公司终极目标而服务。系统的成败，目标的设定是关键。项目的运行，要将系统的整体目标和分目标都表达清楚，当一个团队都清楚了解系统的整体目标和分目标时，整个团队的执行力会往目标所指的方向共同努力。

（二）要素

要素，指系统的要素是指系统内的组成部分。系统是有层级性的，系统要素既可以是系统里面微小的单元，也可以是各个单元组成的一个部分。要素包含在系统里，而且要素本身也可以是一个系统。如智能家电与APP的组合系统中，电饭煲、APP是这个系统中的要素，电饭煲的电脑主板与APP中的模块都是系统中的要素。系统要素有利于我们构建产品服务的相关系统。

（三）连接

连接，指系统中要素与要素之间存在着连接关系。我们可以用节点连接着节点的表现形式来表示系统各要素之间的连接关系。丹尼斯·舍伍德在《系统思考》一书中介绍了连接的两种类型，即正相关，用“+”表示，负相关，用“–”表示。而在现实系统中，要素与要素之间的关系，不仅仅包含正相关、负相关，更多的时候还有复杂的关系。

任务二　产品需求分析与设计

一、商业需求文档

（一）商业需求文档的概念

商业需求文档（Business Requirement Document，简称BRD）是基于商业目标或价值所描述的产品需求内容文档（报告），是产品在投入研发之前，企业高层作决策评估的重要依据。其内容涉及商业模式、市场分析、竞争对手分析等方面，形式通常是供决策层讨论的演示文档，一般比较短小精练，没有产品细节。

（二）商业需求文档的阅读对象

商业需求文档的阅读对象一般是产品经理、运营总监、技术总监、财务总监、老板等，主要是为了说服管理层给该项目投资资源、人力、物力。所以，写商业需求文档更像是写商业计划书，区别在于商业计划书是给资方看的，而商业需求文档是给内部管理层看的。

不同的企业、不同的时期以及不同的决策环境，使得BRD的决策层必然存在着较大差异。产品经理在日常产品管理过程中，通过一系列的市场分析或调查，掌握到一个潜在的、未被满足的大量用户需求，而这些需求背后映射着一个广阔的市场空间，于是在产品经理撰写BRD后，面临以下受众群体：以CFO（首席财务官）、财务总监之类为主的资本型群体；以市场总监、运营总监之类为主的市场型群体；以 CTO（首席技术官）为主的技术研发型群体；以董事长、CEO 首席执行官、COO 或直属副总裁为主的战略型群体。

（三）商业需求文档的内容

商业需求文档的具体内容分为以下几个方面：

（1）产品介绍：用一句话来清晰定义产品。

（2）商业模式：项目赚钱的方式可能是广告、付费会员、网上商城等。

（3）市场分析：包括宏观的行业趋势、微观市场分析等内容。

（4）竞争对手分析：包括竞争对手类型，及与他们竞争的方式或手段。

（5）团队：说明团队适合做这个产品的原因，以及做这样一个项目需要的开发人员、产品人员、设计人员、运营人员，并计算这些人员的人力成本。

（6）产品路线图：英文名为 Road Map，用于描述不同时期的阶段性产品版本，主要包括每个版本的大概功能、模块、时间安排等内容，当然不用很细，对技术人员来说有个大概的了解就行。

（7）财务计划：主要包括收入的来源和渠道、达到收支平衡的方法、产品的收益增长率等内容。

二、市场需求文档

（一）市场需求文档的概念

市场需求文档（Market Requirement Document，简称 MRD）主要用于分析和描述可以在市场上取得成功的产品的功能和特点。

（二）市场需求文档的阅读对象

市场需求文档的阅读对象主要是产品、运营、研发等项目组人员，在大家认可需求成立的时候，一起商量该怎么做、如何做、什么时间做。

（三）市场需求文档的内容

市场需求文档的具体内容分为以下几个方面：

（1）产品名称：用一句话清晰地定义产品内容。

（2）版本历史：适用于已上线运营的产品，可供查看该产品的更新过程。

（3）目标市场分析：包含目标市场、市场规模、市场特征、发展趋势分析等内容。

（4）目标用户分析：包括用户分析、用户画像、使用场景、用户动机总结等内容。

（5）竞品分析：包括竞品分析对象、竞品商业模式、竞品目标用户、竞品运营 / 推广 / 营销策略、技术分析、竞品市场份额等内容。

（6）产品需求概况：包括产品定位、产品核心目标、产品结构、产品路线图、产品功能性需求、非功能性需求等内容。

三、产品需求文档

（一）产品需求文档的概念

产品需求文档（Product Requirement Document，简称 PRD）是产品项目由概念化阶段进入图纸化阶段最主要的一个文档，其作用就是对 MRD 中的内容进行指标化和技术化，细化产品功能，决定产品做成什么样。PRD 是非常具体的方案，涉及交互、文案、逻辑规则等说明，用来可视化呈现产品功能。

（二）产品需求文档的阅读对象

产品需求文档主要的阅读对象包括项目经理、交互设计师、UI 设计师、开发团队、测试工程师、运营等人员。开发人员可以根据 PRD 获知整个产品的逻辑，项目经理可以据以拆分工作包并分配开发人员；交互设计师可以通过 PRD 来设计交互细节。

（三）产品需求文档的内容

产品需求文档的具体内容分为以下几个方面：

（1）产品名称：可用一句话清晰地定义产品内容。

（2）版本历史：适用于已上线运营的产品，可供查看该产品的更新过程。

（3）目录：按一定次序开列出来以供查考的章节名目。

（4）文档介绍：介绍文档的目的、主要读者对象、参考文献、术语与缩写解释等内容。

（5）产品概述：包括项目的相关背景、介绍、阶段性计划等内容，程序员了解得越多做起项目来越有方向性。

（6）产品需求：也就是功能清单。

（7）产品结构图：也称作脑图，用 Xmind 或者 Mindmanger 来画。

（8）全局功能说明：包括 UI 设计规范等内容，主要对产品的设计规范和功能进行说明。

（9）产品详细功能说明：一般用例表来说明，功能说明一定要排版简洁、层次清晰，功能说明无遗漏。以登录注册模块为例，有流程图的话，先把任务流程图画出来，然后用例表，内容要包含简要说明、行为者、前置条件、后置条件、功能说明、备注等。

（10）非功能性需求：主要包含性能需求、适配需求、环境需求、统计需求、预留接口等。

（11）相关文档：如果一个项目分解成多个团队，则要多个需求文档协同合作，比如数据埋点文档。

（12）上线需求：包括测试时间、上线时间以及具体一些的特殊流程需求等。

四、三大文档的关系与撰写技巧

（一）三大文档的关系

BRD 的主要作用是讲述市场机遇和盈利方式，向公司申请需要的费用、资源和支持。其内容包括商业模式、市场分析、财务计划等，需要展望产品前景以及权衡所耗资源。

MRD 的主要作用是收集、分析、定义主要用户需求和产品特征。其内容包括产品介绍、竞品分析、用户需求调研分析等，重点是分析产品在市场短期、中期、长期的生存，以及核心用户的需求等。

PRD 的主要作用是对 MRD 中的内容进行指标化和技术化，明确产品的功能和性能。其内容包括产品结构图、全局说明，产品详细功能说明、非性能需求等，主要阅读对象为团队开发人员、设计、程序、运营等，需要更加详细地阐述所有功能。

一般，先有 BRD，然后有 MRD，最后是 PRD，这三者一起被认为是从市场到产品需要建立的文档规范。首先，通过 BRD 发现并讲清楚项目的商业价值；然后通过 MRD 讲清楚实现商业目标的方式，最后通过 PRD 把具体的产品方案描述出来，是一个宏观到微观的过程，是一个有逻辑，经得起推敲，层层深入，逐渐细化落地的过程；是一个项目从向上获得认可并得到支持，再向下表述想法、指导实施，并最终加以实施的过程。

（二）三大文档的具体要求

1. 背景分析

首先要分析推出产品的缘由，做这款产品想要达到的目的：是为了盈利还是为了抢占先发优势？还是出于战略需要？或者是为了打造品牌知名度？不同的产品缘由会承载不同的使命，也会有着不同程度的资源倾斜。

2. 市场分析

对要进入的市场进行思考分析，从存量市场和增量市场两个角度来进行，看哪些市场体量大，尚有未被充分满足的需求，能挖掘出新商机；看哪些现有市场规模较小，但增速快，可能会产生新商机。

3. 行业现状

对行业现有的产品模式进行分析，看有哪些产品形态，不同形态的产品目前的发展现状如何，盈利模式又是怎样的。对于不同形态的产品，标杆产品是什么，市场格局又是怎样的，标杆产品的差异化价值体现在哪里。

4. 初步定位

结合行业特点和竞争格局，再根据企业资源去初步确定能做什么、不能做什么以及以什么样的产品形态作为切入点。通常情况下决定做什么或者不能做什么是由企业的优势决定的，既能发挥企业自身的优势又能够筑造竞争壁垒以防止竞争对手跟进，企业在研发新产品的时候不仅需要考虑市场需要什么，同时也要综合考虑自己擅长做什么、不擅长做什么。

5. 竞品分析

有了初步的产品定位，才能够进行竞品分析。竞品中有着构成直接竞争关系的产品，也有着只是目标用户群体相同的间接竞争对手，还有一些潜在的竞争对手。如果是分析直接竞争的竞品，应主要分析竞品的主要功能、特色亮点，当然还有竞品背后的公司团队以及资源，以避开竞品的优势，充分利用其劣势所在。

6. 用户分析

对目标用户进行分析，要通过确定目标用户的年龄、性别、地域、职业、收入、兴趣爱好等属性来分析判断，以确定目标用户的价值观和使用习惯。另外，还需要深入挖掘用户的动机与需求，只有深入了解用户的痛点、使用习惯和使用场景，才可能给出合适的解决方案。

7. 精确定位

经过行业分析和竞品分析进行初步的产品定位，再结合目标用户分析便能够给出更为精确的产品定位。产品定位一定要结合用户的需求以及自身的优势资源，给出差异化的定位，即能够实现人无我有、人有我优，要给用户一个选择的理由。

8. 盈利模式

结合产品的特点来看待行业内成熟的盈利模式以及可以直接借鉴的；现阶段盈利模式及将来可能的盈利模式；在产品中可以添加的盈利模式，以及验证这种盈利模式的可行性。

9. 成本与收益

明确需要投入的人力、物力、财力及能够获得的收益。对于有相同模式的产品而言，可以借鉴竞争对手或者行业平均水平的数据，来充分说明项目的投入与产出。如果是全新的产品，则可能没有可供借鉴的数据，此时收益难以量化，更多的是要进行定性分析。

10. 风险与应对

风险主要分为内部风险与外部风险，其应对措施分为规避、转移、降低和接受风险四种方式。不同风险发生的概率和造成的影响也不同，对概率较大或者影响程度较大的风险应提前考虑到应对措施，最好能规避，不能规避的则只能减小风险损失或者接受风险。

五、交互产品原型设计

（一）交互产品原型设计的相关概念

1. 产品原型

产品原型是指产品上市前详细设计的产品模型，其所涉及的材料、部件、设计及装配方式必须与最终产品相近或一致。

2. 交互设计

交互设计（英文 Interaction Design，缩写 IXD），是定义、设计人造系统的行为的设计领域，它定义了两个或多个互动的个体之间交流的内容和结构，使之互相配合，共同达成某种目的。交互设计关注以人为本的用户需求，通过对产品界面和用户行为进行交互设计，让产品和使用者之间建立一种有机联系。交互设计的三个要素分别是机器 / 系统、人、界面。交互过程是一个输入和输出的过程，人通过人机界面向计算机输入指令，计算机经过处理后把输出结果呈现给用户。人和计算机之间的输入和输出形式是多种多样的，因此交互的形式也是多样化的。

3. 交互产品原型设计

交互产品原型设计源于计算机学科中的人机交互研究，从最初的网站界面和图形设计已成长为基于计算机技术产品与服务的设计开发。交互产品原型设计强调不同领域的专家（心理学家、社会学家、设计师和产品结构工程师等）共同组成设计团队，使产品设计全面考虑使用产品的人（People）、人在使用产品时的行为（Action）、人使用产品时的环境（Context）和支持产品功能实现的技术（Technology）这四个因素。交互产品原型是经过对交互设计注重的以上四个因素综合考虑得出的结果，是产品原型的一种，它不但强调视觉、触觉、听觉等全方位的体验，而且强调产品功能的实现。

（二）交互产品原型的类型

1. 线框图

线框图是一种低保真的静态图形，它勾勒出布局轮廓，但缺少细节。可以把线框图理解为设计图的骨干与核心，它承载着最终产品所有重要的部分。绘制线框图，重点是快，可以使用手绘稿或用相关原型工具进行制作。

主要特点：

（1）呈现主体信息群。

（2）勾勒出结构和布局。

（3）是用户交互界面的主视觉和描述。

何时使用：线框图主要用于产品前期设想或需求沟通讨论阶段，非正式场合的团队内部交流等，用来激发思考、讨论、收集需求反馈等。

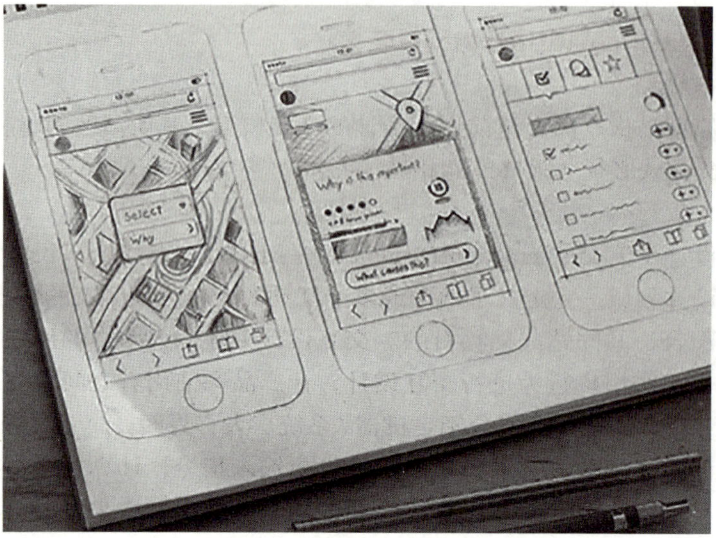

图 4–3　线框图示意图

2. 视觉稿

视觉稿是高保真的静态设计图。通常来说，视觉稿是视觉设计的草稿或终稿。在视觉稿定稿前，应与团队成员进行多方沟通和确认，以免造成沟通不足或造成后期返工。

主要特点：

（1）表达信息框架，静态演示内容和功能。

（2）帮助团队成员从视觉的角度审阅项目。

何时使用：视觉稿主要用于开发阶段收集用户反馈，同时帮助团队成员从视觉的角度审阅项目。

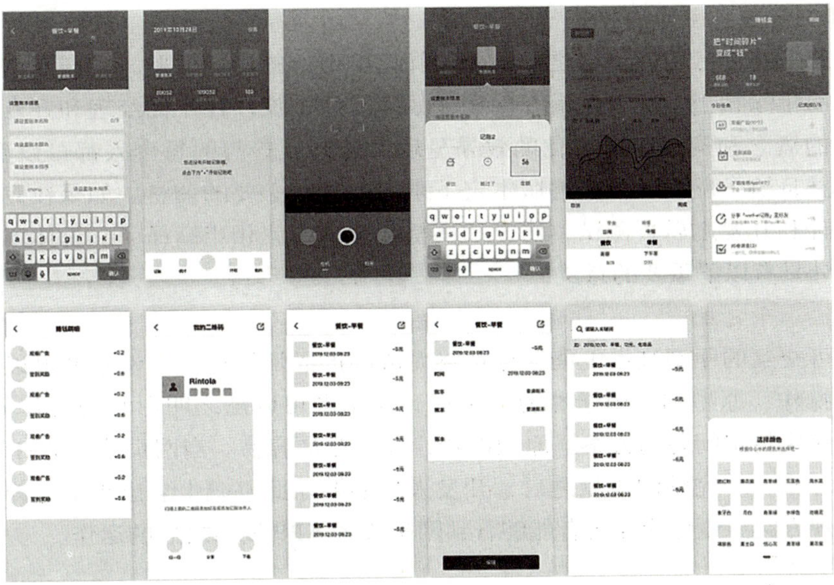

图 4-4　视觉稿示意图

3. 交互原型

交互原型应该尽可能模拟最终产品，交互应该精心模块化，尽量在体验上和最终产品保持一致。但要注意原型背后的逻辑不要依赖交互形式，要减少制作原型的成本，以加快开发速度。

主要特点：

（1）包含完整的产品功能与交互流程。

（2）能够模拟最终产品的功能和交互。

（3）用于产品开发前期进行用户体验测试。

何时使用：原型常用于做潜在用户测试。在正式介入开发阶段前，以最接近最终产品的形式考量产品可用性。原型的直观和易懂使它成为最高效的设计文档。

类型	保真度	时间成本	用途	特征
线框图（Wireframe）	低	¥	非正式场合的团队内部交流，收集需求反馈	手绘草图或黑白灰图型，呈现主体布局
交互原型(Prototyping)	中/高	¥¥¥	用于潜在用户测试和开发协作文档	包含完整的产品功能与交互流程
视觉稿（Mockup）	高	¥¥	收集视觉反馈，以视觉的角度审阅项目	静态的视觉设计稿

图 4-5　线框图、交互原型、视觉稿的区别

（三）原型设计的意义

原型经过可用性测试之后，能够优化出更好的用户体验，在产品上线发布之前排除相当一部分的潜在问题和故障。原型设计让产品经理和开发者将基本的概念和构想以可视化的效果呈现出来，让参与的每个人都可以查看、使用并且给予反馈，在最终版本定下来之前进行必要的调整。如果在完成整体设计和开发之后再测试，修改和调整起来成本就相当高昂了。总体说来原型设计具有以下重要的意义：

1. 让开发更轻松

可交互的原型基本上能够像最终完成的产品那样运行，使用者可以对它进行操作，原型则会给予相应的反馈，使用者可以随之明白它的运作方式，寻求解决特定问题的方案。原型能够让开发更加容易。当网页或者 APP 设计师设计出一个完整的原型之后，开发人员能够在此基础上拿出更加完善的代码实现方案。原型让参与者能够看到网站或者 APP 发布之后的运作。

2. 节省时间和金钱

当设计和开发流程中有了原型之后，将会节省很多时间，降低成本。而这对于任何企业而言都是非常重要的事情。当一个公司想要推出一个新的 APP 或者发布一个新网站时，会集合一批专业人士来完成这个项目。随着时间的推移，花销会不断增长，项目投入自然越来越大。有了原型之后，团队成员能够围绕着原型进行快速高效的沟通，哪些地方要增删、哪些细节要修改，这样的方式能够更加快速地推进项目进度。

3. 让协作更简单

有了原型之后，团队成员沟通的时候不再需要彼此发送大量图片和 PDF 文档，取而代之的是添加评论和链接，或者是原型工具内建的反馈工具，这样沟通更快，原型修订也更快了。版本修订是原型设计过程中的重要组成部分，它是最终产品能完美呈现的先决条件。原型能够不断修正进化，这使得它成了产品研发中最有价值的部分。随着一次次的迭代，产品本身会越来越优秀，而版本修订的过程也越来越快速而简单。

（四）原型设计的发展

原型设计方法迭代的基础是人机交互方式的技术进步。随着电脑技术的高速发展及高密度的迭代升级，老的设计方法逐渐被新的工具和新的思路所替代，新的设计工具裹挟着全新的设计方法走向新时代。

很久以前，人类通过烽火台、电报、有线电话、BP 机、大哥大等方式进行信息的传递，随着电脑及智能手机的使用，人类和机器的交互方式发生了颠覆性的变化。当用户用鼠标或手指点击屏幕的相同坐标位置时，会触发不同应用程序的不同指令，人机交互方式从单一按键指向单一命令变得具有更强的复杂性。人们利用这种复杂性设计出了众多应用程序，很多公司也通过其发布的产品为我们的生活提供了更加便利的信息服务。

现在，以增强现实技术为核心的交互方式已经获得了巨大的进步，比如微软公司发布的产品 HoloLens 借助激光雷达测距仪等硬件和增强现实技术算法提供了通过眼神、语音、手势等方式进行人机交互的可能，HoloLens 将使用者、AR 眼镜和物理空间联动了起来。一些综合实力较强的科技公司均在增强现实领域的软硬件技术研发方面布局，随着相关技术的进一步发展，未来以增强现实技术为基础的新一代信息技术会逐步普及到更多人的生活中，这必将会带来交互设计方法的巨大改变。

任务三　Axure 入门

Axure RP 是由美国 Axure Software Solition 公司研发的一款专业的原型设计工具。Axure 代表美国 Axure 公司，RP 则是 Rapid Prototyping（快速原型）的首字母缩写。

Axure RP 的可视化工作环境可以帮助用户快速、高效地创建 Web、客户端或移动端大部分软件的低保真线框图、高保真可交互原型和 Word 说明文档。

另外，Axure RP 支持 Windows 和 Mac OS 平台，用户无须使用计算机编程语言也能设计出高保真的交互原型，同时支持多人协作设计和版本控制管理。本书通过介绍 Axure 的入门操作，以期能让读者将自己的创意快速、可视化地呈现出来。

一、Axure 界面介绍

Axure RP 8 的界面由菜单栏、工具栏、页面面板、元件库面板、母版面板、设计区、检视面板和概要面板构成。

（一）菜单栏

Axure RP 的菜单栏共有 9 个一级菜单，包括文件、编辑、视图、项目、布局、发布、团队、账户和帮助。

文件：对 Axure 项目文件进行新建、打开、保存、导入、导出、打印和备份等常规操作。

编辑：对元件进行撤销、重做、剪切、复制、粘贴、查找、替换、全选和删除等操作。

视图：设置工具栏、功能区、遮罩、脚注、位置尺寸、草图效果、背景的显示与隐藏状态，在这里可以进行“重置视图”操作。

项目：设置元件 / 页面样式、元件说明字段、页面说明字段、自适应视图、全局变量和项目设置等内容。

布局：设置元件的组合关系、层级关系、对齐、分布、锁定、栅格和辅助线等内容。

发布：进行原型项目的预览、发布、生成 HTML、生成说明文档等操作。

团队：创建、获取团队项目，管理团队项目，对团队项目进行签入、签出、提交更新、获取更新等操作。

账户：进行登录、退出 Axure 账号。

帮助：提供相关的帮助信息。

（二）工具栏

工具栏中放置的大部分按钮，包括文件操作按钮、撤销、重做、选择、对齐、分布、样式等，都是菜单中使用频率较高的功能，用户可以更加快捷地选取和使用。根据个人的使用习惯，可以通过菜单栏的空白处右击鼠标设置工具栏的显示和隐藏状态。下面对工具栏中常用的按钮功能进行逐一说明。

相交选中：拖动鼠标时，光标覆盖的区域只要接触到元件或组件，该对象就能被选中。

包含选中：拖动鼠标时，光标覆盖的区域必须完全包含元件或组件整体，该对象才能被选中。

钢笔：可以绘制简易的自定义形状。

边界点：用于修改钢笔工具的锚点和线条模式。

切割：用于分割图片，有三种模式可选。

缩放：按照 10%~400% 的比例显示设计区的内容。

顶层：把选中的对象置于其他对象的最上层。

底层：把选中的对象置于其他对象的最下层。

组合：将若干元件进行组合使用，组合后可以同时拖动、隐藏和显示组合内的元件，也可以为整个组合添加交互动作。

取消组合：把已有的组合恢复成单独的元件。

对齐：设置 2 个及 2 个以上元件的对齐方式，包括左对齐、左右居中、右对齐、顶部对齐、上下对齐和底部对齐。

分布：设置 3 个及 3 个以上元件的分布方式，可以让这些元件在水平方向或竖直方向等间距分布。

锁定：元件被锁定后，将无法改变其位置和大小。

开关左侧功能栏：设置页面面板、元件库面板、母版面板的显示和隐藏状态。

开关右侧功能栏：设置检视面板和概要面板的显示和隐藏状态。

预览：将原型在浏览器中打开。

共享：将原型发布至 Axshare 平台。

发布：预览、发布至 Axshare，生成 HTML 文件和 Word 说明书等相关功能的集合。

（三）功能区

页面面板：用于管理页面的层级关系，支持添加、删除页面，创建文件夹、生成流程图等功能。

元件库面板：元件库面板默认包含基本元件、表单元件、菜单和表格、标记元件四种类型的元件库，把元件拖入设计区即可使用。除了默认包含的元件库以外，Axure 还支持用户创建原创元件库、加载其他用户制作的元件库，以帮助用户提升设计效率。

母版面板：当原型中有些组件需要重复使用时，可以将其制作成母版，以便于随时调用，统一修改、维护。

检视面板：检视面板主要提供为元件命名、设置属性、设置说明、设置样式这四类功能，用于对元件等对象的事件、动作和用例进行设置。

概要面板：概要面板用于显示当前页面中所有元件的信息，包括元件名称和类型，可以通过该面板的筛选、搜索功能快速找到页面中已有的元件，并对其进行选中和编辑。

设计区：设计区用于排放元件位置。设计组件样式等。设计区域中有横向标尺和纵向标尺，最大支持 20000 × 20000 像素的原型，可以加入网格和参考线进行辅助设计。

二、元件的形状和样式

对编辑元件形状和样式的方法学习，主要包括对元件进行形状编辑、布尔运算以及样式编辑。

（一）对元件进行形状编辑

1. 单个元件的形状编辑

（1）将单个形状切换成其他形状

从元件库中拖到页面上的形状元件都可以转换成常用的图形，如圆形、五角星、标签等形状，具体方法是：选择形状元件后，在其右上角会出现一个灰色小圆圈标志，单击该标志可弹出一个图形列表，选择一个图形即可更换形状。另外，也可在选中一个形状元件后，在右侧检视面板中的属性菜单中点击“选择形状”进行修改。

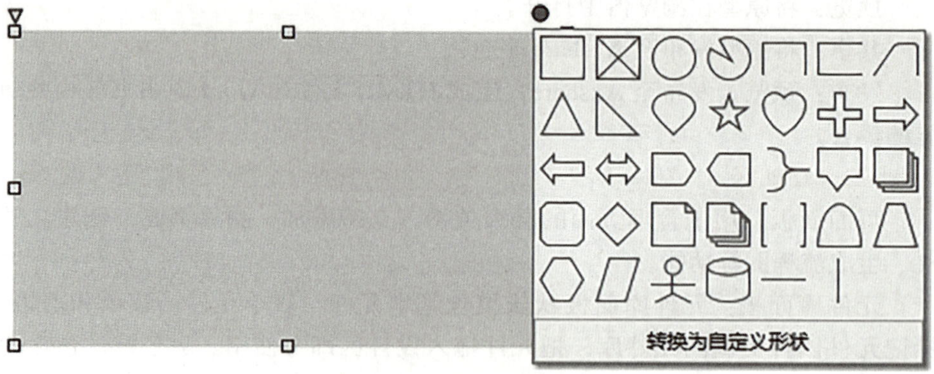

图 4–6　切换形状

（2）使用黄色小圆点编辑形状

有些形状元件被选中时，会出现数量不等的黄色小圆点，如扇形和双向箭头，使用鼠标拖动这些黄色小圆点可以很方便地改变它们的形状。

（3）自定义元件形状

用户可以对 Axure 中的形状类元件进行自定义形状编辑，从而获得需要的形状。具体操作方法为：首先，右键点击形状类元件，选择“转换为自定义形状”；其次，进入自定义形状模式，对目标形状元件进行锚点的新增和删除；最后，右键单击锚点选择“曲线”或“直线”模式，通过拖曳锚点修改目标元件的形状。

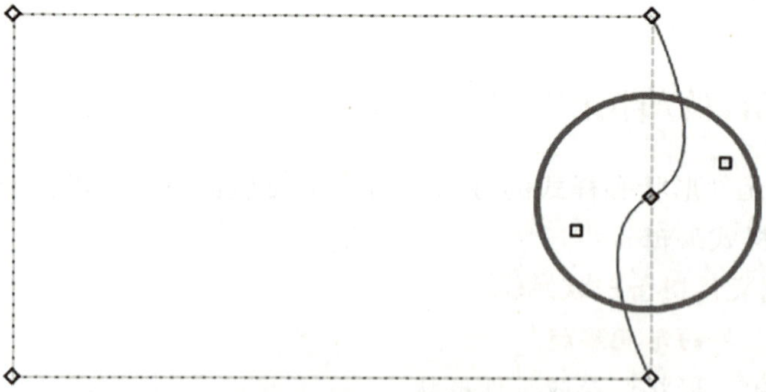

图 4–7　自定义元件形状

2. 多个元件的形状编辑

选中多个形状元件后，右键点击进入“改变形状”选项的子菜单，可以看到“结合”和“分离”选项，它们互为逆向操作。其中，“结合”可以将多个形状元件结合在一起成为一个整体对象，结合后的对象采用最底层形状元件的样式，但结合后的每个形状元件仍然保留原来的形状，其独立的本质并未改变。执行结合后再对其分离，则分离后的每个元件不会恢复到结合前的样式，而是继续保留了结合时相同的样式。

（二）布尔运算

选中多个形状元件后，用户可以通过点击鼠标右键进入“改变形状”选项的子菜单选择布尔运算相关命令，也可在样式面板中选择布尔运算的 4 个按钮。形状元件的布尔运算包括合并、减去、相交和排除4种。其中，“合并”是将多个形状元件相加合并在一起；“减去”是用下面的形状元件减去上面的形状元件，相减范围是二者相交的范围，从而得到新的形状；“相交”是指保留多个形状元件相交的部分；“排除”是指多个形状元件重叠时，重叠数量为偶数的范围将被排除掉变成空的范围，重叠数量为奇数的范围将被保留，这就是所谓“奇偶法则”。

（三）元件的样式编辑

在 Axure 中，打开元件样式编辑器的方法主要有三种：第一种，单击菜单栏中的“项目”→“元件样式编辑器”命令打开；第二种，单击检视面板的样式菜单中的按钮打开；第三种，单击工具栏中的按钮打开。

打开“元件样式编辑器”对话框后，通过左上角的按键可以新建、复制、删除和移动元件样式，实现对元件样式进行制式管理。默认状态下 Axure 提供了形状、图片和文本样式 3 类元件样式，在右侧的样式编辑区中包含字体、字体类型、字体尺寸、粗体、斜体、下画线、字体颜色、线段颜色、线宽、线型、边框可见性、圆角半径、圆角可见性、填充颜色、透明度、外部阴影、内部阴影、文字阴影、对齐、垂直对齐、左边距、上边距、右边距、下边距、行间距等功能。

通过对样式编辑器中的以上功能进行设置，用户可以根据自己的需求修改元件外观。其中边框可见性、圆角半径、圆角可见性等功能在其他设计软件中较为少见，但能够帮助用户设计更加符合自己需求的元件外观。元件样式的改变可以配合鼠标的多种“事件”完成一部分交互动作，如当鼠标移入某个元件时，可改变元件的边框颜色为红色，为用户传达此元件被临时选中的视觉效果。

三、Axure 中的常用交互元件

常用的交互元件顾名思义是指 Axure 中使用频次较高的一部分元件，位于元件面板中。本书有选择性地介绍最常用的元件功能、使用方法，旨在让读者快速学会 Axure 软件的入门操作。

（一）形状类元件

把矩形 1、矩形 2、矩形 3、椭圆形、按钮、主要按钮、链接按钮、一级标题、二级标题、三级标题、文本标签、文本段落、水平线、垂直线拖入设计区并选中。首先，可以看到在元件的右上角会显示一个圆圈，点击后会弹出同样的更改当前元件形状的选项；其次，以上元件具有同样的属性和样式选项；最后，通过概要面板，可以看到以上元件的中大部分的元件类型信息为“矩形”，可把其统称为形状类元件。

形状类元件拥有相同的属性和样式选项，通过对形状类元件的样式设计和组合使用，用户能够设计出一款交互产品的线框图。通过对形状类元件的事件、动作、用例及条件的设置，用户能够设计出带样式交互的产品原型。

当用户用形状类元件设计好原型样式及交互效果之后，可用鼠标右键单击该元件并选择“转换为图片”的方式将矩形元件转换为图片元件，最后通过双击替换图片内容的功能上传设计好的图标和其他素材。这样做的优点是在将低保真线框原型转换为高保真原型时，可同步保留元件上的事件、动作和用例信息。

（二）占位符

由于软件原型在设计阶段缺乏图文详情页内容数据支撑，于是 Axure 软件提供了占位符元件来替代一些暂时无须做详细设计的区域，如 UGC 和 PGC 图文内容。因为占位符起到的是临时替代作用，所以它一般出现在低保真原型中。在高保真原型中，一般会使用样例图文取代占位符，这样能够更好地传达原型要表达的思想。占位符的属性选项和矩形相同，这里不再赘述。需要注意的是占位符在样式设计中不能设置圆角半径，其他的样式选项与矩形相同。

（三）图片

图片元件，顾名思义就是用来展示图片的。将图片元件拖入设计区后如果不进行修改，会显示默认的图片标识。如果想修改图片，有下面两种方式可以操作：第一种，直接双击图片，然后选择图片进行替换；第二种，选中图片右键导入图片，然后选择图片。如果导入的图片过大，系统会询问是否进行优化，若点击“是”按钮，Axure 会自动压缩图片，若点击“否”按钮，则以原图大小导入。

（四）热区

热区是一种特殊的透明矩形，它在设计区域中显示为一层浅绿色的遮罩，只在设计区域中显示，在预览或发布后是不可见的。热区同样可以添加交互动作，实现一些常规元件难以实现的效果，如扩大热区底层元件的触发范围、设计非实体图形按钮的交互动作等。

（五）文本框与多行文本框

文本框也被称为输入框，是一种最常见的表单元件，用来获取输入的内容。这些内容不仅仅局限于文本，在属性面板中可以看到有11种文本框类型，分别是文本、密码、邮箱、数字、电话号码、URL、查找、文件、日期、月份、时间。

（六）选择类表单

下拉列表框、列表框、复选框、单选按钮和提交按钮都是常用的选择类表单元件，它们有很多相似之处，也有很多独有的属性，分别介绍如下：

下拉列表框：可以有若干个列表项，但每次只能选择其中的一个。双击设计区域中的下拉列表框，打开“编辑列表框”对话框可以进行列表内容的添加、清除、移动设置。

列表框：可以有若干个列表项，支持单选、多选，双击设计区域中的列表框，打开“编辑列表框”对话框，使用方法与下拉列表框相同。在该对话框下勾选“允许选中多个选项”复选框即可实现多选功能。

复选框与单选按钮：复选框是默认支持多选的选择类元件，单选按钮只支持单选，并且某个单选按钮一旦被选中无法直接取消，只有选中其他单选按钮后才能取消选中状态。

拖入多个单选按钮至设计区域后，在浏览器中预览效果时会发现并没有实现单选的效果，这里因为要实现单选效果必须要提前设置单选按钮组，以明确在哪几个选项中进行单项选择。如果界面中有多个单选按钮组，则其名称不能重复，否则就会变成同一个组。

（七）提交按钮

提交按钮与矩形按钮的不同之处在于，提交按钮使用的是浏览器内置的默认样式和交互样式，不能自定义修改，但可以修改文本样式、改变大小和设置禁用。

（八）表格

表格由多个单元格组成，多用于显示数据。双击单元格可以修改文字，单击不同的单元格内部可以设置不同的默认样式与交互样式，单击表格的边框可以设置表格的位置和尺寸。需要注意的是：如果原型中要实现数据的增、删、改、排序和筛选等效果，需用到中继器元件。

（九）树状菜单

当项目的数量和层级比较多时（如文件管理器），可以使用树状菜单元件。双击树状菜单的某个节点可以修改文字，单击不同的节点可以设置不同的默认样式与交互样式，单击树状菜单的边框可以设置位置和尺寸。

（十）水平菜单和垂直菜单

网页的导航菜单一般位于顶部或左侧，有时还可能会有二级导航菜单、三级导航菜单，Axure 提供的水平菜单和垂直菜单元件刚好可以满足这些需求。用户可以通过右键单击的方式编辑同级菜单或添加子菜单，水平菜单和垂直菜单交互样式的设置方法与树状菜单基本相同。

（十一）动态面板

当页面的同一个区域需要显示不同内容时，一般都需要用到动态面板功能，这些不同的内容对应的就是动态面板的不同状态。动态面板是 Axure 中非常重要的元件，使用它可以制作出其他元件无法完成的或很难完成的操作，如网页和手机 APP 中的图片轮播动画，需要在一张图片的区域循环展示多张图片。

1. 动态面板的状态

将动态面板元件拖到设计区中，动态面板的初始状态会显示为一个半透明的淡蓝色矩形。用户可以改变动态面板的大小和位置，但是无法对其进行旋转。在“面板状态管理”对话框中可以添加、删除、上移、下移状态，也可以编辑状态内容。管理动态面板是通过“面板管理器”对话框实现的，打开对话框有以下三种方法：

（1）双击页面中的动态面板元件。

（2）在页面的动态面板元件上右击，从弹出的快捷菜单中执行“管理面板状态”命令。

（3）在概要面板中双击动态面板元件或右击它，从弹出的快捷菜单中执行“管理面板状态”命令。

2. 动态面板的属性

很多交互效果都是利用动态面板的一些特殊属性来制作的，用户必须熟悉以下这些属性的功能和设置方法，这样才能在实战中快速制作出需要的效果。

自动调整为内容尺寸：可以把动态面板理解为一个容器，如果容器内的元件尺寸过大，超出了初始设置的动态面板尺寸，那么超出的部分是不显示的，勾选“自动调整为内容尺寸”后，动态面板这个容器就会根据内部的元件尺寸自动调整大小。

滚动条：动态面板默认是不显示滚动条的，如果没有勾选“自动调整为内容尺寸”，那么就无法显示超出动态面板尺寸部分的内容。此时，可以根据需要选择“自动显示滚动条”“自动显示垂直滚动条”“自动显示水平滚动条”。

固定到浏览器：可以将动态面板在浏览器中悬浮显示，不随页面的滚动而移动。利用这个属性可以制作悬浮菜单，如“返回顶部”按钮等。需要注意的是：在设置完该属性后只有在浏览器中才能看到效果，与该动态面板在设计区域中的位置无关。

100% 宽度：勾选后该动态面板的宽度会随着浏览器的宽度而变化，也仅限在预览时或发布后有效。

允许触发鼠标交互：如果给动态面板内的元件设置了“鼠标悬停”“鼠标按下”等交互样式，勾选此项，当鼠标进入动态面板的范围时，将会同时触发这些元件的交互样式。

禁用：勾选后，动态面板的交互动作会被禁止。

选中：勾选后，动态面板中的元件会被选中。

（十二）内联框架

通过双击设计区域中的内联框架元件，可以嵌入当前项目的某个页面、在线页面或本地页面，也可以嵌入图片、视频或地图。其实，内联框架起到了引入第三方内容的作用，延展了 Axure 的功能。

（十三）中继器

中继器一般用来制作各种形态的数据列表。数据列表的特点就是每条数据分别对应的字段都是相同的，例如用户列表中每条数据都会有用户名、性别、电话和邮箱等字段。中继器的作用就是存储这些具有相同字段的数据，它由“项”和数据集组成。比起使用表格的优势，用中继器来制作数据列表在于其可以实现数据的增、删、改、排序和筛选等功能。

四、事件、动作和用例

（一）事件

在 Axure 中演示某个交互动作的前提是触发某个事件，这些事件又可分为页面事件和元件事件，其中，常用的页面事件有页面载入时、窗口尺寸改变时、窗口滚动时等，常用的元件事件有鼠标单机时、鼠标长按时、鼠标移入时、鼠标移出时、鼠标悬停时等。属性面板中默认显示 3 个使用频率较高的事件，其余事件在“更多事件”下拉列表中可以找到。不同类型的对象所对应的事件也会有所不同。

（二）动作

动作是每个事件在不同用例下的具体执行内容，动作的图标为，主要分为链接、元件、全局变量、中继器和其他五大类。单击用例编辑器中的动作，可以为某个事件添加多个动作，动作是按照自上而下的顺序执行的，拖曳每个动作可以改变其顺序。

（三）用例

用例是通过某个事件触发的一系列动作的集合，一个用例可以包含多个动作，用例的图标为。一个事件可以对应多个用例，当给某个事件添加了多个用例时，需要在事件和用例之间设置条件判断，让交互原型可以根据条件来自动判断当前应该执行哪条用例。如下图所示，鼠标单击该元件后，系统首先会对当前“全局变量值”进行分析，如果全局变量值为“90”，则在等待 1000 毫秒之后，将当前部件顺时针旋转 90 度；如果全局变量值为“180”，将当前部件顺时针旋转 180 度；如果全局变量的值为“270”时，则将当前部件顺时针旋转 270 度。

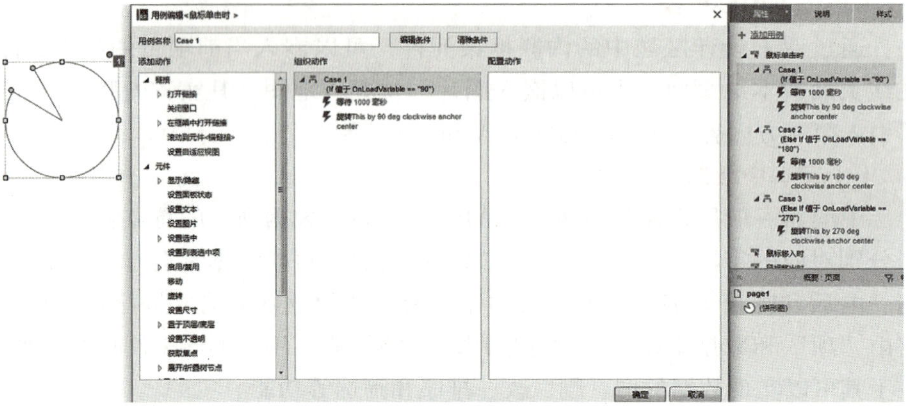

图 4–8　Axure 中的用例

任务四　交互产品原型设计实训

为了让大家更好地掌握 Axure 的入门操作，本任务将通过一些实操案例进行实训教学，越往后的案例包含的知识点也会越来越多，难度也会逐级提升，通过进阶式训练让大家轻松掌握 Axure 的基本操作。

一、商品尺码选择的样式交互设计

（一）案例描述

通过模拟购物网站中的尺码选择交互效果，熟悉样式交互、鼠标悬停时、选中、选项组知识点的应用。其案例逻辑是：首先，通过矩形元件设计 3 个带有尺码文字的形状。其次，增加鼠标悬停时样式交互，即鼠标悬停时边框颜色改变。最后，添加选中样式交互，即当鼠标单击时，当前部件执行选中状态，选中状态下样式改变边框颜色。

（二）相关知识点

样式交互、鼠标悬停时、选中、选项组

（三）制作步骤

①将矩形元件拖入 page1 中的设计区域，调整矩形大小和位置，双击矩形部件输入文字“S”。复制两份“S”元件，修改其中的文字为“M”和“L”，将以上元件进行对齐和水平分布设置，并分别为其命名。

操作视频
4-1

②首先，全选“S”“M”“L”元件。其次，在右侧的属性面板中单击“鼠标悬停”，在弹出的“交互样式设置”面板中勾选鼠标悬停时“线段颜色”和“线宽”，设置线段颜色为红色，线宽加粗。最后，对“选中”样式进行同样的设置。

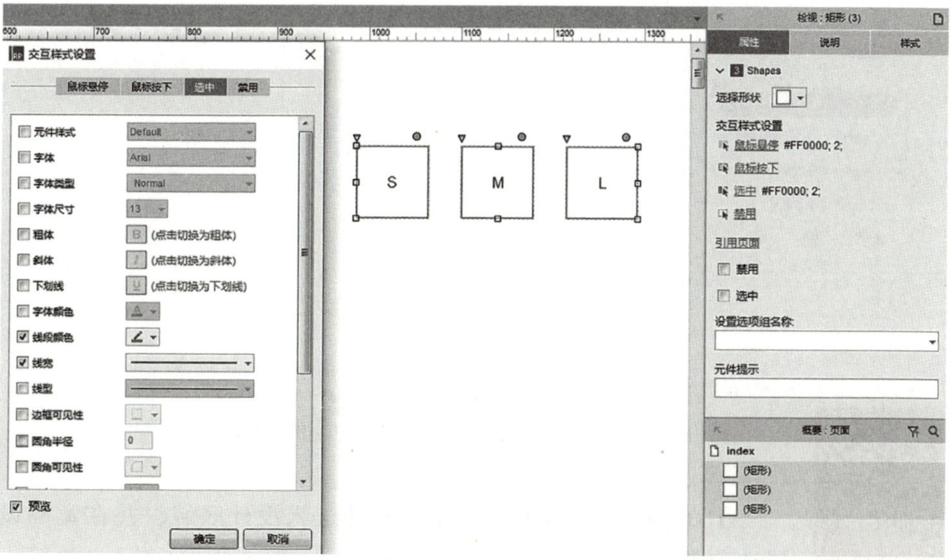

图 4-9　尺码设计选择

③鼠标单击“S”元件，在右侧的属性面板中双击“鼠标单击时”事件，在弹出的“用例编辑器”左侧的“添加动作”列表中选择“设置选中”，勾选“当前元件”，单击“确定”。对“M”和“L”元件进行同样的设置。

④全选“S”“M”“L”元件后单击鼠标右键，在弹出的菜单中勾选“选项组”，为该选项组命名。当同一个选项组中的某个部件被选中时，系统会自动取消选择该选项组中其他部件的选中状态，类似于单选效果。

⑤检查无误后，按 F5 键可在浏览器中预览效果。

二、APP 登录页面设计

（一）案例描述

使用样式元件设计一个美观的 APP 登录页面。当账号和密码输入框全部不为空时，打开显示“登录成功”的页面；当账号和密码的输入框其中一个为空时，打开显示“登录失败”的页面。

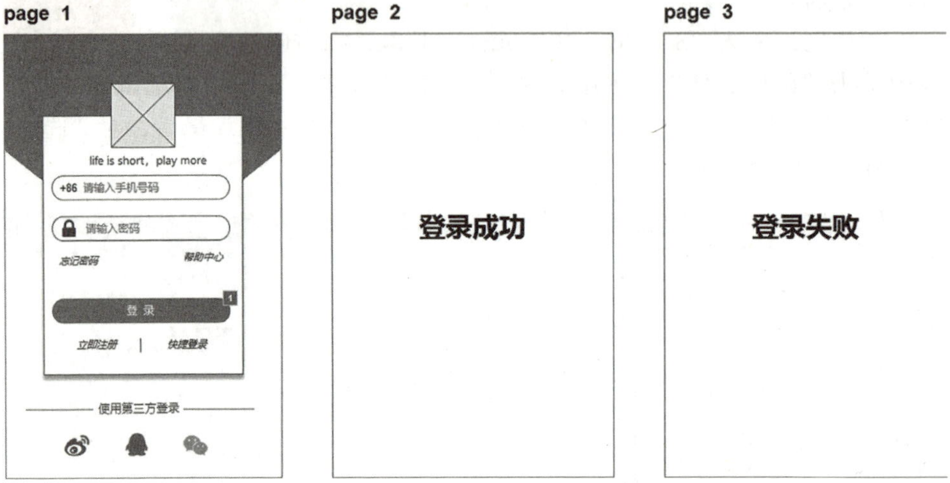

图 4–10　APP 登录页面设计

（二）相关知识点

操作视频 4-2

元件的形状和样式、条件用例、页面跳转。

（三）制作步骤

①在 page1 中拖曳一个矩形部件进入设计区域，并在宽高设置选项中输入数值：宽 375，高 667。

②拖入另一个矩形部件，单击矩形右上角的圆圈，更改矩形

的样式。

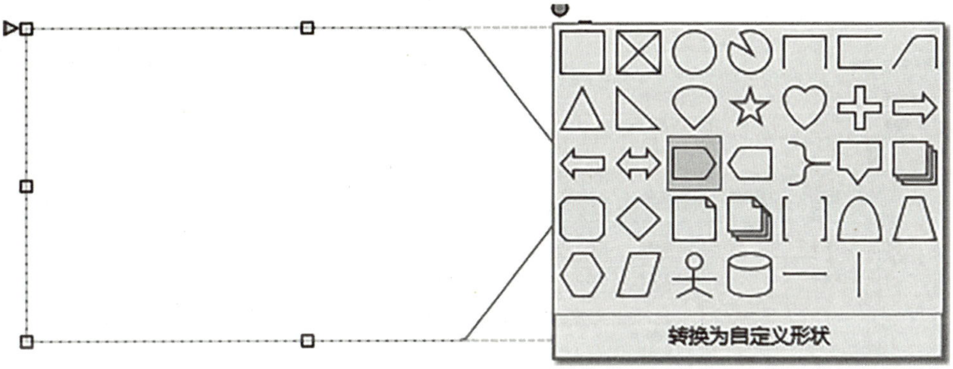

图 4–11　部件更改设置

③将鼠标移动至矩形边角，长按 Ctrl 键和鼠标左键，旋转该部件。

④调整该部件的位置、大小、边框可见性和颜色，将其放入第一个矩形框中。

⑤按照上述方法，使用形状元件，绘制登录页面的剩余部分。

⑥在元件库中搜索已加载的图标资源，或者从第三方网站下载所需的图标，拖入设计区域，调整大小并放在合适的位置，通过右侧样式面板修改图标的颜色。

图 4–12　拖入加载图标

⑦拖入文本输入框，勾选“隐藏边框”，并设置“提示文字”。

⑧在 page2 和 page3 中分别设计“登录成功”和“登录失败”文字。

⑨单击鼠标，选中“登录按钮”元件，在右侧的“属性”面板中双击“鼠标单击时”事件，在弹出的用例编辑器中单击“添加条件”设置：如果账

号输入文本框或密码输入框的值为空，则打开“登录失败”页面。

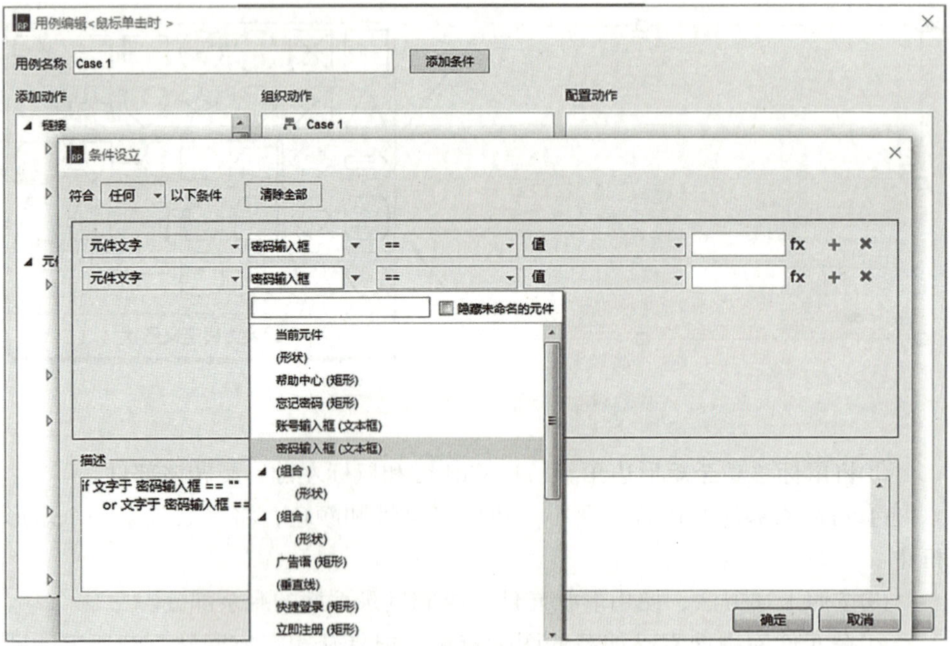

图 4-13　“登录按钮”元件属性设置

⑩再次单击鼠标选中“登录按钮”元件，在右侧的属性面板中双击“鼠标单击时”事件，在弹出的用例编辑器中的（Else If True）提示下设置“打开链接”，选择“登录成功”页面。

⑪在属性面板中检查事件、用例、动作。

⑫确认无误后，按 F5 键可在浏览器中预览效果。

三、网页顶部导航栏设计

（一）案例描述

模拟 https：//im.qq.com 登录页面的顶部导航栏，页面载入时默认显示“首页 –index”页面，当鼠标移入“首页”“下载”“动态”任一元件时，当前元件被选中。单击鼠标“下载”时，跳转到“下载 –download”页面；单击鼠标“动态”时，跳转到“下载 –news”页面。

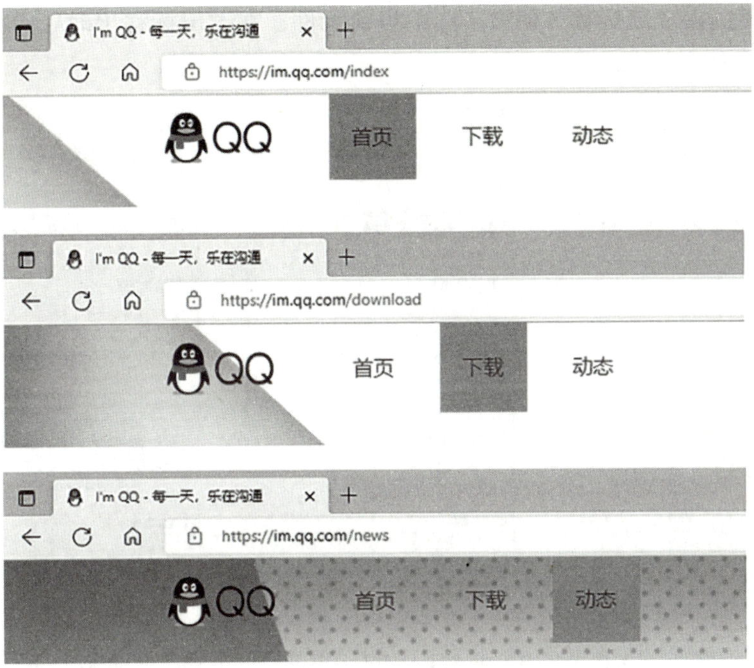

图 4–14　登录页面的导航栏跳转

（二）相关知识点

选中、选项组、页面跳转。

（三）制作步骤

操作视频 4-3

①在 page1 中将矩形部件拖入设计区域，调整矩形大小和位置，双击矩形部件输入文字“首页”。复制两份“首页”元件，修改其中的文字为“下载”和“动态”，并分别给以上元件命名。（此案例中“首页”的命名为 1；“下载”的命名为 2；动态的命名为 3）全选以上三个元件，在右侧属性面板中设置“选中”状态中的交互样式，使处于选中状态元件的字体颜色和填充颜色有明显视觉变化。

②全选“首页”“下载”“动态”元件后单击鼠标右键，在弹出的菜单中勾选“选项组”，为该选项组命名。当同一个选项组中的某个部件被选中时，系统会自动取消选择该选项组中其他部件的选中状态，类似于单选效果。

③在 page1 中设置“页面载入时”事件：当页面加载时，执行首页元件为选中状态。

④分别对“首页”“下载”“动态”元件的“鼠标单击时”“鼠标移入时”“鼠标移出时”事件进行设置。在“鼠标单击时”，在当前窗口打开相对

应的页面；在“鼠标移入时”，选中当前元件；在“鼠标移出时”，设置“首页”元件为选中状态。

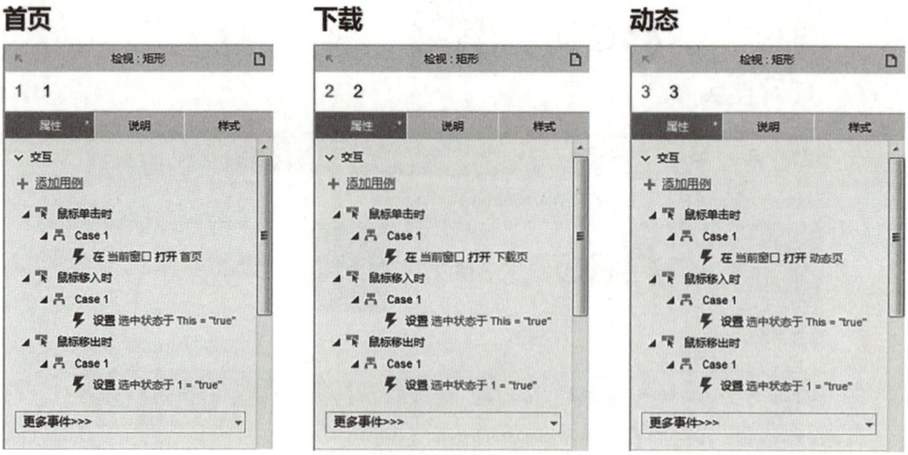

图 4-15　设置链接

网页顶部导航栏设计进阶版

操作视频 4-4

⑤首先，将 page1 中的“首页”“下载”“动态”元件复制到 page2 和 page3 中。其次，设置 page2 的“页面载入时”事件：当“页面加载时”，执行“下载”元件为选中状态。最后，设置 page3 的“页面载入时”事件：当“页面加载时”，执行“动态”元件为选中状态。

⑥修改 page2 中“首页”“下载”“动态”元件的鼠标移出时事件为：在“鼠标移出时”，设置“下载”元件为选中状态。

⑦修改 page3 中“首页”“下载”“动态”元件的“鼠标移出时”事件为：在“鼠标移出时”，设置“动态”元件为选中状态。

⑧检查无误后，按 F5 键可在浏览器中预览效果。

四、自动轮播图设计

（一）案例描述

使用“动态面板”元件进行自动轮播图的设计，在“页面载入时”让动态面板的不同状态中包含的图片进行循环播放，并设定 2 秒的循环间隔。需要注意的是第一张图片需延迟 2000 毫秒后再执行向左滑动的动画效果。

（二）相关知识点

动态面板、页面载入时、等待。

（三）制作步骤

①在 page1 中将动态面板元件拖入设计区域，调整矩形大小和位置。

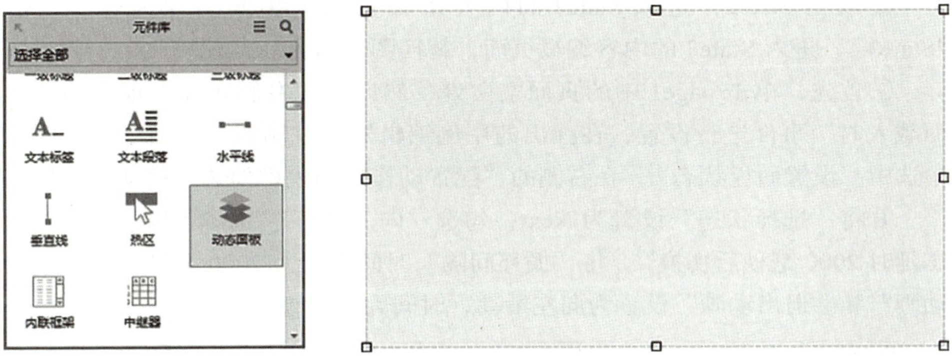

图 4–16　设置元件

②首先，双击“动态面板”元件，进入面板状态管理器。然后，双击动态面板状态 1–State1，进入状态 1 的编辑页面，该页面中的蓝色虚线框为该动态面板的有效可视范围。

操作视频 4-5

③向蓝色虚线框内拖入一个“图片元件”，并调整大小使其填充满蓝色虚线框。

④双击“图片元件”替换图片内容，并调整内容大小使其填充满蓝色虚线框。

图 4–17　替换图片

⑤回到 page1 页面，双击动态面板，进入“面板状态编辑器”，单击状态 1–State1 使其被选中，然后对其进行复制。

⑥双击 State2，进入 State2 的内容编辑页面，替换图片内容。双击“State3”，进入 State3 的内容编辑页面，替换图片内容。

⑦首先，单击 page1 中的页面空白处，然后双击右侧属性面板中的“页面载入时”事件进行设置，在弹出的用例编辑器中左侧的“添加动作”列表中选中“设置面板状态”，在右侧的“配置动作”列表中勾选当前动态面板。

⑧将“选择状态”设置为 Next，勾选“向后循环”“循环间隔”“首个状态延时 2000 毫秒后切换”，将“循环间隔”时间设置为 2000 毫秒，将“进入动画”和“退出动画”设置为向左滑动，时间为 500 毫秒。

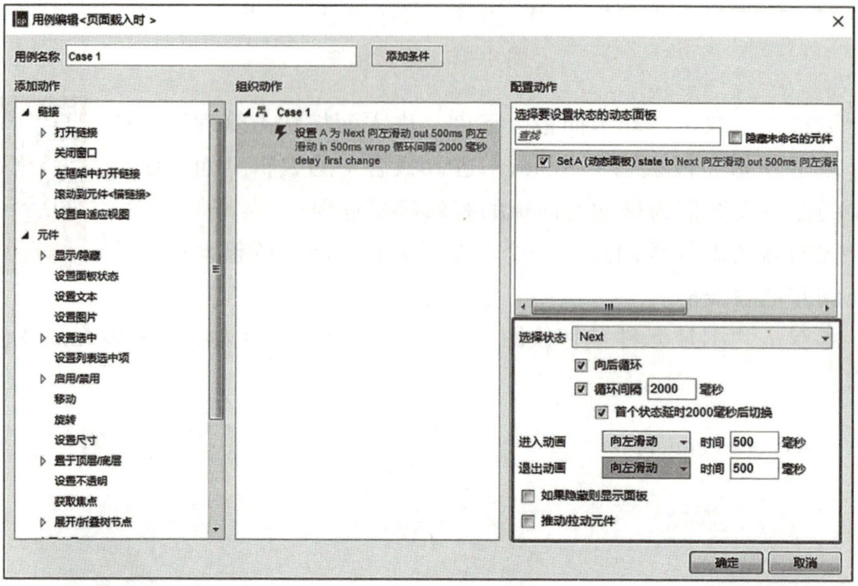

图 4–18 动画设置

⑨检查无误后，按 F5 键可在浏览器中预览效果。

拓展知识 4-2：Axure 相关实用技巧

【思政园地】

设计智慧旅游系统需要具备的思维能力

从项目经理的视角看智慧旅游系统，需要具备以下思维能力，即战略思维、历史思维、辩证思维、系统思维、创新思维、法治思维、底线思维。战略思维，是指从宏观、全局、长远的高度来观察，分析和处理问题的思维方式；历史思维，是指通过学习历史知识并善于运用历史经验、把握历史规律，从而能指导现实工作的思维方式；辩证思维，是指运用唯物辩证法观察事物，抓住主要矛盾和矛盾的主要方面，坚持发展的、全面的、系统的观点分析问题，解决问题的科学思维；系统思维，是将现实事物看成系统，从整体性、层次性、结构性、功能性和动态性等方面全面、运动、联系地思考分析问题的方式；创新思维，是开拓人类认识新领域，形成人类认识新成果的思维活动，其实质是对原有思维模式的超越；法治思维，是将法律作为判断是非和处理事务准绳的科学思维方法；底线思维，就是客观地设定最低目标，立足最低点，争取最大期望值的思维方式。

点评：进行智慧旅游产品的创新与创业，只有具备战略思维、历史思维、辩证思维、系统思维、创新思维、法治思维、底线思维，才能以全局的、系统的、发展的格局设计系统，适应新的市场需求。

思考与练习

一、案例分析

2015 年初小沙同学在长沙某景区文创店参观时，在商品橱窗中看到了同校学弟设计的景区纪念明信片，结合自己当时对增强现实等新一代信息技术的认知，他萌生了与学弟合作开发 AR 景区导览图册的想法。经过多次协商后，他们组建了一个新产品开发团队，并引进了两位技术大咖，开始了新产品开发之路。

最开始，小沙团队将设计范围限定在目标景区的核心区，经过半年的平面设计、UI 设计、三维建模、软件开发等工序，他们克服重重困难，制作出了第一版可以上线运行的产品。在向该景区核心管理人员展示产品后，对方给出的建议是：第一版本的产品对景区文化内容的表达深度还不够，建议修改其中三分之一的内容为更加值得宣传的题材。经过沟通，小沙团队又投入了两个月的时间进行创作，制作出了令该景区满意的第二版本的产品。

在第二个版本的产品面向市场销售之前，小沙团队收到了周边另一个景区的合作意向，对方希望在现有产品上增加对方景区的内容，进行联合销售。经过三方协商，小沙团队最终决定修改第二版本产品中 50% 的内容进行第三次创作。此次修改又增加了三个月的开发周期，加上最后的定稿、打样、印刷等工序，该产品的诞生一共用了一整年的时间。

在最后的项目复盘中，小沙同学发现由于自己缺乏对产品经理相关知识的了解，浪费了大量的人力和物力。如果在前期进行多方有效沟通，可以节约至少一半的开发时间。如果在前期进行软件原型设计，可以节约十个月的技术开发时间成本。

参考答案

综合上述案例，请思考以下问题：

1. 沟通对于产品创新团队有什么意义？
2. 原型设计的意义是什么？
3. 结合本项目学习到的知识，为小沙团队提出业务流程优化建议。

二、实训题

使用本项目所学习的 Axure 软件，结合专业知识及行业认知，设计一款具有一定创新性和实用价值的旅游主题 APP 原型，并在期末进行项目路演。

具体要求：交互原型源文件中包含不少于 12 页 APP 界面，合理运用元件、交互样式，页面之间的层级关系合理，界面简洁、美观。

评价标准：

评价维度	内容	评分等级					得分
美观度（20 分）	作品色彩搭配合理，具有美感，内容积极向上，合理使用屏幕空间	优秀	良好	中等	较差	很差	
		20~17	16~12	11~9	8~5	4~0	
市场潜力（20 分）	作品符合市场需求，抓住了市场痛点，有较大的市场潜力	优秀	良好	中等	较差	很差	
		20~17	16~12	11~9	8~5	4~0	
功能完善度（20 分）	为项目痛点提出了有效的解决方案，并完成了相关功能设计且整个功能及服务流程完整	优秀	良好	中等	较差	很差	
		20~17	16~12	11~9	8~5	4~0	
页面层级关系合理程度（20 分）	页面层级关系合理，合理使用部件及组件功能，交互细节能够给用户较好的心理提示，符合用户常用操作习惯	优秀	良好	中等	较差	很差	
		20~17	16~12	11~9	8~5	4~0	
项目路演回答问题（20 分）	思路清晰、逻辑严密、语言简洁流畅，能清楚介绍整个项目情况	优秀	良好	中等	较差	很差	
		20~17	16~12	11~9	8~5	4~0	
总分							

项目五　智慧旅游产品设计及实训

项目导读

智慧旅游产品是智慧旅游发展的具体表现形式，包含面向管理者的智慧管理产品、面向游客的旅游消费及体验产品、智慧营销服务产品等内容，通过智慧旅游产品设计满足智慧旅游创新发展，包括管理创新、营销创新、服务创新、消费内容及体验创新等。为帮助初学者对智慧旅游产品设计思路与设计流程有一个全面的认识。本项目将从旅游资源特点与分类入手，介绍智慧旅游产品内容策划思路与过程、智慧旅游产品开发原则与过程、常见的智慧旅游产品设计实例分析。通过本项目内容的学习与理解，掌握智慧旅游产品设计基本思路与方法，为智慧旅游产品创新创业奠定良好的基础。

学习目标

知识目标

1. 了解旅游资源基本分类及内容。
2. 掌握旅游产品内容策划思路。
3. 掌握旅游产品设计开发思路。
4. 通过旅游产品设计实例了解各类旅游产品的设计内容及推广思路。

能力目标

1. 能够阐述旅游资源分类及特点。
2. 能够阐述旅游产品策划过程。
3. 能够阐述旅游产品设计开发思路。

素质目标

1. 通过对各类旅游资源的认知学习，培养学生从广义上理解目前主要旅游产品内容，为学习智慧旅游产品设计提供基本知识与专业素养。

2. 通过本项目的学习，培养学生的旅游产品策划思路、设计思路，结合各类旅游产品设计实例，更加深刻地理解智慧旅游产品设计的全过程内容，为学生动手实训提供更加科学的思路与方法。

思政目标

中国共产党在百年奋斗的历程中，构筑起中国共产党人的精神谱系。通过本项目的学习，结合国内红色景点，设计红色打卡地攻略。

思维导图

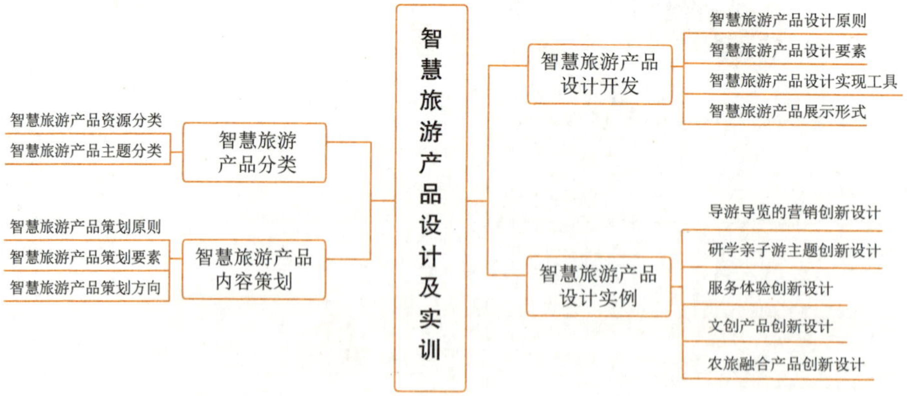

【案例导入】

“一部手机游湖北”湖北省文旅场所分时预约服务平台

“一部手机游湖北”湖北省文旅场所分时预约服务平台是根据省文旅厅推进旅游市场疫情常态化防控工作需求，为游客提供全省A级以上景区和文化场馆的登记、预约、快速通关等便捷服务，可以让游客实现一次登记、提前预约、现场扫码、快速入园，响应政府“限量、预约、错峰”的防疫要求。为文旅场所和游客省去信息核查、身份登记的时间，最大程度减少人员聚集，实现三码合一，为游客提供惠民便民服务，实现全省景区分时预约和核销数据统一汇集管理及全省文旅场所预约情况的实时监管。充分发挥省分时预约平台的作用，开展常态化监测，对旅游景区和文化场馆最大承载量实施动态调整，特别关注关键节点、敏感区域的瞬时最大承载量，对可能发生人员聚集的旅游景区或文化场馆进行有效预判，提前做好风险提示，并通过调整预约库存和可预约时段等措施及时对客流实施更加精准的引导和调整。

案例思考：“一部手机游湖北”是智慧旅游产品的一种形式，其设计思路和流程是怎样的？

任务一　智慧旅游产品分类

一、智慧旅游产品资源分类

智慧旅游产品资源分类是旅游教学的重要内容之一，是对旅游资源进行的归纳和整理，可为智慧旅游产品的开发与运营提供基础资料。智慧旅游产品资源主要包括自然资源、人文资源、历史资源、乡村旅游资源、红色旅游资源、生态旅游资源、研学旅行资源、文化体验资源、娱乐体验资源等类型。

（一）自然资源

自然旅游资源是旅游产品不可或缺的组成部分，包括自然景观、地理环境、气候等方面。其中，自然景观是指自然界形成的自然景色，如山川、河流、湖泊、海岸线、岛屿、林木、草原、沙漠等。地理环境包括地形、地貌、地质结构、土壤、矿产资源等方面。另外，气候也是旅游产品开发的重要参考因素，气候因素对于旅游活动的舒适度和安全性都有着重要影响。

图 5-1　杭州西湖美景

（二）人文资源

人文资源是指人类在发展过程中所创造的物质的、精神的文明成果总和，包括历史遗迹、民族风情、文化传承等方面。其中，历史遗迹是人类历史文化的见证，具有较高的历史和文化价值，如古建筑、城墙、碑刻等。民族风情是各地民族文化特色的体现，包括民俗风情、民间艺术、手工艺品等。文化传承是人类文化发展的重要组成部分，如传统戏曲、音乐、舞蹈、美术等。

（三）历史资源

历史资源是指具有历史价值的人文遗产，包括历史文化景观、文物古迹、古代建筑、考古遗址等。其中，历史文化景观是指通过建筑、园林、城市规划等方式体现的历史文化风貌。文物古迹是指具有历史文化价值的实物遗存，如器物、器皿、书籍、绘画、雕塑等。古代建筑是指具有代表性的古代建筑群体，如故宫、长城、承德避暑山庄等。考古遗址是指考古学家发掘出的古代遗址和文化遗存，如秦始皇兵马俑、三星堆遗址、龙山文化遗址等。

（四）乡村旅游资源

乡村旅游是一种以乡村地区和农村社区为主要旅游资源的旅游形式。乡村旅游资源主要包括田园风光、民俗文化、农业体验等，这些资源通常能够带给游客独特的、与城市不同的体验。

（五）红色旅游资源

红色旅游是以红色文化遗址、革命纪念馆、革命遗址等为主要旅游资源的旅游形式。红色旅游资源不仅具有历史价值和纪念意义，还能够向游客传递爱国主义和革命精神。在绩效评估方面，红色旅游产品资源的评估指标包括游客满意度、传播效果、文化价值等方面。

（六）生态旅游资源

生态旅游是一种以自然景观、生态环境为主要旅游资源的旅游形式。生态旅游资源主要包括自然保护区、森林公园、湿地公园等，这些资源能够让游客近距离接触自然，感受大自然的美丽和神秘。

（七）研学旅行资源

研学旅行是一种以学习、探究、体验为主要目的的旅游形式。研学旅行资源主要包括博物馆、科技馆、历史遗迹等，这些资源能够提供专业的学习和探究体验，丰富游客的知识和文化素养。在绩效评估方面，研学旅游产品资源的评估指标包括游客学习效果、知识传播效果、文化价值等方面。

（八）文化体验资源

文化体验资源是指游客在旅游过程中能够亲身体验和参与当地文化活动，了解当地文化内涵和特色的旅游资源。例如，参加当地传统的节日庆典、参观博物馆、走访古迹遗址、学习手工艺等。这些文化体验能够让游客更好地了解当地的文化特色，增强对旅游目的地的认知和感受。

（九）娱乐体验资源

娱乐体验旅游产品资源类型是一种结合游乐设施、表演、主题场景等元素的综合性旅游产品资源。比如各类主题娱乐或体验的主题乐园，创造一个独特的主题，通过游乐设施和表演等形式为游客提供娱乐和休闲体验。主题乐园通常包括不同的主题区域，如冒险区、童话区、科幻区等，每个区域都有独特的装饰、游乐设施和表演，为游客带来不同的体验。主题乐园也是一种以互动、体验和创新为核心的旅游产品资源，它可以吸引不同年龄段和不同文化背景的游客前来参观体验。

图 5-2　西安大唐芙蓉园水舞光影演艺

二、智慧旅游产品主题分类

按智慧旅游产品主题进行分类是旅游行业中常用的一种分类方式，其主要根据是智慧旅游产品的主要特点和主题。这种基于智慧旅游产品内容为核心的分类方式，包括但不限于乡村旅游产品、红色旅游产品、生态旅游产品、研学旅行产品、冰雪旅游产品、体验旅游产品、文创旅游产品等类型。这些分类方式不仅便于旅游从业者进行更加准确的产品定位和市场分析，还可以帮助游客更好地了解智慧旅游产品的内容和特点，从而选择出更适合自己的智慧旅游产品。以下为其中部分主题智慧旅游产品介绍。

（一）乡村旅游产品

乡村旅游是指以旅游度假为宗旨，以村庄野外为空间，以人文无干扰、生态无破坏，以游居和野行为特色的村野旅游形式。乡村旅游的概念界定有两个重点：一是发生在乡村地区，二是以乡村性作为旅游吸引物，两者缺一不可。乡村旅游产品则是旅游者在乡村旅游的过程中所能购买或体验的一切有形商品和无形的精神感受。乡村旅游产品具有鲜明的乡村特色性、产品项目和产品线的丰富性、投资和消费的低门槛可进入性。不同的乡村资源可转化为不同的乡村旅游产品，如乡村与农业观光旅游、乡村与农业生态旅游、乡村休闲旅游、乡村度假旅游等乡村旅游产品；依托林业资源可开展赏花、摘果类活动；依托花木类资源，可开展观赏、休闲类活动；依托海河湖塘类资源，可开展垂钓、游船等水上和岸边的休闲类活动；依托传统农耕资源，可以开展农事体验活动；依托现代科技农业资源，可开展科普观光活动等。乡村环境、田园风光、农家生活与生产过程的综合利用，可以开发滞留性的乡村休闲、度假旅游等多种综合性较强的旅游产品。

（二）红色旅游产品

红色旅游是指以中国共产党领导人民，在革命和战争时期建树丰功伟绩所形成的纪念地、标志物为载体，以其所承载的革命历史、革命事迹和革命精神为内涵，组织接待旅游者开展缅怀学习、参观游览的主题性旅游活动。红色旅游产品的特点是弘扬爱国主义、增强民族自豪感、传承红色文化。红色景区、红色纪念馆、红色遗址、红色革命基地等红色基地和旅游线路，既可以观光赏景，也可以了解革命历史，学习革命斗争精神，培育新的时代精神，并使之成为一种文化。按红色旅游产品的内容或形态又可以分为各种主题的红色旅游产品，比如：

视频5-1：红色主题旅游活动

1. 演艺类红色旅游产品：利用现代化的技术手段对地方红色歌谣、红色戏曲、红色故事等红色文化资源进行呈现，使其具有强烈感官体验的舞台效果。这种借助红色文化呈现的现代化舞台演绎方式，能够增强游客在革命历史中的代入感，强化红色文化的教育意义。以红色革命题材为主的红色主题演出，包括舞台剧、音乐剧、民族歌舞等多种形式。例如，《红色娘子军》《红旗飘飘》等经典红色题材舞台剧。

2. 博物馆类红色旅游产品：在还原红色历史的基础上，以具有历史意义和教育意义的纪念馆、博物馆、故居为载体，通过创新内容设计和艺术形式等方式，全面展示在革命、战争中留存的大量革命遗迹和历史文物等，实现参观、教育目的。例如，中国革命博物馆、陕西革命历史博物馆、延安革命纪念馆、中国人民抗日战争纪念馆等场馆以革命历史为主题，通过展品、图片、音视频等形式，展示革命历史和文化。

3. 节庆类红色旅游产品：以各红色旅游目的地的红色精神为核心、红色景观为内容、不同红色文化为主题举办系列红色旅游文化节，利用其独特的红色文化，以旅游节庆为引爆点，提高区域知名度，带动地方旅游发展。

（三）生态旅游产品

生态旅游是以生态环境和生物多样性为旅游主题，通过旅游活动来体验自然、了解环保知识和推广环保理念的旅游形式。生态旅游产品除了具有大众旅游产品的共同特点外，还具有一定的使用价值，可使旅游者在享用产品的过程中获得生态知识与环保知识。其产品功能主要强调和突出生态功能和教育功能。生态旅游产品的产品组合主要源于自然本身，不再以旅游者的舒适和便利为前提，而是服从于环境保护，必要时旅游的六大要素可以不完全具备。产品层次具有高品位性，强调不仅具有美学观赏价值，还富含科学普及和生态文化价值。生态旅游产品的科技文化含量也较高，因此具有高消费性，其价格可视为生态环境利用的成本，以及保护环境所需的费用。

（四）研学旅行

研学旅行是根据区域特色、学生年龄特点和各学科教学内容需要，组织学生通过集体旅行、集中食宿的方式走出校园，在与平常不同的生活中拓宽视野、丰富知识，加深与自然和文化的亲近感，提升学生综合素养。研学旅行继承和发展了中国传统游学、“读万卷书，行万里路”的教育理念和人文精神，成为素质教育的新内容和新方式。开展研学旅行，可以提升中小学生的自理能力、创新精神和实践能力。

根据产品内容可以分为各种主题的研学旅行，目前比较热门的研学旅行主题有以下几种：

（1）科技主题研学：从《星际穿越》到《火星救援》再到《流浪地球》，科幻世界一直都有着极大的吸引力。随着科技的迅速发展，一系列科学基地成了旅游目的地新宠。科技研学旅游目的地主要通过 VR、AR、3D/4D 等高科技手段的展示与体验来实现科技教育目的。

（2）红色主题研学：红色研学是有着突出教育属性的红色旅游。开展红色研学应以红色资源 / 文化为基础进行产品研发，在研学导师的带领下进行，使青少年素质得到提升并达到传承红色精神的目的。

（3）农业主题研学：农业研学注重的是农业体验与劳动，传达的是敬畏土地、感恩自然的教育理念。结合乡村振兴战略，农业研学的基地承载体可多样化，主要表现为休闲农场、主题农庄、田园综合体等形式。

（4）工业主题研学：工业旅游起源于企业参观学习，然而随着国民观光休闲旅游的兴起，单纯的参观游览已无法满足游客的需要。当下的工业旅游发展融入了休闲、高科技元素，并用情怀来讲述传统工业的故事。在 20 世纪 90 年代，台湾地区的工业发展速度较慢，在转型为观光工厂项目后，已成为亲子游、研学游的首选。

（5）营地主题研学：营地研学的本质在于培养孩子的社会和情感发展，为孩子寻求高质量、个性化和改变生活的经历，从而做到“知行合一”。

（五）冰雪旅游产品

冰雪旅游是以冰雪旅游资源作为主要旅游吸引物，体验冰雪文化内涵的旅游活动形式的总称，是一项极具参与性、体验性和刺激性的旅游产品。目前冰雪旅游产品主要可以分为以下六大类型：

（1）专业运动型：以经过专业训练的冰雪运动专业人士或体验者、观赛游客（观览者）为主要市场群体。除了体验性外，更具有观赏性，易汇聚人气，对其他各类型产品的消费带动性最强，易打出目的地知名度。主要活动及产品包括滑雪、滑冰、冬泳、雪山穿越、冰上龙舟、雪地足球、冰上马球、雪地户外露营等项目。

图 5-3　高山滑雪

（2）观光采风型：针对所有职业及所有年龄段的游客群体。一般具有天然珍奇雪景的地区和具有强大设计建设投资实力的项目易带动休闲度假业态发育。主要有冰雪观光（如冰雕、雪雕、冰瀑、冰挂雾凇等）和赛事演出（如冰雪实景表演、冰雪灯光秀等）两种类型。

（3）休闲游乐型：以亲子、中青年群体为核心市场，辐射全年龄、全职业段。趣味性和参与感较强，产品谱系广、吸引游客面大，尤其是与民俗娱乐项目相结合，可一览无余北国地域风情，往往是南方地区游客体验北方雪景的起点。主要包含冰雪游乐场和冰雪游乐项目两大类产品。

（4）特色节庆型：适合全年龄段的游客群体。除了体验性外，也具有一定观赏性，易汇聚人气，对其他类型产品的消费带动性强，易打造目的地的知名度。在冰雪旅游项目中也包含特定节庆因素的体育冰雪旅游产品。节庆型冰雪旅游产品包括体育节、地方特色（民族特色）的体育盛事、大众体育比赛等具有体育冰雪旅游特色的活动或非日常发生的体育冰雪旅游特殊事件等，如查干湖冬捕节、哈尔滨国际冰雪节、齐齐哈尔关东文化节、吉林雾凇节、长春净月潭国际滑雪节等。

（5）旅游度假型：适合全年龄段游客群体。可独立运营，也可与几乎所有类型冰雪产品捆绑运营。大众休闲度假时代，具有消费此类产品能力与兴趣的游客数量越来越多，这几乎成为冬季旅游目的地标配产品。冰雪度假旅游区包括冰雪度假胜地、冰雪度假区、冰雪小镇、冰雪主题酒店、冰雪主题营地等。冰雪主题酒店主要指冰屋酒店、雪乡旅馆等外观具有冰雪、北国等鲜明主题特征的度假酒店。冰雪主题营地指冰地、雪地上的露营地，一般配备专业供暖、取暖、急救等设备。

（6）拓展研学型：主要面向中小学学生团体及冰雪运动拓展的青年团体。以冰雪运动培训为重点，以运动培训中心、研学基地、冰雪运动训练基地建设为基础，针对青少年组织一系列运动旅游活动，以场馆带动旅游业的发展。

（六）体验旅游产品

体验旅游是指为游客提供参与性和亲历性的旅游活动，使游客在旅行过程中收获比愉悦程度更高的体验。体验型旅游产品是旅游生产者策划的花费时间来游览参观、参与所形成的一系列特定旅游体验空间生产活动的产物，以游客获得各种感官刺激和精神震撼为目标，以旅游者参与互动为特征，是众多复杂因素构成的整体。体验旅游是以体验为旅游主题，通过诸如美食之旅、DIY 体验、摄影之旅等主题活动让旅游者亲身体验、感受旅游目的地的特色、文化和生活方式，其产品特点是多样化、互动性强、个性化服务。体验型旅游产品大致可分为以下几种类型：

（1）刺激型旅游体验产品：指游客通过感觉和知觉获得感官愉悦，有明显舒畅感，例如蹦极、滑翔、乘热气球、漂流、冲浪、溶洞探幽、深海寻宝、太空飞行等体验产品。

（2）怀旧型旅游体验产品：指人们前往与本人的人生经历具有某种特殊联系的地点参观访问，或者建立一种与社会群体本能、习惯、思想有关的共同追忆，例如遗迹旅游、墓地祭祖、朝圣祭拜、红色旅游等。

（3）文化型旅游体验产品：指体现精神需求的异地感知、民族风俗，以及观察社会等增长见识的旅游产品，例如民俗文化旅游、艺术旅游、学禅练武、太空旅游等。

（4）娱乐型旅游体验产品：指游客可通过参与各种娱乐活动寻求惊喜和兴奋感，以娱悦身心，例如登山度假旅游、农家乐旅游、狩猎旅游、沙发客旅游、蜜月旅游等。

图 5–4　海边亲子游

（七）文创旅游产品

从定义上来说文创旅游是指把文化创意与旅游产业相结合的一种旅游形式。文创可利用无尽的智慧资源与文化精神财富，产生大量的物质财富。不同地区都有着不同的地域文化，而文化又是旅游资源的重要灵魂，因此文创旅游是文化创意与旅游深度结合的体验。它转变了以往旅游资源同质化的倾向，更强调受众在旅游过程中参与到当地的文化体验之中，用智慧吸引消费者的视线，通过打造多元旅游项目使得地域旅游资源得以有效发挥，并推动城市文化的进一步生成。

文创旅游产品将旅游与文化创意产品相结合，为游客提供了更为丰富多彩的旅游体验。下面是一些典型的文创旅游产品：

（1）手工艺品 DIY 体验：提供手工制作工艺品的体验，让游客可以参与到文化传统的手工制作过程中，以深入了解文化内涵。例如，在西藏，游客可以参与制作传统唐卡画，了解藏族绘画文化。

（2）旧物改造产品：利用传统文化中的旧物品进行改造设计，创造出新的文创产品。例如利用旧旗袍设计出文化衫，利用废弃木材设计出文化家居用品等。

（3）地方特色工艺品：地方特色工艺品是指某个地方独有的手工艺品，具有地域特色和文化内涵，通常是游客作为纪念品带回家的。例如，在印度，手工制作的纺织品、雕刻品和陶器等工艺品具有很高的收藏价值和文化内涵。

（4）主题文化衫：主题文化衫是针对某个文化或旅游主题设计的 T 恤或衣服，通常印有主题标志或图案，可以让游客在旅游过程中更好地融入当地文化和主题。例如，在日本，许多城市和景点都有自己的主题文化衫，让游客可以在旅游过程中更好地感受当地文化和特色。

（八）智慧旅游产品

除了传统的旅游产品外，随着信息化技术的不断发展，以信息化、智能化和科技化为主要手段，提高旅游体验和服务水平的智慧旅游产品也越来越多。这些产品结合了虚拟现实、增强现实（AR）等技术，为游客带来更加生动、直观的旅游体验。常见的智慧旅游产品包括：

1. AR 导游导览

AR 导游导览是一种结合了虚拟现实技术的旅游产品。游客可以通过手机或平板电脑等设备，扫描景点上的二维码或使用 AR 眼镜等设备，实现景点导览、历史解说、文化讲解等功能。AR 导游导览产品的特点是互动性强、趣味性高、实时性强，其主要产品包括 AR 导览系统、AR 导游 APP 等。

2. 虚拟游

虚拟游是一种结合了虚拟现实技术的旅游产品。游客可以通过虚拟现实设备，如 VR 眼镜等设备，进入虚拟的旅游场景，感受异域风情、文化遗产等。虚拟游产品的特点是身临其境、高度还原度、自由度高，其主要产品包括 VR 旅游、VR 博物馆、VR 文化体验馆等。

图 5–5　VR 眼镜

3. 智能导游服务

智能导游服务是一种结合了人工智能、大数据、物联网等技术的旅游产品。游客可以通过智能设备（如智能音箱、智能手表等）获取实时导游服务、旅游信息、交通信息等。智能导游服务产品的特点是智能化、个性化、实时性强，其主要产品包括智能导游机器人、智能语音导游、智能旅游手表等。

任务二　智慧旅游产品内容策划

一、智慧旅游产品策划原则

（一）市场导向原则

好的策划必须要有市场，而市场就是一个落地，否则就是个空中楼阁。只有依靠市场，大量收集和仔细分析市场资料，密切关注旅游者的需求变化和竞争对手的发展态势，旅游产品策划才能着地，生根发芽，枝繁叶茂。

（二）创新原则

创新是策划的灵魂，是否有非凡的首创性和独创性是策划创新的重要表现。旅游产品策划是一个从“提出创新点—明晰创新思路—实施创新方案”的过程。首先，知识积累是创造性思维的基础。只有具备渊博的知识，才能形成策划人的知识沉淀，并在这种沉淀中培养创新的思维。其次，标新立异是创造新思维的关键。产品策划的关键在于标新立异，只有不断推出新的旅游产品才能有效提升旅游目的地的吸引力，旅游产品才具有创新性和不可复制性。

（三）整合原则

整合就是把分散的资源通过链接聚成合力，化零星为完整，并发挥各自的优势，达到“四两拨千斤”的作用。旅游产品策划要有一个整合策划的因子，即有一个资源整合平台，分析有利因素和不利因素，形成一套整合运作的技术流程。

（四）可持续原则

旅游产品策划可持续原则要求策划具有谋略性，应着眼于未来，立足于全局，使策划活动成为一种连续的或周期性的旅游消费行为，同时兼顾社会效益，做到经济效益和社会效益的共同发展。

（五）可行性原则

可行性原则应贯穿于旅游产品策划的全过程，主要从经济性分析、合法性分析、利害性分析、科学性分析四个方面进行分析。

（六）独特性原则

旅游产品的独特性原则也称特色性原则，指旅游产品策划不能因循守旧、墨守成规，而要标新立异、另辟蹊径，形成特有的策划方案。旅游资源是旅游产品走向市场的基本内容，没有旅游资源也就无所谓旅游产品，旅游资源特色是衡量旅游产品吸引力的关键。因此进行旅游产品策划时，必须对旅游产品进行深度挖掘，找准其区别于其他旅游资源的独特卖点。

二、智慧旅游产品策划要素

（一）文化要素

旅游资源和旅游产品设计要素中，能够反映目的地旅游文化内容的物质文化和非物质文化的信息载体，并通过某种方式的表达能够让游客感知旅游文化信息符号。文化要素可以分为物质文化要素和非物质文化要素，物质文化要素包含景观、建筑、饮食、手工艺文化，非物质文化要素可以分为礼仪文化、艺术文化、节庆文化等。

（二）市场要素

把握市场需求和竞争态势是进行旅游产品开发，实现旅游供给的前提。旅游策划要使设计出的项目或产品具有市场效应和可操作性，就需要对旅游行为主体进行深入研究，通过大量的市场调查，掌握一手资料，深入了解旅游者的经济行为，掌握其行为规律，使旅游策划深入消费经济和游客心理层面。

（三）区位要素

在旅游策划中，除对旅游资源、旅游市场进行分析外，还需要考虑旅游区位要素。旅游区位主要包括资源区位、客源区位和交通区位。分析区位要素主要从这三方面着手：从资源区位看结构，由客源区位看位置，从交通区位看线路，即旅游资源的丰度和搭配组合的程度，旅游地与外部客源市场、周边景区景点的空间关联程度以及客源市场与旅游目的地的线路畅通程度，这三者构成的区位要素是旅游产品开发的重要影响因素。

（四）资源要素

旅游策划的过程就是不断发现新资源，挖掘有价值、有特色的旅游资源的过程。整合各类旅游资源要素，使其形成一个全新的旅游产品，是旅游开发商品化的产物。这种整合具有较强的人工痕迹，但如果充分考虑到市场需求，也会取得成功。整合各类旅游资源要素，可分为以下三种情况：第一种，几乎没有原赋旅游资源作依托，全靠对市场需求的把握，将各种相关的旅游资源按一定的主题组合在一起，构建一个巨大的旅游产品平台，再进行商业化运作；第二种，以半原赋旅游资源、自然环境资源为依托，整合其他资源，形成新的旅游产品；第三种，以原赋旅游资源为依托，为了丰富产品结构，根据市场需求，对其他类型的旅游资源进行有机整合。这类情形比起前两类最大的区别是以原赋旅游资源为基础，其本身就有生态环境、景观或人文环境作依托，使整合的其他类型的资源能与依托的原赋旅游资源浑然一体，并且在产品定位上进行过科学论证，取得成功的概率会很大。

三、智慧旅游产品策划方向

（一）按旅游内容分类

1. 文化旅游方向

首先，根据旅游目的地的文化资源，挖掘文化内涵，以旅游目的地文化为导向，确定主格调和文化开发方向；其次，进行文化旅游的主题定位，无论是自然景物还是人文资源，都有可提炼和确定的文化主题；最后，围绕文化主题开发设计文化旅游项目。旅游资源的文化内容包括科学文化、历史文化、文化艺术内涵和其他社会文化、民俗文化、政治文化和环境文化等。旅游本身就是文化交流活动的形式之一：一方面，旅游者可以通过旅游的过程去感受不同的文化；另一方面，旅游发展的必然结果就是不同文化之间的交流与融合。文化旅游方向中，与文创产品的融合也是必要的。因为文创产品的产生能形成具有一定知名度和美誉度的文化品牌和旅游品牌，同时文创产品作为文化旅游和文创产业融合的产物，不仅能拓宽文化的传播渠道，还可与旅游者所认知的文化内涵产生共鸣。文创产品的设计不仅能够提升旅游者文化认知程度和认同感，还能够打造独具特色的旅游、文化品牌形象，带动旅游目的地经济的快速增长。

2. 度假旅游方向

度假旅游产品是指旅游者利用休假时间在进行休闲和消遣活动过程中所购买的旅游产品。从度假旅游产品的产品特征来看，它既融合了旅游产品的一般特征，又具有独特的特质，即整体性、多元性、易波动性、不易储存性以及难以转移性。度假旅游产品侧重于旅游者休闲、度假、放松的旅游心态和心理需求，且一般在一段时间内开展度假旅游，持续时间较长。近年来，我国的度假旅游呈现多元化发展，除了最早出现的滨海度假和避暑度假，逐渐出现了温泉、滑雪、山地、高尔夫、森林等多种度假类型。其次，度假旅游产品相对于其他旅游产品还具有更高水平的体验性、游客参与性、设施依赖性、易损性、脆弱性以及休闲娱乐性。可以说，度假旅游产品旨在为游客在旅行中提供更高层次的体验式服务，并尽可能地促使游客参与到设施完善、环境和谐的旅游项目中，从而达到缓解压力、转化心情、休闲娱乐的最终目的。

3. 观光旅游方向

观光旅游产品主要是指旅游者通过欣赏和游览自然风光、名胜古迹等作为主要目的的旅游产品。这类旅游产品在世界上一些国家也被称为观景旅游产品。一般观光旅游产品由游览景物、游览服务、游览设施和游览环境四部分构成。根据旅游产品的属性和分类可以分为自然风光观光、城市风光观光、名胜古迹观光、动物植物园观光、海洋水族馆观光、仿古建筑或微缩景观、主题公园观光等。观光旅游产品作为一种传统的旅游产品，同时构成了现代旅游产品的主体部分。随着现代旅游的发展，许多观光旅游产品已不仅仅是单纯的观光旅游活动，而是融入了更多的文化内涵和休闲度假内容，使观光旅游产品的形态更加丰富多样。

图 5–5　丽江黑龙潭美景

4. 生态旅游方向

生态旅游产品的策划是以生态学思想为指导，通过对旅游要素所蕴含的生态内涵的挖掘和组合包装而开发出富有生态教育意义的旅游产品。一般包括生态旅游活动项目、生态旅游设施与服务、生态旅游路线、生态旅游商品四大类。生态旅游产品的策划主要是为了保证旅游者生态旅游的体验效果，扩大产品品类，提高产品质量，进一步满足旅游市场的需要而进行的，是对生态旅游产品进行研究、构思、设计、生产和推广的过程，基本遵循以保护为前提、有限度开发的总原则，主要包括以下三种设计类型：①自然生态景点：森林、水域、草原及高山雪域、特殊景观（沙漠、湿地、火山遗迹等）；②人文生态景点：民俗文化区域、农业生态区域、世界遗产地；③自然与人文综合型景点：乡村（自然景观与农业生态）、宗教名山（自然景观与宗教文化）。

5. 体验旅游方向

体验是旅游主体（旅游者）与客体（旅游吸引物、设施、服务等）角色互动的产物。对于体验旅游的游客群体而言，旅游产品是旅游过程中所有的体验来源。在以市场为导向的理念中，旅游产品的概念并不仅仅是旅游项目一个单一的概念，而是一个包含食、住、行、游、购、娱六要素，旅游从业人员的素质与服务质量等多种因素影响的复合概念。

体验经济时代的旅游群体更注重个性化的服务和更好的体验。首先，要根据不同目标细分市场的特征、环境等因素，选择一个或多个目标细分市场，有针对性地进行产品策划，以便提供更为专业化的服务；其次，在充分了解不同旅游者的旅游消费心理和旅游需求类型的基础上，对广大消费者的心理需求和偏好进行准确的把握，并根植于旅游地或旅游景区的地脉和文脉，从而开发出富有地方特色的旅游产品；最后，在开发体验旅游产品的同时，也要注重产品的参与性和差异性。近年来，以“旅游＋科技”“旅游＋互联网”为代表的旅游新业态迅速发展，进一步推动了旅游行业生产方式、管理模式、服务体验的优化升级，同时拓展了旅游消费空间，丰富了产品业态。从游客游前在线找旅行社，发展到游前做旅行攻略，从过去的窗口售票发展到游前线上购票、线下核销入园，现代信息技术驱动了一轮又一轮的旅游服务创新。

拓展知识：借助智慧工具设计的旅行线路

大数据、云计算、智能服务终端在旅游业的应用促使游客的消费方式发生转变的同时，也改变了旅游服务的供给方式。景区通过进行数字化改造，完善实名制分时预约系统、智慧停车场、大数据客流实时监控监管的应用，改善了游客的游览体验；在游中场景里，景区通过设置电子地图导游导览、智能语音客服等应用，增加了游客游中的游玩趣味性。

图 5-7　人脸识别

【案例 5-1】

“双十一”旅游目的地联合直播

2021 年 11 月 11 日下午，行象旅游携手八达岭长城、峨眉山、武当山、黄山、红海滩、千岛湖、克什克腾旗等多家目的地旅游数字化专委会单位，共同发起“双十一·旅游目的地联盟好物直播”，基于智游宝提供的技术支持，以“长城内外”平台为载体，展示各目的地单位具有代表性的景点景区画面，在打造零距离“云游”盛宴的同时，为各目的地单位联合带货，为景区进行全网推广，带动景区流量变现。

案例点评：行象旅游基于目的地旅游数字化专委会，融合新科技的直播带货、线上体验等营销形式，展示各景区产品特色和景区文化，融入刷屏抽奖等吸引观众的元素，引导流量变现，利用头部景区的直播流量和惠民措施激发观众的消费需求，有力促进景区创收，提升景区品牌知名度，推动文商旅行业的快速全面发展。

（二）按消费群体分类

可根据青少年、大学生、中老年、家庭等人群的特质有针对性地开发出对应的旅游产品，如中老年旅游消费群体具有闲暇时间丰富、出游意愿强烈、大多为团体旅行等特点，但该群体同时具有在旅游消费行为中的限制性条件，如安全因素（出行方式和饮食方式）、生活因素（生活习惯和接受能力）、社会因素（消费理念和经济条件限制）等，在进行旅游产品策划时需考虑多方面的因素；大学生旅游消费群体具有出游意愿强烈、闲暇时间多且较为集中、旅游信息来源广泛、以自由行为主、对旅游产品质量要求较高等特点，但大学生选择旅游产品进行消费时也受到众多因素的限制，诸如经济因素（大学生没有主要收入来源导致可投入旅游产品消费的经费较少）、时间因素（大学生群体在假期时间出游较为密集，使旅游体验感下降）、社会因素（包括旅行过程中易受骗以及人身安全）、个人因素（作为年轻化群体，出行易受到自媒体宣传的影响等）。任何消费群体都有着自身旅游消费的特点与旅游消费选择的局限性，因此在开发旅游产品和敲定定价策略的时候要充分考量不同群体的特点，以便更好地进行市场细分。

（三）按旅游时限或游玩范围分类

这是根据旅游时长进行产品策划，如夜游旅游、一日游、三日游、一周游等产品。夜游（即夜间旅游）可理解为是在天黑之后到次日天明之前这个时间段内开展的旅游活动。夜游一般侧重于舒适放松地欣赏夜景、购物、餐饮等休闲活动。因此，夜间旅游产品可根据旅游六要素食、住、行、游、购、娱展开思考和策划，还可以从延伸白天的旅游项目或仅供夜晚开展的旅游项目两个方面进行策划。我国旅游统计中将“一日游”游客定义为离开常住地10公里以上，出游时间大于6小时，不足24小时，并未在境内其他地方的旅游住宿设施过夜的游客。三日游、五日游等不同时段的旅游产品策划则需要根据其时长不同有所侧重地选择旅游景点，组合成多种产品。根据游玩范围，一般是指按照地理范围划分，可分为国际旅游、国内旅游、跨省旅游、省内旅游、周边游、小时旅游圈等旅游。所谓“小时旅游圈”，就是以一个城市为中心，结合周边的一两个城市组合成一个旅游产品，而且互相之间的车程只需1小时到3小时不等，让游客在一个周末就可进行一次完整的旅游。1小时是一个时间概念，它在1小时旅游或是在1小时旅游经济圈中起着定位空间的作用，不同的旅行方式和交通方式都会有不同的空间区域。快节奏、高效率、短假期、重压力之下的现代人，并不想在旅游的路途中花费太多的时间，这也是全国各大景区争相提升自己交通区位质量的重要原因，也是1小时旅游经济圈受到游客青睐的重要原因之一。

任务三　智慧旅游产品设计开发

一、智慧旅游产品设计原则

（一）市场导向原则

市场导向原则是进行旅游产品设计开发时的一个重要原则。随着各种旅游形式的诞生与发展，各种旅游产品与服务也在趋于多样化和创新化发展，因此，首先需要以市场需求为导向设计和开发与之相对应的旅游产品。旅游产品的设计开发基本有两种模式，即市场导向模式和资源导向模式。市场导向模式强调市场需求在旅游产品设计与开发中的重要作用；资源导向模式则是从资源方的角度出发，开发和设计范围内可利用的资源。其次，还需做相关的深入调查，研究影响旅游需求的各方面因素，进行市场细分和定位，同时运用适当的方法，预测一定时期内的旅游需求量和变化趋势，从而确定旅游产品开发的时序和规模，以获得好的经济效益。最后，还要考察、分析其他地区特别是周边旅游区的产品构成以及开发情况，以形成合理的分工与协作，避免产品主题的雷同和重复开发及近距离旅游市场的恶性竞争。

（二）突出主题原则

主题与特色是旅游产品的核心竞争力。其中，主题是对旅游产品及其相关因素进行组合所形成的内在的、统一的基调。主题的设计与塑造要有特色，而特色要通过主题来体现。旅游产品的设计与开发，就是要根据资源特色、市场需求、区位和环境条件的综合分析，经过概括、提炼、确定，突出主题和特色，可通过强化、充实、剪裁、协调、烘托和创新等手法来实现。首先要对旅游目的地的区域资源特色进行分析，以确立旅游产品的主题。旅游产品特色主要表现为地方性、民族性、原始性或现代性等方面，必须围绕主题进行凸显。其次，旅游媒体的配置也要与旅游产品的主题和特色相协调、相一致，以集中体现或塑造产品主题与特色。

（三）引导消费原则

在旅游产品设计与开发过程中，需要更加重视旅游形象设计在旅游产品开发中的作用，强化旅游产品的行销功能，以增强其市场竞争力。旅游地形象设计带有很强的市场营销成分，强调的是旅游目的地最能吸引旅游者的特征。它通过系统化的设计、公众参与、各种活动与传播媒介的力量，以强化旅游目的地的精神理念，累积其形象价值并增强旅游目的地的凝聚力和吸引力，改善旅游目的地发展的内外环境。众多研究表明，形象效应可以唤起潜在旅游者对旅游地的意识和初步印象，使其产生一种追求感，进而驱动旅游者前往。形象已成为吸引旅游者最关键的因素之一，对于开拓、稳定客源市场，实现旅游业持续发展具有重要意义。同时，形象所能产生的推动效应，对新兴及后起旅游地的未来发展也有着更为重要的作用。

（四）协调发展原则

旅游产品具有显著的综合性特点，这是由旅游活动的性质和要求决定的。整体旅游产品可以满足旅游者旅游活动中心的食、住、行、游、购、娱等各方面的需求，其生产过程相当复杂，涉及众多性质、功能不同的部门和行业。因此，旅游产品的设计与开发必须综合、系统规划，全面、协调发展，优化各旅游要素的合理配置，才能保证旅游活动的正常进行，从而获得理想的、综合的经济效益，促进旅游业的健康发展。旅游产品的互补关系，要求其各子系统之间按比例协调发展，密切各子系统之间的配合与协作，防止及避免各子系统之间供给的脱节。而互代关系要求在努力实现旅游供给与旅游需求总量平衡的同时，还应根据旅游需求的结构、层次和要求，协调配置旅游产品每一个子系统内部各构成成分的发展，以保持旅游供求不同层次结构上的合理性。

（五）可持续发展原则

可持续发展的原则要求旅游产品的设计与开发必须正视旅游产品的生命

周期以及与环境和资源保护相协调的原则。旅游产品从产生到被市场淘汰，一般经历探查、参与、发展、巩固、停滞、衰落或复苏6个阶段，这客观制约了旅游业的可持续发展。我们应重视应用旅游产品生命周期理论，研究各种不同旅游产品的具体生命周期特点及规律，剖析形成这些具体的生命周期特点和规律的内在因素，以有效地指导旅游产品的设计、开发和管理。良好的生态环境和旅游资源的可持续利用是旅游可持续发展的重要基础和标志，这就要求旅游产品的设计与开发必须保持与环境、资源的和谐统一，保证经济效益、环境效益、社会效益的统一。由于旅游产品的设计、建设、消费和管理等观念与行为不当，会造成旅游环境和资源的破坏，损坏旅游地形象，降低旅游地引力，使旅游业发展难以持续。

（六）美学要求原则

旅游产品的设计与开发就是要在旅游资源中发现美，并按照美学原理创造美，使分散的美集中起来，形成相互联系的有机整体，使复杂、粗糙、原始的美经过设计与开发而变得更纯粹、更精致、更典型化，符合旅游审美要求，使易逝性的美经过创造和保护而“美颜永驻”、跨越时空、流传久远。旅游产品的设计与开发不仅要体现突出自然、社会、艺术审美的要求，而且要努力实现三者的协调、融合。美的最高境界是自然的意境美、艺术的传神美、社会的崇高美和悲壮美，这也是旅游产品开发中所追求的最高目标。旅游产品的美学特征越突出，知名度越高，旅游吸引力和市场竞争力就越大。

二、智慧旅游产品设计要素

随着人类社会需求的不断提高，旅游需求也不断发生变化。旅游者对于旅游产品的种类、质量要求也越来越高。因此，智慧旅游产品要随着市场需求的变化不断进行新的产品开发设计和迭代更新，才能不断适应旅游消费者不断变化的旅游需求。

智慧旅游产品的设计主要是根据市场需求，对旅游资源、旅游设施、旅游活动等进行规划、设计、开发和组合，具体包括餐饮设计、住宿设计、旅游交通设计、游览内容设计、旅游购物设计、旅游娱乐设计等项目。

（一）旅游吸引物

旅游吸引物是旅游者选择目的地的决定因素，旅游产品组成的部分之一，且常被视为旅游产品的关键部分，它可能是物质实体，可能是某个事件，也可能是某种现象。旅游吸引物广泛蕴藏于自然环境和人类社会中，代表着各旅游目的地的特色和不同的文化传统，其数量的多少和吸引力的大小是一个旅游目的地能否开发成热点旅游区域的首要条件。

（二）旅游设施

旅游设施是直接或间接向旅游者提供服务所凭借的物质条件，分为旅游服务设施和旅游基础设施等。其中，旅游服务设施是指旅游经营者直接服务于旅游者的凭借物，一般包括住宿、餐饮、交通及其他服务设施；旅游基础设施是指旅游地建设的基本设施，这些设施不单是为了旅游者而建设，旅游地居民在日常生产生活中也可同时使用这些设施设备，在旅游经营中它是旅游部门和企业必不可少的基本设施，如水电供应系统、通信设施系统、排水排污系统、交通运输系统、医疗救护系统等。

（三）可进入性

这是旅游者进入旅游目的地的难易程度和时效性，具体表现为进入游览点、服务设施和参与旅游活动所付出的时间和费用。可进入性除了受交通工具和旅游目的地交通条件的制约外，还受到政府政策和经营方面因素的影响，具体包括顺达的交通条件、便捷的通信条件、手续的繁简程度和旅游地的社会条件等。

（四）旅游服务

旅游服务是智慧旅游产品的核心，是旅游经营者向旅游者提供劳务的过程。旅游者在旅游过程中，离不开旅游服务。旅游服务也是一个整体既念，它是各种单项服务组合而成的一体化系列服务。无论缺少哪个环节，顾客都会感到不满意，旅游者对旅游经历的评价主要取决于其所感受到的服务水平和质量。

智慧旅游产品设计要素包含许多模块，在进行设计时，可根据具体内容，充分考虑不同顾客的需求偏好，将不同的产品要素进行组合优化，设计出若干满足不同顾客需求的智慧旅游产品。

三、智慧旅游产品设计实现工具

（一）办公软件——WPS Office

WPS Office 是一款办公软件套装，可以实现办公软件最常用的文字、表格、演示等多种功能。图文混合排版首次出现在 WPS Office 2002 这个版本中，大众普遍会使用这项新功能，得到了很大的推广和宣传，演示软件的普及也方便了人们的工作和学习。演示软件的交互性强、使用率高，可直观地表达制作者和演示者的想法，它的独特魅力在于可利用图片、文字、表格等信息加强人与人之间的沟通，将信息进行有效的传递。人们只有通过信息交换才能更加了解彼此的工作和生活，将信息分类整理并呈现在人们面前，这至关重要。演示文本在需要将文字清楚表达的基础上，更需要做到人机互动。

随着社会的进步和发展，演示版式的设计越来越人性化，在人们的工作和学习中得到广泛认同，应用涉及每个领域，引导着人们进行沟通和互动，满足人们日益增长的文化需求。重要的是，在人们演示时，一个好的演示文稿不仅仅是播放一段影音或者记录一个事件，而是协助演示的进行，能够帮助观众理解并调动情绪，使得内容更加完整丰富。

（二）平面设计软件——Photoshop

Photoshop 软件具有广泛的运用性，尤其是在需要进行大量图片处理的平面设计领域，其作用和价值是无可取代的。Photoshop 软件应用于整个平面设计时，在图像格式变化和色彩选择方面具有很强的效用。特别是在使用多层处理时，不仅能够满足图像的变形要求，还可以满足图像的滤镜需求。Photoshop 这些功能的运用，可以发挥强大的图像处理能力。事实上，平面设计工作需要具有很强的针对性和目的性，具体到各行业的实际运用中，Photoshop 能够满足印刷、广告等不同的需求，可以说是一个视觉元素信息处理工具的大集合。通过它来进行有效的视觉信息处理，能够产生事半功倍的效果。当 Photoshop 软件应用于网页设计时，还可以处理许多复杂的图形，也可以处理一些难以调整的页面布局冲突，大大提高了网页设计的艺术感，实现了个性化的表达，为其广泛运用奠定了良好的基础，在主题设计的发挥中也有积极意义。Photoshop 软件的使用，还可以有效提高设计作品的整体协调性，同时在平面设计中能够有效体现设计重点，使产品的设计比例更加协调。

（三）产品页面设计——智游宝商城

智游宝商城是适用于旅游全业态电商解决方案的行业软件，提供涵盖景区、酒店民宿、交通、演艺等涉旅经营全业态的多元化营销工具，帮助景区（资源方）快速搭建 to B 和 to C 的一体化在线旅游综合服务平台。在智游宝商城中可以实现对旅游景区在线商城的设计和搭建，并生成二维码引导游客和用户进入商城进行浏览和购买。在线商城总体设计时，可添加基础组件、关联数据组件、高级组件、营销组件等进行综合设计，也可设计某个单一产品的产品详情页面，如景点门票、餐饮、酒店、文创产品、跟团游等。

图 5-8　通过智游宝商城设计的商城页面和具体产品页面

四、智慧旅游产品展示形式

（一）VR/AR（虚拟旅游）

所谓虚拟旅游是指以包括虚拟现实在内的多种可视化方式，形成逼真的虚拟现实景区，使旅游者获得有关旅游景点信息、知识和体验的过程。通过互联网和其他载体，虚拟旅游将旅游景观动态地呈现在人们面前，旅游者可以根据自己的意愿来选择游览路线、速度及视点，还可以参与发生的事件，或与其他参与者进行交流。虚拟旅游还包括了多维信息空间，使得人们在其建立的虚拟旅游环境中可以获得身临其境的体验。

从本质上讲，虚拟旅游产品是一种为现实旅游服务的交互式的旅游宣传产品。旅游产品在前期，主要为旅游吸引物，即旅游宣传产品，中期为旅游核心内容，后期为旅游延伸产品，比如相关配套设施以及旅游纪念品等。旅游的定义是个人前往异地以寻求愉悦为主要目的而度过的一种具有社会、休闲和消费属性的短暂经历。虚拟旅游产品虽不能取代真实旅游，但可以作为一种对现实旅游的宣传与补充，起到激发使用者的兴趣，以及对现实旅游目的地的期待，以达到吸引使用者去实地旅游的目的。

图 5–9　杭州西湖 VR

虽然“VR+ 旅游”模式很大程度上还无法替代传统实地旅游给旅游者带来的情感体验，但可以通过“VR+ 旅游”的新型模式对传统旅游活动进行有效补充，使游客的旅游活动内容更加丰富且具有特色，也能让游客获得新的体验，让旅游活动更加多元化。国内许多景区目前已在尝试结合当地景区特色来制作“VR+ 旅游”模式的视频内容，如向游客展现某个风景区的建成过程，从而让旅游活动更加丰富、直观。VR 旅游内容可以为游客带来身临其境的乐趣，这样有助于吸引更多对旅游目的地有深度体验需求的消费者，减少“到此一游”即可的旅游消费观念，增强游客体验感。

图 5–10　“阅读浦东”VR 全景（图片来自微信公众号“浦东发布”）

AR 指的是增强现实（Augmented Reality），用户所在的环境是真实世界，通过设备的摄像头获得周围环境信息，然后把三维画面按照制定好的程序，叠加到周围环境图像中，呈现出来的是摄像头拍摄的真实环境与虚拟三维物体虚实结合的画面。疫情期间，游客对目的地的防疫状况非常重视，因疫情限制了人员流动，入境游、出境游受到了限制，如何做到既能保障游客安全，又能够最大限度地满足旅游需求，是旅游业需要思考的首要问题，也是疫情下旅游业发展的主要方向。发展旅游时间短、旅途近的旅游方式成为主要选择，同时完善相应服务和设施，尽量减少游客之间的接触。AR 技术可以提供私人管家服务，成为游客个性化的导游，并且以立体成像、视听结合的方式提升了旅游体验感。AR 旅游在疫情之下有了更广阔的发展前景，为旅游业繁荣发展增添了活力。

图 5-11 莫高窟 AR 虚拟穿越（图片截取自莫高窟公众号）

（二）H5 网页

H5 即 HTML5，是 Hyper Text Markup Language 的简写，即“超文本标记语言”，HTML 的第 5 代版本，简称 H5。H5 将互联网的表现语义化，能更好地被解读，并能更好地兼容在移动设备上，实现多媒体的整合。通俗地说，H5 是为了在移动设备上运用多媒体而开发的高级网页技术，适用于跨平台应用程序、视频、动画、图形、风格、排版和其他数字内容发布，在内容呈现上与 PC 端网页无异。随着以微信为代表的移动社交媒体的迅速发展和广泛应用，基于 H5 技术的内容和产品日趋流行。

就拿景区导览系统的设计来举例。景区的导览系统是用于环境定位、资讯获取等内容的系统模块，一般由导览牌、标识牌、手册等资料组成，主要为受众提供便捷有效的引导、讲解等服务，方便游客的参观游览。伴随着互联网和智能终端的普及，传统景区旅游导览系统已不再能满足游客个性化的需求，智慧旅游已经开始应用到了旅游服务中，旅游类 APP 即是常见的智慧旅游产品。而相较于 APP 来说，H5 交互页面的启动时间更短，联网速度更快，且无须下载，不占用存储空间，使用户用较少的流量就可以欣赏到炫酷的视觉、听觉效果。

H5 交互页面在旅游导览中，可被用于智能导游、景区推广、便捷服务等方面。其中，H5 交互页面的智能导游功能主要是把景区范围内的景点或展览品的解说录音、详细介绍、图片、故事等内容，以图文、音频、视频、动画等多媒体方式编辑并录入系统资源库，生成单个景点或展览品的二维码。游客只需对感兴趣的展览品标牌上或景点指示牌上的二维码进行扫描，就能获取相关展品或景点详细而直观生动的介绍信息。景区推广则是将景区的特色用 H5 交互页面的方式，通过微信公众号进行图文群发推广、微信群推广、线上线下二维码推广，还可以将 H5 页面与其他社交平台如 QQ、微博联合起来，打造多元化 H5 营销渠道，以期达到对景区多元化的营销。

H5 交互页面亦可以提供数字化的便捷服务，在景点 H5 页面中，植入景点周边的服务信息，游客在扫描二维码的同时，就能获得相关的服务信息。借助 H5 交互页面把吃、住、行、游、购、娱旅游六要素以更加快捷、便利的方式传递给游客。自助游、自驾游游客不仅可以更详细地了解和景区有关的各种旅游信息，还能预订门票、餐厅和酒店。

（三）短视频

短视频是一种相对长视频而言的视频形态。一般，其时长是以秒计数，融合文字、音频等元素，通过智能移动终端进行拍摄和编辑，且可以在社交平台进行实时分享。短视频可被用于场景展示、记录生活、表现观察、传递情绪等方面。短视频具有低门槛、娱乐性、强话题性、高度可传播性、社群互动属性等属性，对旅游以及旅游产品营销的开展具有借鉴意义。

对于一些旅游产品商家而言，可以借助短视频的传播优势，来树立企业形象，进行个性化宣传。短视频平台不仅是一个合作共赢的平台，也是一个良性互动的平台。在这种平台互动氛围中，用户可以畅所欲言，而对于旅游产品宣传者而言，可以借助短视频与客户进行互动，以娱乐的形式来进行短视频的宣传。可以将景点以调侃方式进行展示，在娱乐的同时，不仅增加用户对该景点的认识，也能达到营销的目的。利用短视频的宣传方式，能够突出视觉效应的同时，动态的展现景区的特点，加之短视频人人都可以发布，很多旅游者也会以短视频的形式来进行观感反馈，从而形成详细的景观观看体系，增加人们对旅游景点认知具有重要的作用。

视频 5-2：景区个性化短视频宣传

任务四　智慧旅游产品设计实例

一、导游导览的营销创新设计

兰州野生动物园导游导览

兰州野生动物园是甘肃省首家以动物游览为主题的生态公园，位于兰州市皋兰县忠和镇。园区占地面积 5358 亩，分为车行区、步行区、后勤区、南入口接待区四个板块，投放动物种类约 210 余种，数量达 3000 余只。园区由步行游览区、车行游览区和农业观光带组成参观路线，由农业观光带自然划分为步行和车行两大环形游览路线。车行区根据动物生存环境分为熊狮王国、澳萌天地、灵牛乐园、西部绿洲、风驰羚地、康巴神谷、狼族部落、狂野世界、虎乐谷 9 大主题展区，游览时长约 1 小时，步行区包含有主题动物场馆、萌宠乐园、游乐场、餐饮美食街、马戏表演场、海洋两爬馆、生态科普馆等 12 个展区。

兰州野生动物园通过和深大智能合作，开展重督导运营。因园区距离市区较远，园区面积较大且动物种类繁多，为了满足游客需求，搭建了导游导览功能模块。导游导览不仅可以实现游客导航至景区，还能满足快捷购票，听动物讲解，寻找卫生间、游客中心，同时可点击餐厅、娱乐项目进行购买消费，提升景区内二次消费产品销量。

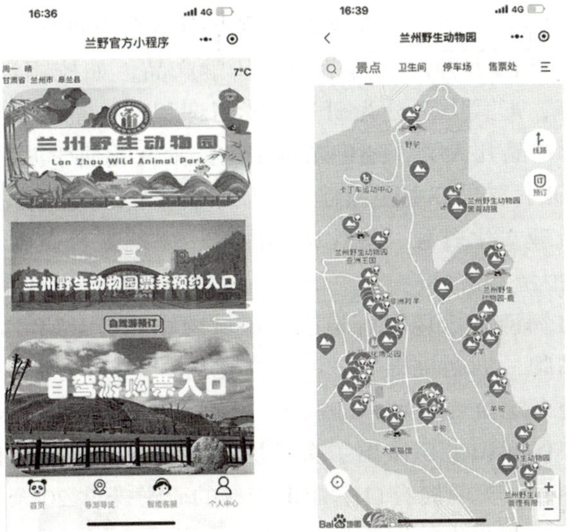

图 5-12　兰州野生动物园导游导览页面

二、研学亲子游主题创新设计

辽宁盘锦红海滩研学亲子旅游产品

红海滩国家风景廊道是国家5A级旅游景区，位于辽宁省盘锦市，坐落于辽河入海口。红海滩国家风景廊道全长18公里，被誉为“世界红色海岸线”，这里河海相融，气象殊异，是“中国最北海岸线”。景区依托浩瀚的绿苇荡和退海湿地的先锋植物碱蓬草构成了红绿相间的“天下奇观”，被国际湿地公约组织列入世界重要湿地名录。2013年，国务院发布的《国民旅游休闲纲要（2013—2020年）》首次提出了研学旅行的概念和设想，研学旅行的学习实践方式得到了政策层面上的肯定与支持。在此之后，国务院、教育部、文化和旅游部陆续发布了关于发展研学旅行的相关政策。随着辽宁省《关于推进中小学生研学旅行的意见》的下发，研学旅游呈现蓬勃发展态势，引起社会各界，尤其是教育、旅游领域的广泛关注。全国中小学生社会实践教育基地、营地教育、研学旅行社、营地教育机构、景区研学营地等多种研学机构并存，辽宁省的研学活动由此也较为丰富，由五家5A级景区加部分田园综合体陆续开展。

面对人气颇高的研学旅游市场，红海滩国家风景廊道景区结合自身优势，通过资源禀赋整合特色资源、创新产品设计等方式，精心打造研学旅游产品，形成单业态产品和多业态产品体系。其中，单业态产品从景区、酒店、特产、本地生活、市民年卡等几个方面展开；多业态产品从旅游套票产品、景区深度体验以及亲子研学产品等方面展开，重点围绕亲子研学产品进行产品开发和策划，成功打造出多种形式可落地的研学产品，如校园活动，一日研学、多日研学营地等，形式上可分为研学性学习课程、亲子研学产品、营地教育产品、国际游学产品几大类，还创新推出“湿地文化研学游”“春种秋收研学游”“渔雁文化研学游”等主题课程，为研学游群体提供高品质旅游体验和学习内容。通过梳理文化资源、优化课程内容、完善配套设施，不断将研学游产业链拉长、做大。

2019年，红海滩国家风景廊道已在市域内率先打开研学游市场，形成了自己的研学游品牌，创新推出了“湿地文化研学游”产品。作为旅游产业新业态，研学游受众定位更精准，2020年“湿地文化研学游”还在培养学生文明旅游与生态环保意识上，做出了有益探索。红海滩研学项目在深大智能集团专项组的支持下，实现拥有自主知识产权的研学课件20余套、配套的标准化教学场景4个、专业化的课程导师35人。学生通过走进红海滩研学基地，学习湿地文化，了解农耕文化、古渔雁文化、稻作文化，通过对大自然湿地的探索，增强学生对湿地生态系统知识的了解，建立起生态保护意识。据统计，2020 年全年，该研学项目市场触角已覆盖以辽宁盘锦市为核心的 2.5 小时经济圈，合作类型包括旅行社渠道商、各类教育机构及盘锦地区学校，与盘锦市中小学生实践教育基地达成合作伙伴关系，先后完成多个批次的“红海滩研学”及与外部多个景区合作的研学活动，服务研学人数有 8500 余人，项目整体发展态势稳中有进，市场前景广阔。

三、服务体验创新设计

华山服务体验产品创新

华山，亦称太华山，是我国“五岳”之中的“西岳”，位于陕西省华阴市境内，距西安 120 公里，乃秦、晋、豫黄河金三角交会处，是国家 5A 级景区、国家重点风景名胜区，是中华文明的发祥地，自古以来就有“奇险天下第一山”的说法。其中，西岳庙，早称“集灵宫”，后改称“西岳华山庙”，明代以后称“西岳庙”至今。是中国历代封建王朝祭祀华山神的专用场所，同时又是皇帝的行宫。华山西岳庙始建于西汉，发展于唐宋，完善于明清。现存建筑多为明清风格，是陕西省最大的古建筑群，由于其形制、布局和气势如同北京故宫，因此又有“陕西故宫”之美誉。西岳庙充分显示了中国深厚的文化底蕴和古代建筑艺术精髓，具有较高的研究价值和观赏价值。而潼关古城距离华山景区 15 分钟车程，景区分为市井怀旧主题区、凤凰山卫城主题区、水岸人家主题区、云潼关汉文化主题区以及城防体系等区块，包含旅游休闲、民宿体验、温泉度假、历史文化展示、实景演艺、水上娱乐等丰富的旅游项目。

旅拍，即旅行拍摄，是在旅行中的影像记录，可以记录一座城市的风景，也可以添加现代的流行元素和前沿文化，在旅游市场中十分流行。2020 年 10 月，基于游客的消费需求，华山智旅公司打造出了个性、有趣的旅拍产品，将西岳庙、华山美景与专业摄影师旅拍体验相结合，让游客在进行两景区深度游的同时，享受旅行拍摄服务。该旅拍项目主打深度游和旅拍相结合的特色，深度挖掘华山景区优质旅游资源，旨在通过整合专业涉旅资源，加强新产品、新业态的开发，从而有效对接客户需求，以推动华山景区旅游产业不断向纵深发展。据此，主要设计出华山轻旅拍、西岳庙汉服旅拍、潼关古城梦黄河旅拍等旅游产品。“自古华山一条路”形容的就是华山的险峻，景区有长空栈道、鹞子翻身以及在峭壁绝崖上凿出的千尺幢、百尺峡、老君犁沟等多处惊险刺激的景点，亲临其境者，无不叹为观止。

由于华山徒步登山线路存在着上述先天缺陷，使游客必须在山下休整到晚上 10 点左右。但通过创新设计华山夜爬产品，结合游客夜爬华山的游玩习惯，利用拓展营地的休息资源，整合打包上线进行宣传营销，可打造出新型登山体验产品。

图 5-13　夜爬华山临休木屋（图片来自华山智旅）

又比如华山日游线路产品同质化严重，存在看风景不看文化的产品缺陷，游客在惊艳于华山奇秀的同时却没有深入了解到华山深厚的文化底蕴。由此，华山智旅公司为缓解景区购票压力，通过对日游市场及游客需求分析，基于华山地质博物馆的特殊资源优势，针对游客精细、个性、多样的消费需求，推出了“华山博物馆一日游”旅游产品，假日期间预订火爆，得到广泛好评。

在旅游交通产品方面，华山智旅公司推出了华山景区专车 VIP 线路产品，优化了景区资源配置，不仅满足了游客的服务需求，更是景区多元化发展的创新项目，推进了华山景区旅游业的资源共享和优势互补，满足了广大游客的需求并获得了好评。该项旅游产品以华山索道区间车作为切入点，利用客运公司空余小型轿车，打造专属的 VIP 小车进山体验。

四、文创产品创新设计

延安宝塔山文创产品创新案例

宝塔山，位于延安城区中心，因为山上建有宝塔而得名。在游客眼中宝塔山是中国革命圣地延安的重要标志和象征，也是游览延安的必到之地。宝塔山文创雪糕选择宝塔山景区最具代表性的宝塔作为主要设计元素，打造了爆款产品宝塔山文创雪糕，上线了“宝塔山景区门票 + 宝塔文创雪糕”等组合产品。雪糕一共三种口味，每种味道都醇厚浓郁而不失特色，样子又逼真可爱，完美还原了宝塔山最为标志性的岭山寺塔，九层阁式，做工细腻，棱角分明，让游客可以更近地感受立体 3D 塔身的魅力，体验手捧宝塔的乐趣。

图 5–14　宝塔山文创雪糕

文创雪糕能够脱颖而出，既是传统文化的原生魅力，也是现代传播者不断挖掘和研究年轻人喜好而推出的一种文创产品形式。随着我国人民生活水平的提高、消费理念的升级、消费方式的变化，年轻人成为消费市场的主力军，线上产品销售占比不断攀升。雪糕打破了季节和地域限制，从以前的消暑食品成为现在的日常休闲甜品，市场容量在不断扩大。“95 后”和“00 后”等新生代群体正逐步成长为文化消费的主力军，他们偏爱独特的、具有仪式感的文创产品，其消费习惯和需求也让企业一步步探索如何将自身特点与消费市场对接，突破传统束缚，用更先进的理念提升文创活力，打通创新之路。

文创雪糕不仅体现经济效益，也体现文化效益。文创雪糕首先是消费者对于文化的认可，进而引发对文化的兴趣，从而进一步去了解、挖掘这种文化，这不仅有利于促进文旅融合的发展，也有利于放大文化资源和旅游资源。

五、农旅融合产品创新设计

千岛湖农旅融合

千岛湖是 1959 年为建设我国第一座自行设计建造的大型水力发电站——新安江水力发电站筑坝拦江蓄水而形成的人工湖。数年来景区经改造不断完善，已成为首批国家 5A 级旅游区、全国青年文明号景区、全国黄金周旅游直播点、浙江十大度假胜地。在多姿多彩的山峦和岛屿耸峙的水面上，形成了 1078 个翠岛，并将整个湖面分割成中心、东南、东北、西南、西北五个各具特色的湖区。千岛湖风景区自然旅游资源丰富，共有植物 1786 种，还盛产茶叶、蚕桑、木材、毛竹等产品，一年四季都有时新鲜果，土特产品非常丰富。湖内淡水鱼有 114 种，年捕鱼量达 5000 多吨。因拥有富饶的资源和物产，从而开发出多样的旅游产品。其中最为特色的便是乡村旅游以及延伸出来的旅游产品，包含水果采摘、漂流、垂钓、登山徒步、湖畔露营、古道探迷、环湖骑行、农业观光等旅游活动产品。千岛湖发挥当地的资源优势，做好相关的乡村游产品与特产销售，既满足了旅客的“田园梦”，又给当地农民带来增收，可谓“双赢”。

图 5-15　千岛湖风景区

另外，为推进乡村经济战略，浙江省淳安县委、县政府提出的“农旅融合”电商发展模式，成为千岛湖重点打造的一种电商模式，以期更好地发挥“互联网 +”在农旅融合方面的作用。千岛湖旅游集团电商公司以千岛湖农旅融合电商公共服务平台为载体，致力于整合千岛湖当地的农业和旅游业相关资源，实现资源方和渠道方的信息无缝对接，促成政府检测、行业管理、供应商、分销商等的连接，推动农副产品逐渐电商化，使农产品的整个销售渠道得到了有效的拓展。游客可通过在线扫码等方式轻松购物，千岛湖特色农产品则以同城配送的方式送到车站、酒店等游客停留的各个节点。千岛湖品牌等一批县内农业龙头企业品牌利用先发优势，布局大型土特产卖场，实现线上线下的良性互动。其重点拓展“伴手礼市场”和“健康消费市场”，前者为旅客随手带给亲朋好友的礼品，后者关键是依托千岛湖生态环境优势转化为常态的、可持续的消费。两种模式都引导消费者在互联网复购，从而实现优质产品的多次购买，以拉长销售周期。利用暑期旅游和水果上市旺季，推出了千岛湖旅游特色伴手礼活动，销售千岛湖农特产（水蜜桃、酱、芙蓉糕等）1000余份；推出“大墅春笋助农行动”“有机枇杷伴手礼”等活动，帮助农民销售春笋、枇杷近万斤，很好地带动了农产品的销售，大幅增加了农民的收入，将“农旅融合”落到实处，提升了千岛湖城市的整体品牌形象。

在2017年国际（杭州）电子商务博览会中，通过串联线上线下活动的方式，结合流行的网红直播元素，将千岛湖农旅特色网货在互联网上又做了一次全面集中的展示，更是吸引了超过50万人次的线上流量。展会现场在延续扫码寻宝之外，又引入了“红包雨”、“摇一摇红包”和扫码寻宝等电商玩法，其中互动参与抢红包让淳安馆的人气爆棚，大大提升了活动的参与度和知名度，得到了游客的高度评价和认可。

围绕千岛湖丰富的鱼类资源，千岛湖旅游集团还策划打造出千岛湖农旅融合捕鱼深度体验活动。按照可玩性、体验性、稀缺性等关键元素探寻特色旅游产品，发现千岛湖捕鱼产品是一项非常适合的亲子周边游乐项目，因此结合捕鱼体验，整合了附近的水上娱乐、特色农家菜产品，进行定价和结算价的设置。之后进一步进行产品拍摄和宣传推广。拍摄产品照片与视频，根据前期产品策划，制作产品推文、海报和短视频。利用公众号发布活动推文、海报，利用前期构建的全员推广群，发动员工和亲友转发，形成裂变式推广。在组织和进行该项旅游产品活动时，对整个捕鱼体验活动进行直播，同时还可以对周边的农产品（橘子、鱼干等）进行直播带货，可达到一举两得的效果。

【案例 5-2】

红色旅游产品创新设计——秋瑾故居红色旅游创意策划

对于旅游产品而言，其组合类型的丰富程度与综合吸引力成正比。本案例着重打造“红色旅游＋沉浸式VR虚拟现实剧本杀”开发模式，创新红色旅游产品和项目，以提升体验感。该产品以秋瑾精神为主题，辅以科技载体，利用声、光、电技术，以史为据打造时下流行的沉浸式VR剧本杀项目，增加红色研学旅游的趣味性和生动性，以游戏的形式传播优秀文化，解码红色基因，以达到吸引年青一代关注党史的根本目的。此外，以秋瑾一腔碧血荐轩辕为故事原型，鼓励中国青年摆脱冷气向上走，民族的意志永远向前。

（一）景点介绍

【秋瑾故居】是秋瑾小时候生活的地方，第二进房间是秋瑾居住、生活的地方，有客堂、会客室、餐厅、卧室，秋瑾就是在这里接待同志，秘密商议起义事宜。这里有不少秋瑾手迹，其临刑前的绝命诗，也收藏在这里，值得一看。秋瑾故居虽是小户人家，也仍有别致之处，雕花的窗棂衬着白墙黑瓦，屋后的一片小园林别有韵致。

【鲁迅故居】绍兴鲁迅故居，位于浙江省绍兴市内东昌坊口新台门内。祖居建于1810~1813年，原为鲁迅家早年的住处。中华人民共和国成立后经修缮，成立鲁迅纪念馆，1988年国务院公布其为全国重点文物保护单位。鲁迅的童年、少年时期在此度过，直至1899年出外求学。1910~1912年，鲁迅回乡任教亦居于此。

（二）路线设计

围绕“休闲＋打卡休闲＋红色主题”设计路线，具体如下。

出发前，游客可通过线上AR程序，提前了解秋瑾故居及其周边景区景色，决定游玩次序或线路安排。游客也可通过AR来体验抗日战争的残酷，进一步了解历史，在游玩的过程中对景点及其传达的红色精神有更深的了解和体会。在AR程序中，游客也可以对剧本杀进行一个简单的了解和试玩。

将鲁迅的经典艺术作品与现代化科技对接，让游客（主要针对8~16岁中小学生群体）用VR设备体验鲁迅曾在三味书屋的学习时光，体会鲁迅笔下的“三味精神”；观看秋瑾曾在其故居进行的革命活动，深刻了解当时战争的残酷。游客（主要针对16~28岁大学生群体）也可选择身穿民国服装沉浸式体验剧本杀，深刻体会当时社会斗争的残酷。利用现代科技让同学们了解战争，了解鲁迅和秋瑾的精神。

（三）市场需求分析

1. 剧本杀线下店发展现状

剧本杀又称谋杀之谜，是一种推理性质的角色扮演游戏，分为线上手机端和线下实体店两种形式。游戏规则大致为玩家选择人物，阅读剧本，搜证线索后找出幕后真凶。这种游戏从2016年初具规模，到2019年开始风靡大江南北。目前线下的剧本杀店铺的增速正呈现快速增长，门店多集中在商圈等人流密集处。

2. 客源市场分析

团队针对剧本杀进行“关于红色旅游剧本杀大众喜好调查”网络问卷调查。本次问卷调查填写人数152人，共回收问卷152份，有效问卷152份。以下为问卷调查结果分析。

表 5-1 “关于红色旅游剧本杀大众喜好调查”网络问卷

问题	选项	小计	比例
您的性别？	男	52	34.21%
	女	100	65.79%
您目前为？	高中生及以下	4	2.63%
	大学生	72	47.37%
	在职人员	72	47.37%
	退休人员	4	2.63%
您是否了解剧本杀这一活动？	没听说过也不感兴趣	44	28.95%
	听说过但不感兴趣	28	18.42%
	听说过但没机会玩，想尝试	64	42.11%
	体验过几次，基本了解玩法	12	7.89%
	经常玩剧本杀，是资深玩家	4	2.63%
您喜欢哪类剧本杀？	恐怖本	52	34.21%
	科幻本	52	34.21%
	都市本	56	36.84%
	古装本	80	52.63%
	小说改编本	64	42.11%
	其他	4	2.63%
您对于 VR 版的剧本杀是否感兴趣？	是	108	71.05%
	否	44	28.95%
您是否愿意在旅游途中通过玩剧本杀去结交新朋友？	是	108	71.05%
	否	40	26.32%
	其他	4	2.63%
您是否愿意尝试用新潮玩法结识好友？	是	120	78.95%
	否	32	21.05%

从上述调查问卷的数据中可以看出：

①近一半对剧本杀存在想玩但没机会玩的状态，有 28.95% 的人没听说过也不感兴趣。

②有 52.63% 的人喜欢古装本，42.11% 的人喜欢小说改编本。

③超一半人群对 VR 版剧本杀感兴趣，且非常愿意在活动中交到好友。

（四）游览预算

根据游览路线设计，对游客的吃、游、娱进行预算统计。根据游客年龄、体验项目进行分类定价，具体见下表。

表 5–2　游览预算统计表

<table>
<tr><th>编号</th><th>类型</th><th>地点</th><th>活动</th><th>费用</th><th>合计（元 / 人）</th></tr>
<tr><td rowspan="5">方案一</td><td rowspan="5">休闲</td><td>鲁迅故居</td><td>参观游览</td><td>免费</td><td>0</td></tr>
<tr><td>咸亨酒店</td><td>吃饭</td><td>步行即可到达，人均 100 左右</td><td>100</td></tr>
<tr><td>主题 VR 体验馆</td><td>VR 体验</td><td>16 岁及以下影视欣赏及 VR 体验 70 元 / 人
16 岁以上 VR 剧本杀 110 元 / 人</td><td>70 或 110</td></tr>
<tr><td>长庆寺</td><td>参观游览</td><td>免费</td><td>0</td></tr>
<tr><td colspan="4">① 12 岁及以下儿童：一日游 170 ￥/ 人；
② 12 岁以上及成人：一日游 210 ￥/ 人；
③团队旅游优惠：10 人团 9.5 折优惠，20 人及以上团 9 折优惠，30 人及以上团 8.5 折优惠；
④现役军人 / 残疾人：享受半价优惠 105 ￥/ 人一日游；
⑤持学生卡人群：节假日享 8 折优惠。</td></tr>
<tr><td rowspan="3">方案二</td><td rowspan="3">打卡体验</td><td>秋瑾故居</td><td>参观游览</td><td>门票 10 元 / 人</td><td>10</td></tr>
<tr><td>主题 VR 体验馆</td><td>VR 体验</td><td>16 岁及以下影视欣赏及 VR 体验 70 元 / 人
16 岁以上 VR 剧本杀 110 元 / 人</td><td>70 或 110</td></tr>
<tr><td>柒舍小院餐厅</td><td>吃饭</td><td>步行即可到达，人均 80 元左右</td><td>80</td></tr>
</table>

续表

<table>
<tr><th>编号</th><th>类型</th><th>地点</th><th>活动</th><th>费用</th><th>合计（元 / 人）</th></tr>
<tr><td rowspan="2">方案二</td><td rowspan="2">打卡体验</td><td>主题特色陶艺体验馆</td><td>体验活动</td><td>儿童 45 元 / 人
成人 55 元 / 人</td><td>45 或 55</td></tr>
<tr><td colspan="4">① 12 岁及以下儿童：一日游 205 ￥/ 人
② 12 岁以上及成人：一日游 255 ￥/ 人
③团队旅游优惠：10 人团 9.5 折优惠，20 人及以上团 9 折优惠，30 人及以上团 8.5 折优惠
④现役军人 / 残疾人：享受半价优惠 127 ￥/ 人一日游
⑤持学生卡人群：节假日享 8 折优惠</td></tr>
<tr><td rowspan="6">方案三</td><td rowspan="6">红色主题游</td><td>鲁迅故居</td><td>参观游览</td><td>免费</td><td>0</td></tr>
<tr><td>秋瑾故居</td><td>参观游览</td><td>门票 10 元 / 人</td><td>10</td></tr>
<tr><td>周恩来祖居</td><td>参观游览</td><td rowspan="2">一票三处套票：18 元 / 人；学生证半价 9 元 / 人</td><td rowspan="2">18 或 9</td></tr>
<tr><td>周恩来纪念馆</td><td>参观游览</td></tr>
<tr><td>寻宝记绍兴菜</td><td>吃饭</td><td>步行即可到达，人均 90 元左右</td><td>90</td></tr>
<tr><td colspan="4">⑥ 12 岁及以下儿童：一日游 109 ￥
⑦ 12 岁以上及成人：一日游 118 ￥
⑧团队旅游优惠：10 人团 9.5 折优惠，20 人及以上团 9 折优惠，30 人及以上团 8.5 折优惠
⑨现役军人 / 残疾人：享受半价优惠 59 ￥/ 人一日游
⑩持学生卡人群：节假日享 8 折优惠</td></tr>
</table>

（此案例由浙江旅游职业学院陈蔚老师供稿）

思考与练习

一、判断题

1. 旅游资源可根据不同的维度进行分类，同一个旅游资源可分别属于多个类型。（　　）

2. 智慧旅游产品策划需要遵循市场需求为导向、创新性、可行性等原则。（　　）

3. 智慧旅游产品内容可通过 AR/VR、H5 网页、短视频等多种形式进行展示推广。（　　）

二、选择题

1. 以下选项哪项属于按旅游主题分类的旅游资源？（　　）

A. 乡村旅游　　B. 红色旅游　　C. 生态旅游　　D. 研学旅行

E. 冰雪旅游

2. 旅游产品策划需要遵循以下哪些原则？（　　）

A. 市场导向原则　　B. 创新原则

C. 整合原则　　D. 可持续原则

E. 可行性原则

3. 旅游产品策划内容包含以下哪些元素？（　　）

A. 文化要素　　B. 市场要素　　C. 资源要素　　D. 区位要素

4. 旅游产品设计需要遵循以下哪些原则？（　　）

A. 市场导向原则　　B. 突出主题原则

C. 引导消费原则　　D. 可持续发展原则

5. 旅游产品有以下哪些常见呈现或展示形式？（　　）

A. VR/AR（虚拟旅游）　　B. H5 网页

C. 短视频　　D. APP 与小程序

三、思考题

1. 智慧旅游产品策划需要注意哪些内容？

2. 智慧旅游产品设计开发需要考虑哪些因素？

参考答案

项目六　智慧旅游项目的创业孵化

项目导读

创业是一条充满诱惑的道路，创业意味着成功、财富、地位和名望；创业也是一个让人有压力的字眼，它同样也意味着失败、艰辛、痛苦，等等。但是，还是有越来越多的大学生选择创业之路。那么，创业究竟是什么呢？创业的动因是什么？商业模式如何构建？商业计划书如何撰写？创业初期，如何融资？如何规避风险？创业团队如何构建？

企业家雷军经常讲：他创业之初70%的时间都在找人，他找的是他那个层次的合伙人，因为合伙人要互补，甚至成为自己的镜子。良好的团队合作关系是新企业生存的基础。伟大的公司都是从组建成功的创业团队开始第一步的，选择了正确的团队，就是完成了80%的工作。本项目是从创业的概念入手，为你打开创业之门。

学习目标

知识目标

1. 了解创业团队的常见类型,掌握创业团队的组建程序、管理原则。
2. 了解创始人及核心成员的能力与素质。
3. 掌握创业计划书撰写的基本要素。
4. 掌握商业路演的注意事项。

能力目标

1. 了解创业的基本要求。
2. 掌握创业画布的九大核心模块。
3. 能够设计创业计划书。
4. 掌握股权的设计原则,掌握融资的技巧及途径。
5. 具备创业的基本素质。

素质目标

通过对本项目的学习,帮助同学们掌握创业过程中的关键要素,厘清创业逻辑以及如何获取创业必备资源。

思政目标

通过创业理论学习与创业实践,要求同学们了解经商之道,且具备创新创业精神。

思维导图

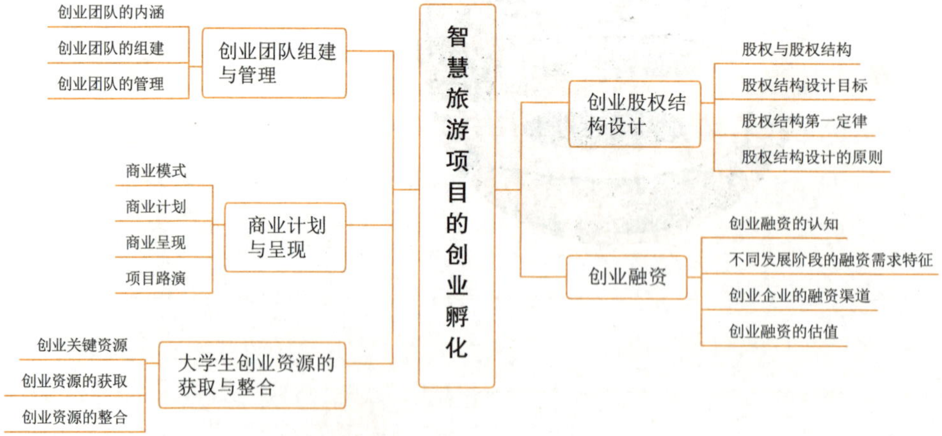

【案例导入】

浙旅学子以创意助力小微旅行社涅槃重生

行疆科技的创始人周新渝仁从小在新疆长大，2017年他怀揣着梦想来到西子湖畔求学。在他看来，大多数人对于新疆的印象还太过刻板单一。于是，他想要通过自己的努力，进入旅游行业，做内地与新疆之间的桥梁，让更多人能够真正认识新疆，爱上新疆！2020年，周新渝仁升学至浙江旅游职业学院旅行服务与管理学院导游专业。同年，因新冠疫情对旅游行业造成了重大打击，无数旅游企业濒临破产倒闭。占全国旅游市场份额80%以上的线下传统旅行社，大部分处于停业歇业状态，迫于生计的旅游人纷纷转行。

作为旅游专业的学生，周新渝仁感触很深。如何在疫情下调整策略从而突破行业困局，已迫在眉睫。于是，他便开始组建团队，做调研，跑市场。在实地调研中，团队发现，由于受疫情冲击，大量小微旅行社面临着工作方式传统、策划能力不足、运营能力差、客户流失严重、没有自身造血能力等问题。因此，如何快速、灵活、高效地匹配旅游资源，设计科学旅游线路，提升管理和营销环节的高效节能，成了小微旅行社活下去的关键。行疆团队找到浙江旅游职业学院电子商务专业的老师，提出构建一套管理云系统用以赋能小微旅行社自身造血功能——借助系统设计旅游产品线路。

在历经5个月的打磨之后，行疆一站式服务SAAS云平台横空出世。这款专业服务旅行社的SAAS云平台系统，借助云计算、云服务将应用软件统一部署在自身服务器，通过网络为旅游企业提供软件服务，如构建SAAS平台+网站+公众号，帮助小微旅行社对内做降本增效，对外做旅游产品设计和营销推广；依托AI算法，根据热点预测需求，快速进行旅游商品设计；依托大数据挖掘和分析，进行精准的客群分类与营销推广；借助区块链技术，实现游客评价记录和资金交易上链。系统功能包含企业内部平台和企业对外推广平台，其中内部平台将旅行社经营中涉及的各个环节，诸如供应商管理、旅行社管理、企业资源管理（ERP）、客户关系管理（CRM）、业绩统计、数据中心、业务培训等全部打包，可以自动生成C端推广页面，自动与保险公司系统相连，自动生成电子合同、电子出团通知书、人脸识别签约，大大提升了旅行社的签单效率，同时也实现了旅行社运营中的降本增效。

为了验证这套系统在市场能否真正落地，创业团队借助浙江旅游职业学院丰富的企业和行业资源，在小微旅行社中开始免费试点推广。截至2022年8月，已有1300多家旅行社使用行疆系统，并收获了满满好评。浙江省旅游行业协会对记者表示，随着互联网＋旅游市场蓬勃发展，尤其是疫情后，大量中小旅行社的内部业务遇到瓶颈，作为学生创业团队能对行业发展有调研、有思考并且实实在在做些事情，非常难得。

视频：行疆一站式服务SAAS云平台项目路演

浙江省文旅厅市场管理处在接触了解到行疆系统后也颇为赞赏，说："数字化是浙江这几年的重要工程，旅游行业的数字化改革也是我们正在力推的工作，行疆系统正是一个推动旅行社从传统运营模式向数字化、智能化模式转变的有力工具。"

2022 年 4 月，以周新渝仁为法人代表的浙江行疆智慧科技有限公司正式挂牌，从创意到开发再到公司化运营，这支年轻的团队只用了近两年的时间。公司负责人周新渝仁在采访中说：我们深知行疆能有今天的成果离不开学校各级领导的栽培和支持，所以我们立志于回馈社会；也希望能够在疫情的冲击下为旅游行业而战，助力小微旅行社行稳致远！

（案例来源：作者根据浙江旅院学生创新创业团队实际情况整理。该项目获得中国国际第八届"互联网＋"大学生创新创业大赛职教赛道创意组银奖。）

案例点评：大学生创业团队，是从 0 到 1 的过程。该学生团队在浙江旅院、校友总会、旅行社行业协会的助力下，终于成功创业，实属不易；值得旅游院校的学生借鉴。具体涉及以下细节，如合伙人、供应商、核心竞争力等，值得同学们仔细研究。

任务一　创业团队组建与管理

一、创业团队的内涵

（一）创业团队的概念

创业团队指在创业初期（包括企业成立前与成立初期），由一群才能互补、责任共担、愿为共同创业目标而奋斗的人所组成的特殊群体。

1. 创业团队的特点

（1）人员年轻化

目前中国的互联网创业生态蓬勃发展，创业团队人员也越来越年轻化，以 90 后、00 后的年轻人为主体。虽然年轻，但是他们是伴随着中国互联网的发展而成长起来的一代，这些年轻人基本主导着这一波互联网创业大潮。

年轻人一般家庭负担比较轻，易于接受新鲜事物，胆子大、敏感度高，获取信息的能力强，自信心很足，创业多青睐于科技含量较高、讲究创意的行业。

（2）人员综合素质高

互联网创业者进入旅游行业，一般都缺乏行业知识，而传统的旅游行业主流从业人群，大部分又都缺少互联网思维。与传统的创业人士相比，互联网创业团队的人员综合素质普遍高，他们大多拥有良好的教育背景和专业素养。强大的学习能力，让他们能够快速理解那些从前并不熟悉的领域，并给传统旅游行业带来创新。从智慧旅游创业趋势来看，越来越多的互联网创业者融入旅游行业，给旅游业带来了创新血液。

2. 创业团队的人员构成

在互联网创业团队里，“领袖”是必不可少的，此外还有三种职能划分，即技术和产品、运营，俗称“三驾马车”。上述三种职能可由多人担任，也可由一个人兼任几项。其各种职能的承担者在团队中的身份如下：

（1）团队领袖（CEO）

创业团队的核心是团队领袖，其需要具备管理、沟通、组织等能力，能围绕团队目标制定方案，按计划分工合作，带领团队人员长期走下去。总体来说，一名创业团队的 CEO 需要具备这些素质和能力：

①责任心。既然是团队领袖，需要对整个团队负责，团队遇到任何困难都决不放弃，出了问题也不可推卸责任。对于一个优秀的团队领袖来说，责任心是第一位的。

②执行力。在互联网创业时代，很多东西是从无到有，在虚拟与现实之间寻找平衡。很多创业团队在商业模式、产品设计、人员招聘、融资等问题上陷入无休止的讨论，极易造成团队内部混乱，致使业务停滞不前。一个优秀的团队领袖要在关键时候具备判断能力与较强的执行力。无论是果断采取行动，还是强制下命令等方式，都要让团队信服并且可维持极强的执行力。

③视野开阔。一位优秀的团队领袖应该具备长远的眼光、开阔的视野，能了解较多的领域，具备独当一面的决策能力。

④组织和协调能力。能根据每个人的能力和特点，合理分配团队成员的工作。

团队成员出任团队 CEO，有着更敏锐的嗅觉，可以清楚地知道团队要做什么、应该做什么，以更好地把握团队发展方向。

从外界聘请职业经理人担当 CEO，其专业水平可能会带领团队更好地成长，他们可以迅速地找到盈利模式，能够在有限的时间里向投资人证明该盈利点可以深度挖掘并持续创造利润。但职业经理人可能因缺乏互联网背景，没有从产品、运营、技术角度去了解团队，从而难以作出合适的决策。

（2）首席技术官（CTO）

一般智慧旅游创业公司人数不会太多，但技术人才却占大比例，创业团队需要一位“首席技术官”（CTO）。关于技术类员工的招聘可以交给 CTO，对于一个优秀的 CTO 来说，其更了解团队里需要解决什么样的问题，需要什么样的技术人才，也更能够在面试者中选出有能力的技术人才。一个好的 CTO 需要锻炼以下几项能力：

①技术能力好，架构设计能力出色。对各种技术领域的发展趋势，主流非主流技术的应用场景要非常了解。能够站在一定的高度，预见和布置技术方案的演进。

②实践能力强，学习能力出色。可以随时动手参与第一线的编码工作，且对于新技术的掌握速度快，能带领技术团队开发相关产品。

③研发能力强，可建立研发文化。善于管理研发团队，掌控研发工作进度，培养研发梯队力量，可建立起研发团队开放型、向心型、交流学习型组织文化。

④具备良好的产品意识，沟通能力强。对互联网产品有良好的认知，能从产品的逻辑性、可实现角度来提出产品改进和完善的总体性设想。此外，能够与不同专业背景的人沟通，可能够站在对方的立场，通过较易理解的思维方式与话语体系描述不容易理解的话题。

（3）产品经理（PM）

①产品经理的职责。虽然在不同的公司不同的项目组里，产品经理的角色和职责有所差异，但是有一些关键职责是任何一个产品经理都应承担的，可以将其归纳为如下六个方面：

市场调研。指研究市场，了解客户需求、竞争状况及市场力量（Market Forces），其最终目标是发现创新或改进产品的潜在机会。

产品定义及设计。产品定义是指确定产品需要做哪些事情，通常采用产品需求文档来进行描述。产品设计是指确定产品的外观，包含所有的用户体验部分，包括用户界面设计（UI User Interface）和用户交互设计（User Interaction）。这是产品经理工作中最有价值的部分。

项目管理。指带领来自不同团队的人员（包括工程师、QA、UI 设计师、市场、销售、客服等），在预算内按时开发并发布产品。如智慧旅游相关的软件开发，需要技术、UI 设计师、产品定制师、销售负责人、客服等相关人员组成。

产品宣介。主要包括和内部同事、销售、市场、客服等人员沟通产品的优点、功能和目标市场等内容，也可能包括向外界，如媒体、行业分析师及客户宣传介绍产品。

产品市场。主要是对外的信息传播——告知外界有关产品的信息，通常包括制作产品数据表、产品说明手册、网站、Flash 演示、媒体宣传以及展会演示等内容。

产品生命周期管理。指随着产品经历概念化、发布、成熟到退出市场整个生命周期中的产品管理活动。

②产品经理的素质要求。产品经理在一个创业团队里是不可或缺的角色，起到协调团队、连接产品与客户的桥梁纽带作用。产品经理在团队里可扮演不同的角色，因此也对产品经理的素质提出了更高的要求，具体如下：

站在客户的立场描述产品。产品经理是产品的第一个用户，需要经常与技术开发人员进行沟通。因此，需要具备一定的技术、产品原型制作能力，产品需求描述能力以及收集、分析数据等能力。

能找出客户需求并改进产品。在真正的用户眼里，产品经理是他们与团队交流的窗口。产品经理要对产品涉及的技术非常熟悉，了解竞争对手的产品以及行业内较新的技术；善于引导客户厘清思路，找出客户的真实需求；擅长寻找产品问题，分析问题，找出共性需求，以便改进产品。

沟通协调能力。当一个团队需要推出一个产品时，产品经理需要从头到尾跟随这个产品的生产，要合理调配团队里的各种资源，协调团队里可能出现的矛盾。因此，产品经理还需要具备产品规划、资源调度组织、协调沟通能力以及成本、时间意识。

（4）首席运营官（COO）

产品运营一般包含两方面的工作：一是产品推广，将团队的产品通过各种宣传手段，让用户认知该产品并激发兴趣去了解和使用；二是用户运营，帮助用户解决在使用产品过程中遇到的各种问题，使用户能够更好地使用产品，并且分享产品，以维系客户。一个优秀的 COO 应该要了解产品定位，是否满足细分客户群体的真实需求；热爱产品，理解产品的功能；熟悉产品的用户群及其特点、偏好、诉求，当用户群达到一定量级时要细分用户，针对不同群体制定不同运营方案。

（二）创业团队的类型

一般，创业团队有以下几种类型：

1. 星状创业团队

在团队形成之前有一个核心人物，其创业理念引领着团队的创业方向。如本项目案例导入中的周新渝仁，就是团队的核心人物。团队根据该核心人物的思想而组建，成员也由该人物来选择，成员在团队中承担执行者和支持者的角色。这种创业团队的优势是决策程序简单，效率较高；组织结构紧密，稳定性较好，其劣势是容易形成权利过分集中的局面，当团队成员与主导人物冲突严重时，会导致团队不稳定情况发生。

2. 网状创业团队

该类团队成员一般在创业之前就有密切的关系，比如同学、亲友、同事、朋友等社会关系网，全体成员达成共识后组队共同创业。在企业内部，团队没有权威人物，团队成员根据各自的特点自发进行角色定位、分工。这种创业团队的优势是与其他团队相比成员地位平等，有利于沟通和交流，执行决策较为方便；成员关系较密切，容易达成共识，团队稳定性较强。其劣势是团队结构较为松散，比其他类型的团队决策效率低，容易导致整个团队没有核心凝聚力，易形成多头领导局面，不利于团队长远发展。

3. 虚拟星状团队

虚拟星状创业团队是由网状创业团队演化而来，基本上是前两类的中间形态。在创业团队中，有一个核心成员，其地位是由团队成员协商形成，因此该核心人物从某种意义上说是整个团队的代言人，而不是主导型人物，其在团队中的行为必须充分考虑其他团队成员的意见。这种创业团队的优势是核心成员有一定的权威性，既不过度集中，也不过分分散。其劣势是核心人物的权威性略低于星状创业团队，但会充分考虑其他成员的意见。

4. 合伙人类型

合伙人一词最早产生于服务性行业，包括律师、会计师等。合伙人在法律上有明确的定义。在中国或其他主要国家的合伙企业法中，普通合伙人是指共同出资、共同管理企业，并对企业债务承担无限连带责任的人。合伙人既是企业的所有者，又是企业的管理者，还是企业的债务和责任不可推卸的责任人。很少有工业、重工业资产的行业，以合伙人的模式创建企业。但是，在服务行业中需要更快地随着社会外部环境的变化而改变经营模式，因此，合伙人会比较多，例如旅游业合伙人就比较多。

二、创业团队的组建

（一）创业团队组建的要素

组建创业团队一般要考虑以下几个要素：

（1）目标（Purpose），即为什么要建立团队，希望通过团队创建达到什么目的，完成什么使命。

（2）人（Persons），人是构成团队中最核心的力量。通过某些人员实现共同目标，因此人员的选择是团队重中之重，尤其是合伙人的选择。

（3）定位（Place），即团队通过合适的组织结构创造出新的组织形式，以实现共同目标。

（4）职权（Power），是团队担负的责任和相应拥有的权限，即团队的工作范围和在其范围内决策的程度。

（5）计划（Plan），在确定了团队的目标、职责和权限后，需要决定如何围绕终极目标分工，通过计划来实施、指导各位成员完成工作任务。

（二）创业团队组建的基本原则

1. 共同的创业理念原则

共同的创业理念要求团队成员拥有相近的价值观。在创业团队的发展过程中，团队成员之间可能会有争执或矛盾，成员数量可能会有所增减，团队会存在不稳定性，但当这个团队稳定下来以后，留下来的成员会对团队的创业目标有共同的认识。

2. 目标明确、合理原则

创业团队的目标必须明确、合理。团队成员目标明确，能清楚地认识到共同的奋斗方向，且切实可行，可通过各种方法、途径，完成最终目的。

3. 互补原则

创业者之所以寻求团队合作，其目的就在于弥补创业目标与自身能力间的差距。只有当团队成员在知识、技能、经验、资金等方面实现互补时，才有可能通过相互协作发挥出“1+1>2”的协同效应。因此，在一般的企业里，合伙人非常重要。

4. 精简高效原则

为了减少创业期的运作成本，最大比例地分享成果，创业团队人员构成应在保证企业高效运作的前提下尽量精简，以低成本运营。

5. 动态开放原则

创业过程是一个动态的、充满不确定性的过程。团队中可能因为能力、观念等多种原因不断有人离开，同时也会有人不断加入。因此，在组建创业团队时，应注意保持团队的动态性和开放性，使真正完全匹配的人员能被吸纳到创业团队中来。

（三）创业团队的组建程序

创业团队的组建是一个相当复杂的过程，不同类型的创业项目所需的团队不一样，创建步骤也不完全相同。概括来讲，大致的组建程序如下：

1. 明确创业目标

创业团队的总目标就是要通过完成创业阶段的技术、市场、规划、组织、管理等各项工作实现企业从无到有、从起步到成熟。总目标确定之后，为了推动团队最终实现创业目标，可将总目标加以分解，设定成若干可行的、阶段性的子目标。

2. 制订创业计划

在确定了总目标以及一个个阶段性子目标之后，紧接着就要研究如何实现这些目标，这就需要制订周密的创业计划。创业计划是在对创业目标进行具体分解的基础上，以团队为整体来考虑的计划。创业计划确定了在不同创业阶段需要完成的阶段性任务后，可通过逐步实现这些阶段性目标来最终实现创业目标。

3. 招募合适的人员

招募合适的人员也是创业团队组建最关键的一步。关于创业团队成员的招募，主要应考虑以下两方面：一是互补性，即考虑其能否与其他成员在能力或技术上形成互补。这种互补性形成既有助于强化团队成员间彼此的合作，又能保证整个团队的战斗力，以更好地发挥团队的作用。一般而言，创业团队至少需要管理、技术和营销三方面的人才。只有这些人才形成良好的协作关系后，创业团队才可能实现稳定高效。二是规模适度，适度的团队规模是保证团队高效运转的重要条件。如果团队成员太少，则无法体现团队的功能和优势，而过多又可能会产生交流的障碍。一般认为，创业团队的规模控制在 2~12 人比较适宜。

4. 确定职权划分

为了保证团队成员执行创业计划、顺利有序地开展各项工作，必须在团队内部进行职权划分。创业团队的职权划分是执行创业计划的需要，具体可根据每个团队成员所要担负的职责以及相应所享有的权限而确定。团队成员间职权的划分必须要明确，既要避免职权的交叉，也要避免无人承担职责而造成工作疏漏。此外，由于创业过程面临的创业环境是动态复杂的，会不断出现新的问题，团队成员可能会不断更换，因此，创业团队成员的职权也应根据实际需要，不断地进行调整。

5. 构建创业团队制度体系

创业团队制度体系体现了创业团队对成员的控制和激励制度，主要包括了团队的各种约束制度和激励制度。一方面，创业团队通过各种约束制度（主要包括指导其成员避免做出不利于团队发展的行为，实现对其行为进行有效的约束，以保证团队的稳定。另一方面创业团队要实现高效运作需要有效的激励机制（主要包括利益分配方案、奖惩制度、考核标准、激励措施等），使团队成员看到随着创业目标的实现，其自身利益会得到保障，从而达到充分调动团队成员积极性的目的。要实现有效的激励措施，首先要把成员的收益模式界定清楚，尤其是关于股权、奖惩等与团队成员利益密切相关的事宜。涉及相关的制度体系，需以规范化的书面形式确定，以免带来不必要的麻烦。

6. 团队的调整融合

完美的创业团队并非创业一开始就能建立起来，很多时候在企业创立一定时间以后才随着企业的发展逐步形成。随着团队的运作，团队组建时在人员匹配、制度设计、职权划分等方面的不合理之处也会逐渐暴露，这时就需要对团队进行调整融合。由于问题的暴露是一个过程，因此团队调整融合也应是一个持续动态、融合发展的过程。

三、创业团队的管理

（一）管理创业团队

智慧旅游创业依托于互联网等信息技术，该类创业不同于传统的创业，创业过程带有鲜明的互联网技术色彩，存在诸如节奏快、压力大、创业成本较低，但风险大等问题。在团队的日常磨合中，要注意根据客观原因及成员自身情况综合考虑，尽量做到以下几点：

1. 时常交流，充分沟通

从实际情况看，多数创业者会通过引进新人来重新组建团队，在业务方向尚未清晰，或工作方法并不统一，或文字化数据化内容不完整等情况下，需要通过长期深入的交流沟通，来确保新旧成员对目标任务分解认同的一致性，充分沟通，统一目标，分工明确。

图 6-1　团队合作沟通很重要

2. 及时化解矛盾

创业团队的内部矛盾，从组织方面来说成因主要有两类，即不同职能之间的站位差异和同职能之间的经验差异。化解前者矛盾的重点在于进行整体分析，必要时可以借助三方（甲方、乙方、管理方），确保原计划按期执行；化解后者的重点是充分对比，如有必要可以结合市场或数据进行量化对比，确定后尽可能分解不同意见方的工作重点，以避免二次矛盾。

3. 坚持扁平化

初建的团队，多数由产品、技术、设计、运营、市场等职能团队组成。为提升效率及保证连贯性，扁平化的管理结构可以明显降低项目的不可控风险。一般初建团队采取三层的结构最好，任何重大会议，创始人及职能负责人必须参加，所有确认的任务在分解后于内部公开，以确保典型业务重要节点的完成时间及结果。

4. 人文关怀

互联网创业团队的年轻化程度比较高，针对这类群体除物质奖励之外，管理者的人文关怀非常重要。除了树立信心、营造平等及和谐的工作氛围之外，维持整体的凝聚力和持久性也非常重要，要定期关注成员，了解其生活、团队活动等方面，这些都是非常有效的组织方法。

（二）聘请创业顾问

创业顾问属于创业咨询师里的一类，创业咨询师包括一般咨询人员、开业指导人员、顾问、助理、培训讲师等。从地域上看，创业咨询和服务人员大多分布在我国的大中城市。创业咨询师目前等级分二级，依据《创业咨询师国家职业标准》职业等级，本职业共分两级，分别为三级创业咨询师（国家职业资格三级）、二级创业咨询师（国家职业资格二级）。一般创业咨询师从事的活动有以下几项：

（1）组织开办培训班，讲授创业知识技能，帮助创业者避免创业的盲目性，提高创业成功率。

（2）帮助创业者形成自己的创业项目构想，并对其未来企业的产品、客户、市场发展前景和商业模式等作出明确的定位和发展规划。

（3）就创业者在创业实践中所涉及的知识、政策、法规以及各种常见的问题提供咨询和解答。

（4）为创业者提供项目论证服务，指导开展项目市场调研、项目可行性分析、风险评估、投资效益预测等。

（5）为创业者分析和确定创业资金需求，协助完成创业融资所需的商业计划书，提供融资和引资方面的洽谈和对接服务等。

（6）采用回访调查、后期支持和长期顾问等方式，协助创业者应对和解决创业实践中不断出现的新问题，帮助他们顺利开办企业和改善企业经营管理。

（7）为开办企业的创业者提供咨询服务。

智慧旅游创业项目的孵化过程，必要时还需要咨询相关管理部门及资深的旅游从业人员，以便掌握实时的旅游业动态行情作为后期的决策依据。

任务二　商业计划与呈现

一、商业模式

（一）了解商业模式

哈佛商学院教授克莱顿·克里斯滕森认为，商业模式就是创造和传递客户价值以及公司价值的系统。它包括四个环节，即客户价值主张、盈利模式、关键资源和关键流程。通俗地讲，就是回答以下四个问题：第一，你能给客户带来什么价值？第二，给客户带来价值之后你怎么赚钱？第三，你有什么资源和能力去实现前两点？第四，你如何实现前两点？

移动互联网的商业模式是指通过网络入口级产品获取用户，把控网络流量，最后通过流量变现来获利。这种商业模式就是在碎片化的时间里，通过极致的产品和服务来快速吸引、获取用户，并随时随地满足用户个性化的需求，其互动性更强，可使企业获得更大优势。

商业有客户、产品或服务、基础设施和财务能力四个主要方面。为了实现有效的执行和达成预期的目标，创业企业需要一个清晰、完整的商业模式，来预测企业的成长并做好未来规划。

（二）设计商业模式

商业模式就是企业通过什么途径或方式来获利，只要有能获利的地方就有商业模式存在，商业逻辑回答的三个问题总结出的书面文字就是商业模式。简单地说，商业模式就是企业创造价值和实现价值的方式，是企业商业逻辑的展现，一般需要详细描述以下两方面的内容：一是详细描述为客户创造的价值是什么，怎么传递给客户；二是详细描述如何调动企业人、财、物等资源，实现这一价值并产生持续盈利。通常商业模式包含以下九个要素：

1. 提出价值主张

价值主张，一般解释为企业通过产品和服务向消费者提供的价值，它明确了对消费者来说企业存在的现实意义。提出价值主张，即准确描述企业提供的产品对消费者的效用。

2. 确定目标客户

寻找能接受价值主张的客户，即寻找企业所瞄准的消费者群体，在市场营销学中通常表述为确定消费者目标群体。由于这些群体具有共性，企业可以通过提供同样的产品以满足这些共性，从而创造共同的价值。

3. 构建销售通路

企业提供给客户的价值通过什么渠道输送到客户那里就是构建通路，也可以称为分销渠道建设。企业接触目标客户的途径非常多，包括线上电子渠道和线下零售店、体验店等。

4. 保持和激发客户动机

构建好销售通路只能说是修好了道路，让产品源源不断地流到目标客户那里需要保持和激发客户购买动机。例如，通过定期的客户品鉴会、VIP 年会等方式维护与客户的长期稳定关系，通过广告增加产品的美誉度和影响力，通过旅游产品客户评价提高满意度，以增加产品的二次复购率。

5. 画出销售收入模型

客户产生了购买动机后形成销售收入，企业会通过各种收入来源描述企业创造财富的途径，这一模型可帮助企业衡量有限资源的取舍。

6. 找出关键业务

关键业务组成了企业内部价值链，它描述了企业业务流程的安排和资源的配置，表现为标准化、柔性生产系统、供应链管理系统等生产运营方式。为完成关键业务，需要企业投入资金。

7. 配置核心资源

企业执行商业模式所需的资格以及彰显企业水平的软实力，通常表现为软件著作权、技术专利、品牌、质量等企业可控的长期优势。配置核心资源也需要企业的大量投入。

8. 寻找合作伙伴

合作伙伴是本企业同其他企业为有效提供价值而形成的关系网络，表现为上下游伙伴、竞争关系、联盟等。合作伙伴一般会通过签订协议等方式确定双方的权利和义务，以防止不诚信的情况发生。

9. 画出成本模型

将生产产品投入的成本以货币形式描述出来，画出产品成本模型，表现为固定或流动成本、经营杠杆等。

以上九个步骤可分为两类：一类是针对销售收入，包括为客户创造价值和传递价值的四项内容，即价值主张提出、目标客户确定、销售通路构建等，一般由营销部门负责落实；另一类是针对生产产品的成本投入，包括调动企业人、财、物等资源的货币成本支出，有关键业务确定、核心资源配置等，一般由企业运营管理人员负责落实。以上两项相减即为利润，企业可通过利润指标来衡量商业模式的优劣。

值得一提的是，以上商业模式仍然保留从客户获取收入来源的最初盈利模式。时至今日，随着互联网的发展，传统的一手交钱一手交货方式已被打破，相继出现了以租代买，多次交易等多种盈利形式。因此，商业模式设计也应密切关注最新行业动态，不过商业模式的基本原理和规律仍保持不变。

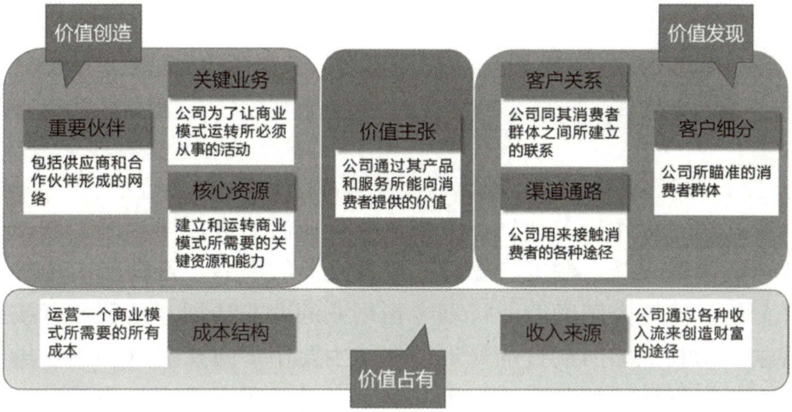

图 6-2　商业模式九要素概况

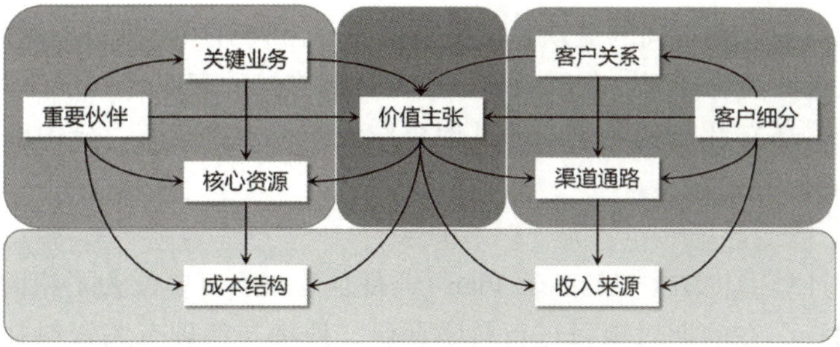

图 6-3　商业模式九要素以及各要素之间的关系

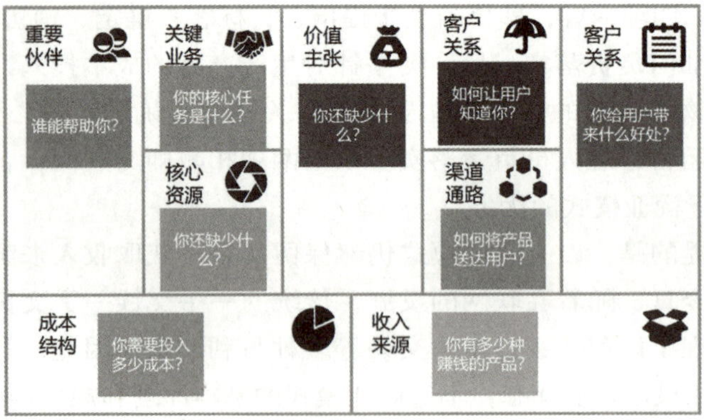

图 6-4　使用商业画布表达

二、商业计划

（一）商业计划的含义

商业计划又称作商务计划，主要是对企业活动进行详尽的、全方位的筹划，从企业内部人员、制度、管理，以及企业的产品、营销和市场等各个方面展开分析。这里介绍的商业计划专指创业的商业计划，是创业者或企业为了实现未来增长战略所制订的详细计划，主要用于向投资方和创业投资者说明公司未来的发展战略与实施计划，展示自己的实现战略和为投资者带来回报的能力，从而取得投资方或创业投资者的支持。

商业计划具有计划和营销两大功能，其中计划可以为即将进行的创业活动提供行动指南，而营销则可以从不同的受众那里获得必要的支持，尤其是创业融资者的支持。

根据商业计划不同的受众，可把其主要分为吸引风险投资商的商业计划、吸引合伙人的商业计划、获取政府或公共部门支持的商业计划三种类型。

此外，还有针对创业企业的其他合作伙伴（如供应商、分销商等）的商业计划。

（二）商业计划书和创业计划书的区别

商业计划书（BP，Business Plan），是企业或项目单位为了招商融资或其他发展目标，在前期对项目进行科学调研、搜集与整理有关资料并在分析的基础上，按照一定的内容、格式要求所编写的向投资者全面展示公司和项目目前状况、未来发展潜力的书面材料。商业计划书以书面的形式全面描述企业业务，包括产品服务、生产工艺、市场和客户、营销策略、人力资源、组织架构、对基础设施和供给的需求、融资需求以及资源和资金的利用等诸多方面。

商业计划书是融资的试金石，是对企业或者拟建立的企业进行宣传和包装的文件。它向风险投资商、银行、客户和供应商展示企业及其经营方式，为企业未来的经营管理提供必要的分析基础和衡量标准，是开展商业活动、增加成功率不可或缺的一部分。它也是获得风险投资的敲门砖，仅凭专利证书或科技成果鉴定证书是不可能获得风险投资的。对于寻求资金的创业企业来说，商业计划书的好坏，往往决定了投资交易的成败。

创业计划书，是指企业家在创业的初期所编写的书面创业计划，用以描述创办一个新的风险企业时所有相关的外部及内部要素。创业计划通常是各项职能计划如市场营销、财务、制造、人力资源计划的集成，同时也会提出创业经营的头三年内所有短期和长期决策及制定的方针。创业计划回答这些问题：我们现在在哪里？我们将要去哪里？我们如何到达那里？

简言之，创业计划书主要是为更好地厘清创业思路而准备的，而商业计划书则主要是为融资而准备的。

（三）商业计划书的作用

商业计划书的作用主要有以下几点：

（1）认识自己。商业计划书能帮助创业团队厘清业务概念、近期目标和战略，编制时要细化到商业计划各个部分的优势和劣势。

（2）创业融资。商业计划书是外部投资者（尤其是风险投资）了解某一创业项目的第一途径，编制者可将重点放在核心优势、财务和金融方面，以良好的财务规划和客观的价值评估来吸引投资商。

（3）战略思考。撰写商业计划能迫使创业者系统思考创建新企业的各个要素，以便梳理思路。商业计划书的编制必须要以详尽的分析为基础，这样企业才能稳步前进。

（4）创建和凝聚团队。订立团队的共同目标，编制时要方便员工了解企业的经营方向与发展状况，以激励他们为共同的目标而努力。

（5）取得相关机构的支持。编制此类商业计划书要基于产品分析，把握行业市场现状和发展趋势，综合研究国家法律法规、宏观政策、产业中长期规划、产业政策及地方政策、项目团队优势等基本内容，深度分析项目的竞争优势、盈利能力、生存能力、发展潜力等方面，以最大限度地体现项目的价值。

（四）商业计划书的基本要素

一般情况下，投资人首先会从摘要、市场、产品 / 服务、竞争、管理团队、财务分析与融资需求六个方面审视企业的商业计划书，因此以上六点就是商业计划书的六大基本要素。

1. 摘要

商业计划书摘要是风险投资者首先看的内容，要能激起投资人的兴趣。摘要部分的核心内容就是商业模式。

商业模式是描述企业如何通过运作来实现生存与发展的“故事”。价值创造、价值获取和价值传递是商业模式涉及的三个基本问题。创业团队需要通过一个商业模式来描绘企业实现愿景的途径。创业者通过对商业模式的提炼，对企业运作中的各种要素业务板块展开周密的考虑，并使它们构成一个相互支持和促进的有机整体。

商业模式决定了企业的运作，决定着企业的生存与发展战略。通过阐明商业模式，投资者能迅速了解企业是如何赚钱的，并判断此种商业模式是否有利可图、是否能随企业自身条件和市场的变化灵活创新。

2. 市场

这部分的目的在于说明创业者所发现的“商业机会”究竟是否构成机会，市场空间有多大。首先从行业定义入手，从广义上看，公司属于哪些行业。可以尽量把行业定义得宽泛一些，从而让阅读者能清晰地看到商机的巨大潜力，尽管实际操作中只是聚焦于某一个细分市场。

这里需要用定义行业时所用的词汇来定义细分市场，尤其是要描述这个细分市场的规模、增长、主要企业、趋势等方面的内容，因为这些因素会构成重要影响。创业者切忌操之过急，应该理性、客观地分析整个行业，聚焦市场痛点，彰显市场空缺。对市场的描述一般包括以下内容：

（1）描述市场空白点或者存在的问题，及其严重性（是否刚性需求）。

（2）确定公司有多少潜在用户（细分用户定位）。

（3）市场规模和前景如何（市场容量上限和发展趋势）。

（4）怎样行之有效地做市场（品牌定位和营销策略）。

与产品直接相关的市场数据越详细越好，这里所指的市场即项目的微观市场、力所能及的市场。

3. 产品 / 服务

产品和服务是商业计划书的核心内容，主要包括以下方面：

（1）产品或服务对终端客户的价值。

（2）产品或服务是通过哪些技术或手段来实现的。

（3）公司向消费者提供什么产品或服务。

（4）消费者可获得哪些收益。

（5）与市场已存在的产品或服务相比，其优势有哪些？

对产品性能、优势等各方面情况进行介绍，客观理性地分析市场是一个坚实的基础，完成了这项基础工程之后，才能准确地介绍公司及商业概念。注意在介绍创业愿景时既要有理性的数据，又要有感性的召唤。数据的支持要简明扼要、切中要点。

清晰描述产品之后，可将竞争者的产品用图表方式直观地呈现出来，以凸显公司的优势。在对手的竞争矩阵中选取两三个主要指标，就能找到自己公司的核心优势，通过对同行及竞品的差异化分析，对比得出自身的优势。

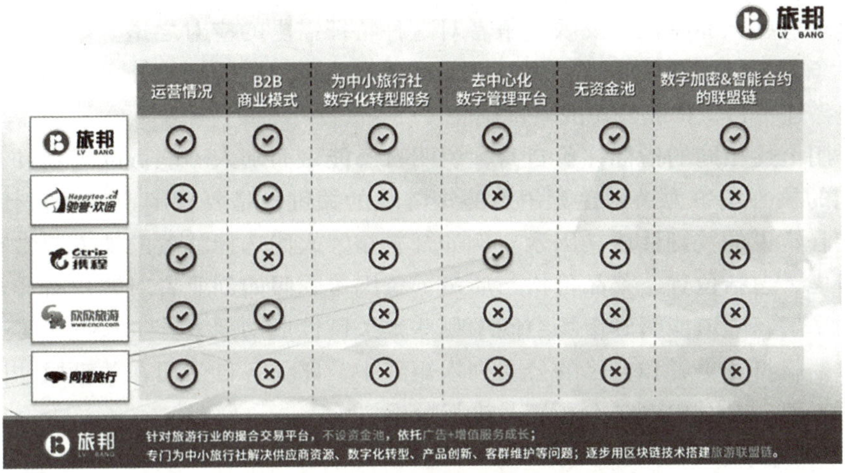

图 6–5　旅邦智慧科技有限公司的产品与同行的分析

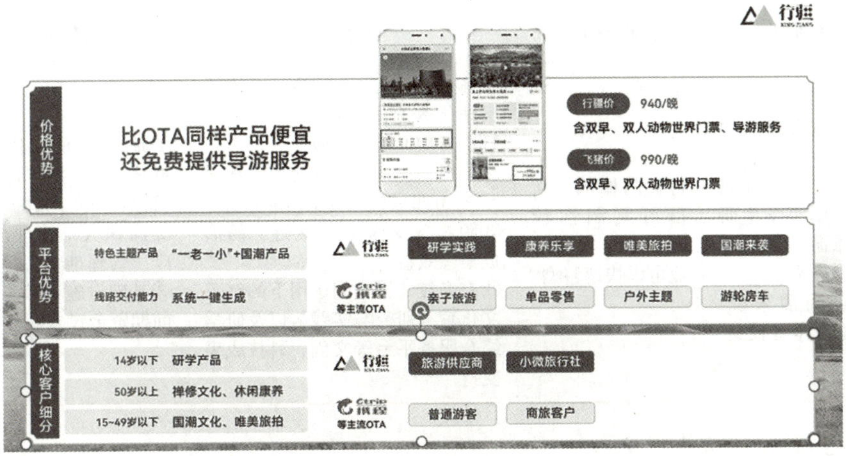

图 6–6　行疆科技公司的产品与携程等 OTA 的差异化分析

4. 竞争

分析行业整体现状和未来趋势，了解和研判竞争对手，明确竞争对手的优势和不足，评估主要的潜在竞争对手，可通过销售量和销售收入（定价）、增长、市场份额、成本定位、产品类别、客户支持、目标客户群和分销渠道等指标来进行。

竞争分析直接衍生自客户分析。具体说来就是，在已经明确行业所属的细分市场并描述了客户和其需求的基础上，从客户分析过渡到竞争分析的关键因素，是了解客户对某一特定产品的需求究竟有什么特征。这些产品特征是与直接或间接竞争者比较的基础。竞争态势矩阵表是一个有用的工具，可以呈现这些产品特征，反映竞争者对这种特征需求的应对之道。矩阵表一般很具象，不仅能抓住眼球，更能反映现今产品系列中的缺口，可为描述竞争优势搭建平台，构成公司战略基础。

用上述相同的指标评价自身，说明自己能做而别人不能做的理由和自身特别的核心竞争力。创建竞争态势矩阵表的关键，是要理解市场看重什么，哪些是常说的关键性成功因素。例如开餐馆，人们选择就餐的地方通常有几点考虑，包括位置、菜品价格与质量、氛围等。假如创业者对客户有非常深入的了解，应该能明确市场空间中哪些是关键性成功因素。一旦把握了这些因素，就将竞争者和自己的公司列入矩阵中，评估各自公司在关键成功因素上的表现，再用 SWOT 分析工具进行分析。

表 6-1　某文旅项目的 SWOT 分析

外部环境策略		内部环境策略	
机会 O	威胁 T	优势 S	劣势 W
①国家政策大力支持，乡村企业振兴、休闲农业、中小学生研学旅游等产业发展趋势所向 ②就目前来说，行业竞争者较少	行业门槛低、项目可复制性较高，旅行社等行业可以快速转型	①体验园位于 ×× 县，可依托当地优秀历史文化和生态资源，打造高质量研学基地 ②获得一村一社帮扶对象，获得 ×× 市四星级扶贫车间等荣誉 ③距离 ×× 景点景区近，易形成集聚效益 ④有高校《云空间运用下的红色文化育人研究与实践》以及研学综合服务平台等文创、科技成果支持	①地理位置偏僻，就近中小学生群体少，目标客户距离远 ②面积大，管理范围广，管理难度高 ③基础设施不够完善，前期资金投入高

5. 管理团队

很多时候，创业者往往由于过于关注产品/服务而忽视了管理团队的建设。

事实上，把一个绝佳的商机转化为一个成功的企业，强有力的管理团队是必不可少的。创业者应在商业计划书中整体介绍管理团队及其职责，然后再分别描述每一位管理人员能为企业做出的贡献 / 过往业绩，最终阐明企业的组织结构和管理目标，使投资者相信企业已经拥有了一支高质量的管理人才队伍。

一般来说，创业团队主要创始人会担任首席执行官（CEO）一职。但如果创始人还很年轻而且商业经验有限，更理智的方式是阐明公司将在发展过程中寻找合适的 CEO。在这种情况下，主要创业者可能是首席技术官（CTO）、业务拓展副总裁，甚至就是一个创始人。

团队成员简介要涵盖过往成功案例。如果创始人曾经开过公司，要突出公司的成就；如果没有创业经验，可以展示其以往工作中的成就。举例说，简介一般包括创业者曾经管理的人数，更重要的是市场运营方面的评价等，如部门销售增长 20%，创造过某项企业发展纪录，曾通过经营管理实现某个利润水平，曾为利益相关方创造价值等。简介中还要彰显创业者的个人领导能力，为支持、补充这些简介，可以在计划书的附录中加入个人简历。

6. 财务分析与融资需求

风险投资者会期望从财务分析部分来判断未来经营的财务损益状况，进而从中判断能否确保其投资获得预期回报。一般，财务分析部分包括以下三方面的内容：①过去三年的历史数据，今后三年的发展预测；②投资计划；③融资需求。

创业者可将公司的财务估算与现有其他公司的实际绩效作对比，从而证实财务预测的合理性，这样才有可能得到与期望值接近的估价。

此外，投资者还要关注创业过程中规划重要的时间节点。在商业计划书中通常包括产品的上线时间、企业收入突破零的时间，以及财务指标盈亏平衡的预期时间点等。

（五）商业计划书的撰写

不同的创业项目因为自身的特点，需要不同风格的商业计划书。为了尽快厘清商业计划书的书写脉络，根据前面介绍的创业计划结构，这里整理出一套通用的商业计划书（BP）模板。它能够快速地给投资人一个清晰的认识和快速评估项目，可以为广大创业者提供参考。

1. 封面

第一页是商业计划书的封面，是整个创业项目留给投资人的第一印象。封面通常要提供企业的名称，介绍企业的核心业务或理念，一般使用清晰简短的描述可让投资人快速产生兴趣。注意别忘了贴上企业的 LOGO。

企业的名称要容易辨识，让投资人一眼就知道是什么，除引人注意外，名称应该包含具体内容及重要的搜索短语，例如上图中的小微旅行社，一眼就能看出是与旅游行业相关的。

2. 目录

第二页是商业计划书的目录，主要是让投资者对整个商业计划书的结构一目了然。目录通常是按章节的顺序排列，越前面的内容越重要，因此创业者需要对自己的项目有一个清晰准确的了解，以便合理安排计划书章节的展示顺序。

3. 团队介绍

目录之后便进入商业计划书的正文部分。首先介绍创业团队，要展现每个人具体的分工和专业背景，团队信息对投资人来说是非常关键的信息，创业者要用心展示。

4. 要解决的问题

团队信息介绍完之后，可以切入创业项目需要解决的问题，如市场方面的需求，市场竞争状况分析，以及现有产品与服务的不足。需要注意的是，创业项目满足的是一种需求，需要具体地描述这种需求。

5. 产品或服务介绍

投资人到这里已经知道创业者是谁，要解决什么问题，接下来，就要让投资人看到这些问题如何被解决、要以什么方式来解决。阐述解决市场需求的方法关键要说明白做什么、用什么样的方式去做才可以获得独特的优势。

需要注意的是产品介绍不要太细，有些创业者会把产品的交互图、流程图直接贴上来，会具体到介绍什么功能，这个功能怎么操作，以及如果用户体验或者视觉设计是产品很重要的卖点，甚至单独拿出来体现。但投资人想更多了解的是产品怎么解决用户的需求。

6. 发展规划

到了这一阶段，投资人对创业者和创业项目已有了一定的了解。接下来，要讲明白的是这个产品做出来以后怎么推广、打算用多少时间做到多少用户量、公司会怎么去扩展、希望占有多少市场份额。这一步做好以后，下一步要让投资人了解公司长远的发展。这部分可以体现创业项目的商业模式、产品的推广、用户量的预测、公司的发展方向以及预期占领的市场份额和公司的长远发展规划。

7. 财务预算

对于种子期的项目，要做一个简单的财务预测，比如大概会花多少钱在人力成本、服务器运营、市场推广上，每个月固定成本、运营成本是多少，半年花多少、一年预计花多少。如果是后面的融资，财务这块可能还要具体到每个月每个项目的开支。

8. 融资需求

这一环节涉及此前的融资经历、企业内部的股权构成情况、融资需求、股权出让比例、所获资金的用途，以及能够达到的效果。

具体来说，包括两个重要内容：①本轮融资金额数目，最好说明是需要人民币或者美元；②需要重点说明本轮融资的具体用途，最好能够细化到具体项目。这部分内容需要创业者根据审慎思考的业务拓展计划，制定具体的资金分配方案，要充分体现创业者的战略规划能力。厘清股权结构可以帮助投资者快速了解融资情况，这是投资者作出投资决策的关键。

9. 问答环节

最后是创业者与投资者关于以上商业计划书介绍的问答环节，一般是现场讨论。

三、商业呈现

商业计划书是创业项目的书面呈现形式。在创业过程中，创业者想要获得资源，往往需要通过多种形式来呈现自己的创业想法，也即商业呈现。

（一）商业呈现概述

1. 商业呈现的概念

“商业呈现”一词来源于英文“Pitch”。“Pitch”是“扔”的意思，在创业中指创业者抛出一个想法或需求，看看谁愿意来“Catch”（接）这个想法，例如吸引投资人的投资、创业团队成员加入及寻找早期顾客等。

2. 商业呈现的目的

商业呈现不仅仅用于获取投资人的资金，更重要的是获得有价值的资源，甚至可以用于创业评估和市场测试。

（1）资源获取。商业呈现除了用于获取早期创业基金，还可以用于吸引早期顾客、招募创业团队成员、与合作伙伴交流、获得政府资源支持等重要资源。

（2）创业评估。创业者可以经常性地向自己或创业团队做商业呈现，以评价自己是否能清晰地阐述商业想法和逻辑，通过自问自答或团队提问的方式获得反馈，从而不断修正自己的想法。

（3）市场测试。市场测试包括产品测试和商业模式测试。其中，产品测试是指解决方案是否能够满足需求，对象是用户；而商业模式测试是指客户是否愿意为产品付费，对象是客户。创业者在测试过程中需要用到商业呈现。

3. 商业呈现与商业计划答辩

从时间上看，商业呈现一般是创业者参加路演活动或创业大赛时，公开展示时间在 10 分钟以下的任何活动，类似“路演”；而商业计划答辩主要是指向投资人详细展示商业规划的过程，至少在半个小时以上，属于“Presentation”。

从创业阶段看，商业呈现是处在企业从 0 到 1 的阶段，主要呈现的是商业想法与假设；而商业计划答辩主要是处在企业初创阶段，有明确的产品解决方案和商业模式，有详细的数据可以预测。

（二）商业呈现的准备

在正式商业呈现之前，创业者需要做一些准备，包括可行性评估和了解投资人，以提高呈现的效率。

1. 可行性评估

一般，可行性评估需要回答以下四个问题：

（1）问题——解决方案匹配。解决方案是否解决了重要的问题？目标客户是否能够并且愿意购买产品解决方案？

（2）产品——市场匹配。市场是否足够大，并且可持续增长？是否能够有效地接触市场？

（3）商业模式——资源匹配。是否具备实现商业模式所需要的资源？商业模式有多大的扩展性？

（4）行业——竞争匹配。是否具有明显的竞争优势？是否有很多竞争对手？行业门槛和退出机制是什么？

2. 了解投资人

在选取投资人时要考虑投资领域、投资阶段和投资人的期待等因素。

（1）投资领域。不同投资人所关注的领域不同，比如现代农业、教育、医疗、移动互联、生物科技、智能硬件等。只有创业项目所处的领域与投资人所关注的领域相匹配，才能提高融资效率。创业者可以通过关注投资人的投资领域介绍或者以往的投资案例来了解相关信息。

（2）投资阶段。如果是种子期需要找天使基金；如果是培育期需要找风险投资基金；如果是成长期需要找培育基金。投资人的投资规模、所要求的回报以及对创业企业的控制权都会有所不同。

（3）投资人的期待。通常，投资人会关注人和项目两个要素。对创业者而言，投资人关注的是是否值得信任与培养、敢于承担风险、具有超强的行动能力、拥有激情、拥有使命感、具有坚毅的精神等；对项目而言，投资人关注的是是否有好的商业模式、市场空间、市场壁垒、增长潜力、退出机制等。

（三）商业呈现的技巧

好的内容需要好的方法去呈现，呈现什么与如何呈现一样重要。

一个好的呈现包括以下两个方面：第一，内容。包括创业者的问题描述、解决方案、商业模式、核心竞争力、行动计划等。第二，表达。包括传递信息的语气、身体语言、形象、目光接触等。

一般商业呈现有以下几个技巧可供借鉴：

（1）设计好的开场。好的开始是成功的一半，开场是否具有吸引力会影响到听众是否愿意听下去。好的开场能够激发听众的兴趣和好奇心，引起他们的注意力和探寻的动力。好的开场既是科学，也是艺术，需要对呈现的内容有深度认识，还要掌握一些基本技巧，比如“钩子”。“钩子”（Hook）是指在商业呈现开始的时候，吸引听众的方法与策略，包括故事讲述、通过测试 / 投票 / 提问题、借助道具（产品原型或样品）、给出一个困境引起大家的注意、借助可视化的图片 / 视频 / 音乐、演示过程或原理、提出假设或提案、陈述令人激动的事实等。

（2）保持信任感。创业者是否值得信任（Trustworthy）？信任是一切合作的前提。在商业呈现过程中，需要保持开放的心态，能够接受别人的建议和不同的观点，不固执；实事求是，能承认不足，也会勇敢说“不”；用行动结果去证实，而不是一味地假设……

（3）吸引人的故事。在短时间内建立信任最好的方法就是通过小故事来揭示价值观和动机。为了能讲出好故事，创业者可以从回答以下四个问题开始：为什么会创立这样一家公司？是什么让你对此如此着迷和富有激情？它又将如何颠覆你所在的行业？它对于客户的日常生活会产生什么样的冲击？一个好的故事可以将创业者个人的故事、产品的故事以及创业公司的使命结合在一起。

（4）清晰的逻辑。在有限的时间内，要清楚地表达观点，逻辑结构就显得尤为重要，而且还会影响到表达的效率。一个好的模式就是观点加数据。在每一段落开始的时候，先表达观点，然后再列举事实或数据以证明观点，采取先归纳再演绎的方法。如果听众能理解观点，就不要过多地加以解释和证明。不妨采用六顶思考帽，是一个不错的逻辑方法和工具，可以帮助梳理思考、表达和写作的层次和逻辑。

【案例 6-1】

“轮椅博士”研发无障碍地图，以爱引路，助力残障人士出行

我在不到一周岁的时候就被确诊为脑瘫，从小与轮椅为伴，靠着父母的鼓励和自己的努力一路念到了博士。俗话说，“读万卷书不如行万里路”，但是，“行万里路”这个事对于我来说就变得特别困难。人们常说“越缺少什么就越想得到什么”。尤其是对于像我这样从小就是家和学校两点一线生活的人来说，尤其如此。所以对诗和远方的追求，就成了我心里最想得到的东西。但是在追逐过程中，往往是困难重重。

尽管现在有一些为我们提供便利的无障碍地图，但都是文字的形式，具体在哪里？怎么去？一切都还需要去探索。时间成本、未知的迷茫，让残疾人特别没有安全感，不愿意出门，“我要扫平障碍，我要改变这一切”！

告别与世隔绝的生活方式，让残疾人和大家一样共同生活在同一片蓝天下，去追求生活中的诗和远方。这不单是人们对于残疾人生活的一种祝愿，也是残疾人对自己美好生活的一种向往。2012 年开始，我踩了很多雷，跳了很多坑，走过了全球20多个国家和地区，也去过了国内大部分的一二线城市，想着用自己的绵薄之力来帮助广大的残疾人。2019 年开始，我着手开始研发无障碍地图项目。我们主要覆盖了上海、南京、苏州这三座城市，做了 1 万多个无障碍设施信息点的标注，主要的覆盖范围包括了交通枢纽、旅游景点、大型商业中心、写字楼等。

我们的入口是微信小程序，为大家提供无障碍设施查询、交通信息查询、路径规划等功能。我们目前已经获得了国家发明专利 1 项、实用新型 2 项以及 4 项软件著作权。未来我们计划在两年内覆盖到国内的 30 座主要的一二线城市，并且服务范围扩大到所有的残障类别的残疾人。我们希望无障碍地图能够带领大家生活在一个无障碍的世界里，让大家共同去追逐属于我们每一个人的诗和远方！

案例点评： 轮椅博士项目路演，项目创始人将创业者个人故事和创业项目使命相结合，从自身经历释明创业动机和企业价值观：服务残疾人，带领他们生活在一个无障碍的世界里，追逐属于每一个人的诗和远方！凭此成功打动投资者，获得天使投资。

（四）商业呈现的要素

商业呈现包括执行摘要、创业团队、客户细分、问题界定、创意方案、

商业模式、核心竞争力、资源诉求和行动计划九个要素。

1. 执行概要——Executive Summary

执行概要的本质是要清楚地界定自己的价值主张，即项目的服务对象是谁，以及如何创造价值、目前做到了什么程度（产品原型、市场测试还是已经有了顾客？）、自己需要怎样的支持（资源诉求）以及项目下一步的计划是什么。执行概要在某种程度上也是一个钩子（Hook），可以吸引投资人有兴趣和动力继续了解后面的详细内容。

2. 创业团队——Who

一开始就要介绍创业团队，一般投资人对人的关注会超过市场和创意。创业团队信息包括姓名、在团队中的角色和定位以及能够支撑角色的关键信息，包括过去的经验、取得的成就、技能等。

3. 客户细分——Who

创业者的产品解决方案要解决哪类人的问题或为哪类人创造价值？可详细描述这类人的属性，即性别、年龄、职业、区域、爱好等，创业一开始就要聚焦客户。只有客户聚焦，产品才能聚焦。通过统计这些人的数量以及增长趋势，预测市场规模及市场增长，从而了解市场的潜力。

4. 问题界定——Why

一个好的创业者和有价值的创业项目总是从发现用户问题开始，找到用户深层次的问题，然后给出有效的解决方案，这就是创业的过程。问题应当反映用户真正的需求，具有普适性。

5. 创意方案——What

创业是一个从 0 到 1 的过程，体现的是问题和解决方案的匹配即找到一个新的问题，给出一个可行的解决方案；或针对原有的问题，给出一个创新的解决方案。创意方案意味着创业者需要跳出格子思考问题，即格子外思维（Outside the box）。解决方案可以表现为不同的产品形态，硬件、软件、服务或者组合。

6. 商业模式——How

评估解决方案的可行性，有三个标准，即是否能够满足用户的需求、技术上是否可以实现、商业上是否有永续性。其中商业永续性是一个很重要的标准，既能为用户创造价值，又能给创业者带来经济回报，是商业可持续的保障。要先找到商业模式，然后设计产品解决方案；或先设计产品解决方案，然后再设计商业模式，都具有可行性。

7. 核心竞争力——Why

别人无法复制的理由是什么？这就是相对于同类创业企业的核心竞争力，

即不可替代、无法模仿、独特性、价值性。品牌、文化、技术、产品、核心团队、渠道等都有可能成为核心竞争力，核心竞争力本质上来源于创业者所拥有的资源，是对稀缺资源进行独特组合的能力。

8. 资源诉求——What else

商业呈现的目的不仅仅是资金，其深层次的需求是创业所需要的核心资源。投资人对创业者的帮助更重要的是帮助创业者寻找方向，在战略决策上减少失误；同时帮助创业者对接创业所需要的关键资源，如渠道、供应商、重要合作伙伴、品牌、重大客户、核心技术等。

9. 行动计划——Plan

如何让想法落地？无论是产品解决方案还是商业模式假设，都要辅助清晰的行动计划。在这个阶段，不需要太详细的规划，需关键时间节点，即问题界定、产品解决方案原型、最小可行性产品、市场测试等重要事件。

四、项目路演

（一）路演的含义与作用

路演（Roadshow）最初是国际上被广泛采用的、一种证券发行的推广方式。如今，路演已不限于证券领域，是一种在公共场所进行演说、演示产品和推介理念，以及向他人推广自己企业、团体、产品和想法的方式。

路演由四个主要环节构成，分别是创业者用于路演的 PPT、创业者做现场路演时的语言介绍、现场投资人嘉宾的提问和创业者现场对投资人提问的回应。路演用的 PPT 是创业者用图形方式将角色之间的关系、角色和核心工作之间的关系，以用户、客户和产品为中心进行重点呈现的工具，但它不能完整地呈现创业者的创业思路，所以还需要结合创业者在路演过程中的语言介绍，以及针对投资人在观看完他的路演之后对他提问的回答，才能够完整地呈现他的创业逻辑。

（二）路演的 PPT 制作

一般大学生参加创业项目，以“公开路演”为主，投资人有 10~300 人，给每一个创业者介绍项目的时间为 8~10 分钟，然后给投资人与创业者的互动时间为 10~20 分钟，在这么短的时间里不可能展开介绍具体的运营环节，所以在“公开路演”PPT 中，PPT 版 BP 会大概为 20~30 页，按照 BP 封面，市场痛点，产品特性，产品、用户和客户的关系图，商业模式，模式壁垒，团队构成，核心优势，融资计划这 9 个主题的顺序呈现。

拓展知识：创新商业大赛创业计划书 PPT 模板

（三）路演的要点

写好商业计划书，只是融资的第一步。通常，投资人看到商业计划书之后，会对项目作出初步判断。如果感兴趣，就愿意和创业团队见面沟通，这种见面沟通也就是通常所谓的项目路演。在路演中，需要掌握以下要点：

（1）热情饱满。作为创始人，必须发自内心地热爱所做的项目、所做的事情，向别人介绍项目的时候，让人为创业者的热情所感动。

（2）逻辑清晰。一定要把整个创业的结构逻辑梳理清楚，为什么创意能够存在，为什么能把它做成，未来它是个什么东西。创业者在打磨创业脉络的同时，也是在梳理整个创业的逻辑。

（3）侧重企业介绍。建议路演重点不要放在介绍行业上。成熟的投资者不愿花太多时间去听行业方面的介绍，应把重心放在企业介绍上。

（4）表达生动严谨。每个部分要讲的内容事先必须明确。路演过程中，所配合的 PPT 要简短、清晰、准确，最好经过专家审阅。可配合一些生动的故事来调节现场氛围，但不要为了调节气氛而用一些无用的玩笑来分散观众的注意力。

（5）关照受众疑惑。路演之前，需要对受众的感受有直观的预测，思考受众对创业企业有哪些疑问，建议整理出来并备好答案。如果这些问题都能很好地得到解答，那么创业者真遇到时，便能胸有成竹地应对。

（6）善待投资者。投资者跟创业者的关系类似创业者和股东的关系，要善待每个投资者。投资者愿意倾听商业计划书的介绍，说明有初步的投资意向，即使投资人不立即作出决定，但在未来的创业过程中也有可能对创业者提供帮助，要把握好每个机会。

任务三　大学生创业资源的获取与整合

一、创业关键资源

（一）创业关键资源概述

在全球化浪潮中，每个类别的产品不可能只由一家企业提供，因为市场是由用户群体、客户群体、产品系列、产品提供者、产品销售体系和产品原材料供应体系等众多要素动态随机组成的，不只有产品。其中，用户群体、客户群体、产品系列、产品提供者是构成市场最基本的四个要素。产品系列既可以只是硬件、软件、内容和服务中的一个基础产品，也可以是由众多硬件、软件、内容和服务组合而成的产品组合或产品集成；用户群体是产品的使用者；客户群体是产品或服务的消费者；产品提供者是向用户群体提供产品的个人或企业。都希望用户群体和客户群体是同一个群体，这样容易做出针对性强的市场营销方案。但在日常工作和生活中，大多数情况下用户和客户是分离的，尤其是移动互联网全面普及的今天，用户群体和客户群体之间的差异化程度越来越大，用户忠诚度和客户忠诚度，与互联网时代之前相比更是大幅度降低。

（二）创业资源类型

1. 供应商

《零售商供应商公平交易管理办法》指出，供应商是指直接向零售商提供商品及相应服务的企业及其分支机构、个体工商户，包括制造商、经销商和其他中介商。供应商也称为“厂商”，即供应商品的个人或法人，可以是农民、生产基地、制造商、批发商（限一级）和进口商等。

2. 渠道商

渠道商是指连接制造商和消费者之间的众多中间企业，包括批发商、经销商、零售商、代理商和佣金商等。渠道商是离客户群体最近的第三方机构，也是以第一产业和第二产业占主导时最重要的产品流通主体。除了个别产业的产品制造商（如飞机、高铁等）是高度集中的外，其他产业中的产品制造商是高度分散的，产品制造商越分散就越需要渠道商来帮助其进行产品销售。比如旅游行业中的旅游产品线路，是由多个节点（如景区、营地、酒店等）与交通线路组成，上游的节点相对来讲非常分散，因此需要下游的渠道商（旅行社、在线 OTA）帮助销售产品。

3. 合作伙伴

本书所指的合作伙伴是指和企业一起从事产品规划、研发、生产、运营和服务的商业机构或个人。之所以把渠道商和供应商从合作伙伴中单独列出来分析，是因为渠道商是将产品销售给客户群体的商业机构，供应商则是把原材料、零部件提供给产品企业的机构，由此渠道商和供应商不是和创业企业共同从事同一种活动的商业机构。

4. 媒体平台

媒体是传播信息的媒介，是指人借助其用来传递信息与获取信息的工具、渠道、载体、中介物或技术手段。也可以把媒体看作实现信息从信息源传递到受信者的一切技术手段。媒体有两层含义：一是承载信息的物体；二是存储、呈现、处理和传递信息的实体。

媒体是人们提供信息、获得信息和传播信息的途径。创业企业在不同的发展阶段需要向不同的群体传递不同的信息。了解不同的群体获得信息的方式、对信息的反应和在获得信息后会采取的行动等对创业企业很重要。媒介只是信息传递的通路，在媒介上传递的内容才是影响群体的关键所在。创业企业需要按照一定的顺序寻找媒体合作平台，即新媒体、网媒、纸媒和电视等。

5. 团队角色

创业团队的角色有九类，分别是研发、生产、产品管理、市场、销售、财务管理、运营、售后和人力资源管理。以上角色可分为三大部分，分别是做产品、卖产品和服务产品。创业企业一般从这三大板块中的第一板块切入并开始创业，然后逐渐形成第二板块的业务，最终完成第三板块的业务整合。其中研发、生产和产品管理是做产品业务板块中最重要的部分；市场、销售、财务管理是第二板块的重要部分；运营、售后、人力资源是第三板块的重要部分。一般，做好以上九个环节，可以开始创业；如果能够做好其中三个环节，有可能成为细分市场的独角兽企业；如果把九个环节都做好，那这家企业肯定有非常强的竞争力。

6. 金融机构

金融机构是指从事金融业（银行、证券、保险、信托和基金等行业）有关的中介机构。金融机构是经济活动中重要的组成部分，可为企业的经营活动提供需要的资金，并根据企业的约定获取相应利息或其他形式的回报。不同的金融机构有不同的业务构成和运营方式，但都是围绕企业的金融服务需求而设立的。

7. 政府机构

政府机构是创业企业资源中重要的资源，该资源与其他资源不同，既可以是用户，也可以是客户，还可以是渠道，甚至可以是供应商和合作伙伴，甚至是投资人。如果创业者希望在创业过程中取得成绩，要了解国家政策，从而制定符合创业企业的发展战略。

二、创业资源的获取

我国改革开放带来了良好的经济环境，潜藏着巨大的商机与创业机会。大学生创业资源的获取可以从以下几个方面着手：

（一）资金筹集服务政策

资金是大学生创业的第一难题，国家因此出台了针对大学生创业贷款的相关政策。具体各地的政策还需要咨询当地政府部门。

（二）税收费用减免政策

国家支持大学生创业，为方便其创业，简化大学生创业中的各项程序，减免相应的行政管理费用，减轻初创企业的负担。自 2011 年 1 月 1 日起，毕业年度内的高校毕业生在校期间创业，可向所在高校申领《高校毕业生自主创业证》。为鼓励高校毕业生自主创业，以创业带动就业，财政部、国家税务总局发出《关于支持和促进就业有关税收政策的通知》，明确自主创业的毕业生从毕业年度起可享受三年税收减免的优惠政策。其中，高校毕业生在校期间创业的，可向所在高校申领《高校毕业生自主创业证》；离校后创业的，可凭毕业证书直接向创业地县以上人社部门申请核发《就业失业登记证》，作为享受政策的凭证。

（三）创业技能服务政策

大学生企业在创办后可能会遇到一些核心技术难题，此时可通过学校、行业协会、政府等力量，获得一些技术层面的交流与支持，具体还要依据各地实际的创业技能服务政策。

三、创业资源的整合

创业资源的整合，首先要吸引、保留关键人才资源。初创企业，人才资源是技术、客户等资源的支持因素。如何吸引、保留和激励核心人才，通过人才资源管理，将技术资源、客户资源发挥到最大价值是创业管理中的重要课题。其次要整合核心技术和客户资源，通过核心技术、核心优势，整合一切力量为客户服务，为后续的市场拓展做准备。

任务四　创业股权结构设计

一、股权与股权结构

（一）股权

此处所称股权是讲公司法中规定下来的法定的股权，即 shareholder's rights，在这个意义上，股权是指一种权利。

1. 股权是股东的权利

公司法里，股权比较规范的定义是股东与公司和其他股东之间关系的民事权利。股东和权利构成了股权的全部内容，股东是权利主体。股东简言之即出资人，向公司出资或投资的人，也就是把属于自己的钱（个人资产）投入公司（变成公司的钱，即注册资本）进而获得股东身份的人。

2. 出资成为股东获得股东权利（即股权）的基础

公司法和最高人民法院司法解释中，关于股东资格确认的裁决基础就是出资，出资又分为实际出资和认缴出资，不管哪种都是出资人获得股权的法律基础。

3. 股权是一个集合性权利

股权是“权利束”，作为创业者应该关注下表所列的四种重要的大类权利。

表 6-2　股东权利类型

类权利	核心权	具体权利
收益权	分红权	转让权、优先购买权、剩余分配权
参与管理权	表决权	提案权、参加会议权、召集权、质询权
知情权	查询权	财务会计报表查询权、会计账簿查询权、股东名册查询权、股东会议记录查询权、公司章程查询权、重大事项知情权
诉讼权	撤销权	股东会决议撤销权、董事会决议撤销权、解散公司请求权、股份回购请求权、损害赔偿权

（二）股东类型与股权诉求

股权是股东基于股东资格而享有的从公司中获得利益并参与公司经营管理的权利，叠加了股东对财富和权利的双重诉求。根据对钱、权诉求强弱的不同，将股东分为如下四类。

（1）A 型股东。这是很多企业家的梦想，他们羡慕像比尔·盖茨那样自己创建公司，并且能够始终控制公司。但在现实中，既收获财富又不分股的企业家并不多。实际上，创业过程中的许多决定都要求创业者在财富与公司控制权之间做出取舍。出现这种矛盾的主要原因是创业者必须吸引外部资源（人力、信息、资金）才能让公司创造价值，而这要求创业者用财富和控制权作为交换条件。

（2）B 型股东。如果说面对钱和权，企业家无法做到鱼和熊掌兼得，那么很多创始人股东在抉择时，会选择对控制权的倾斜。比如，京东 CEO 刘强东在中央电视台《对话》栏目中就说道：“如果不能控制这家公司，我宁愿把它卖掉！”

（3）C 型股东。如果说，创始人股东在钱权抉择中，往往把控制权排在第一位，那么公司员工和财务投资人（VC/PE）则会做出相反的选择——对

钱的强诉求 + 对权的弱诉求。也正是 B 型股东和 C 型股东的相反选择，使得不同类型的股东具有了互补性，奠定了合作的基础。

（4）D 型股东。钱的弱诉求和权的弱诉求，这在现实世界中几乎是不存在的。

表 6–3　四类股东诉求表

	A 型股东	B 型股东	C 型股东	D 型股东
钱	强诉求	弱诉求	强诉求	弱诉求
权	强诉求	强诉求	弱诉求	弱诉求

A/B 型股东是主导型创业者，作为公司的管理者，应该有清楚地设计股权结构的意识和规划，因为公司组织体就是个政治组织，其中企业家主导企业的重要体现就是结构设计。

（三）股权结构

股权结构是股东持股的比例关系，也就是说它反映的是出资比例所形成的关系，而决定股东因出资所形成的关系最主要的指标是股权集中度。

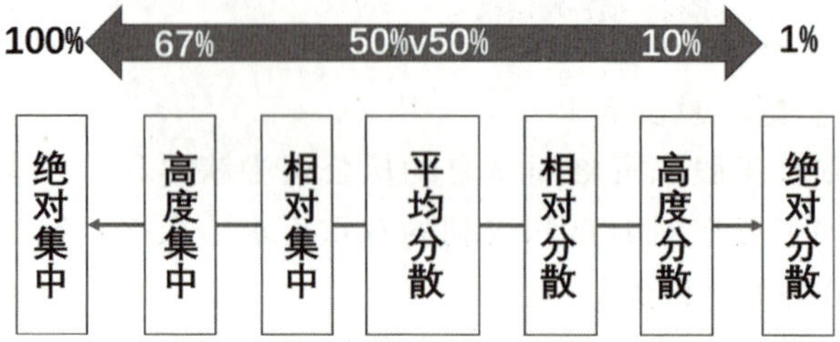

图 6–7　股权集中度

【案例 6–2】

理大师是一个成立于 2014 年 12 月的 O2O 健康理疗上门服务平台，目标人群是 20~40 岁亚健康白领人群，通过中医养生医疗体系来解决这类人群的健康问题。

2015 年 3 月 10 日，掌趣创享基金种子轮投资 400 万元。

2015 年 12 月 2 日，普华资本 Pre–A 轮领资 1600 万元。

2016 年 4 月 11 日，清科片仔癀医疗投资基金 A 轮投资 3000 万元。

可以说理大师公司发展初期顺风顺水。但就在完成 3000 万融资之后，理大师的两位创始人发生了严重矛盾，而矛盾的根源就是股权纠纷。理大师联合创始人 CMO 薛镝发声明称创始人 CEO 薛希鹏在 A 轮融资后，开始进行降薪裁员。但理大师随后发布公告称，薛镝工作能力有问题，一直完不成 KPI 考核，哪怕是调换了岗位也不行，薛镝本人消极怠工，离职前要求公司索赔 500 万”青春费”等。而薛镝根本不认同这一观点，他认为自己付出了很多，比如作为首席营销官，一手组建了理大师市场部，在几乎没有花费任何费用的情况下，联系到了多家电视台以及多家网络媒体的多档节目，同时还做出了 100 多篇门户网站新闻稿件，可谓对公司尽心尽力，尽职尽责。但矛盾就是矛盾，从薛镝入职到离职，双方经历了这样的流程：信任—怀疑—矛盾—分手。2016 年 4 月 25 日，理大师正式解聘薛镝，而对股权的退出转让费用，双方又产生了新的矛盾。

创业团队的散伙故事，不是第一次发生，也不会是最后一次。初创的时候，大家都一无所有，可以共患难，一旦公司发展起来，倘若公司没有明确的股份划分，就很容易发生矛盾。所以，创业者在创业前一定要合法合理地、明确地分配好股权。

在企业创立之初，需要对股权结构做出清晰的规划，不仅要设立“股份和期权池”，还要把股份的分配规则制定好。一方面要防止他方势力侵占公司的利益，另一方面也要保障每个有能力有付出的人，都能得到回报。

案例点评：信任不能代替规则。年轻的创业者因为兄弟情深而一起创业，但往往由于最初过于信任对方，导致疏忽了规则的建立和约束，当发现对方与自己当初的想象有偏差时，因没有可适用的规则，导致处理难度加大，把握不好尺度很可能会反目成仇。

股权架构不能试探人性导致“江湖式入伙、仇人式散伙”的原因可能有很多，但其中很重要的一个就是基于惯性思维，放任人性与商业的混同。严格来讲，这两者是有明确界限的，任何商业都有本身的商业模式，而股权架构是公司内部最重要的商业模式，在设计股权架构的时候不能无视，或者不防范人性的本能可能带来的冲击。企业创立初期一定要做好股权架构，合理合法分配股权。

二、股权结构设计目标

股权结构决定了公司的权力关系。对于创业企业而言，股权结构设计的基本目标不是股东利益的最大化，而是有利于公司整体的快速发展。科学合理的股权结构，对公司是至关重要的。

1. 明确合伙人之间的权责利

创业企业股权结构设计的首要目的是明确合伙人之间的权责利，科学地体现各合伙人之间对企业的贡献、利益和权利。

2. 保护创始人的控制权

在未来融资时，股权要稀释，合理的股权结构，有助于确保创业团队对公司的控制权。所谓公司控制权是指选择和监督公司代理人的权利，以及公司的经营管理决策权。股权凭借其表决权、选择管理者的权利等支配性权利，从根源上掌握了控制权。创业团队在组建过程中需要制定股权分配方案，其目的是保障公司有一个最终决策者，用控制权树立创始人在团队内部的影响力和话语权。

3. 凝聚合伙人团队

股权架构的设计，要能凝聚好合伙人，这样才能让团队更有竞争力。当下创业竞争加剧、节奏加快，联合创业的成功率远高于个人创业。一方面，合理的股权结构使团队成员对未来的回报有一个期望，能够留住现有的团队成员；另一方面，创业就像是接力赛，需要分阶段、有计划、持续地招募人才。股权是吸引人才的重要手段，因此创业团队最初分配股权时应该有意识地预留一部分放入股权池，为持续招募人才开放通道。

4. 促进投资者进入

对于创新创业企业来说，资本的助力必不可少，创业企业的股权架构设计要考虑资本如何进入。对于投资者来说，股权结构的合理性也是判断一个企业是否值得投资的重要指标。一般来说，投资者会要求创业企业有一个作为决策中心的大股东，类似平分股权的股权结构是不为投资者所认同的。大多数投资者认为，股权结构能够在很大程度上影响到创业企业日后的发展。

5. 维护公司和创业项目的稳定

股权从根源上决定控制权，而控制权决定了企业的管理者、战略方向、经营目标和策略等重大事项。新创企业可依赖的资源不外乎创业者的点子、技术、资金、资历、经验，投资人的资金、网络资源、管理经验和管理层的个人能力等，因此协调好这三方的利益关系，最大限度激发他们为新创企业服务的动力，是维护公司和创业项目稳定最重要的保证，股权便是最好的协调工具。

6. 为进入资本市场做准备

进入任何资本市场，无论国内还是国外的 IPO，都要求拟上市公司股权清晰，股东与公司之间、股东之间、股东与第三方之间不存在重大股份权属争议、纠纷或潜在纠纷，还要求股东出资行为真实，不存在重大法律瑕疵，或者相关行为已经得到有效规范，不存在风险隐患。

三、股权结构第一定律

基于前人的教训总结，不难发现平均股权是创业股权分配的第一大坑，因而，平均股权是可观察到的最坏的股权结构，被称为股权结构第一定律。

（一）股权平均的危害

股权平均会造成公司僵局。公司僵局是指由于公司两派股东拥有的股份相等或两派董事的人数相同以及少数派股东保留有某种方式的否决权，双方都无法有效地控制公司，从而使得公司的正常运行长时期陷入一种停滞和瘫痪的状态。当平均股权引起的内部管理问题，已经无法从公司内部解决时，就需要通过司法程序来解决。我国《公司法》解释中将公司僵局总结为四种现象，即分别是：公司持续两年以上无法召开股东会或者股东大会，公司经营管理发生严重困难的；股东表决时无法达到法定或者公司章程规定的比例，持续两年以上不能做出有效的股东会或者股东大会决议，公司经营管理发生严重困难的；公司董事长期冲突，且无法通过股东会或者股东大会解决公司经营管理发生严重困难的；经营管理发生其他严重困难，公司继续存续会使股东利益受到重大损失的情形。

（二）平均股权产生的一般原因

（1）观念上，认为平均就是公平。尤其是年轻创业者，创业初期，各方面力量均衡的时候，最容易有这样的错误观念。

（2）没有重视股权价值与个人价值间的关系。在分配股权的时候，没有考虑股东或合伙人对企业的贡献和价值；或者是没有考虑到股东或合伙人的价值是变化的、企业的价值也是变化的、企业结构也应是发展变化的，没有设定股权动态调整的机制。

（3）将股权比例或结构看作是静态的。不会随着企业融资、企业的战略转型、企业股东的增加等各方面的变化，去动态地调整自己的股权结构。

（4）缺少核心，即缺少“头狼”或者“主导型创业者”。

四、股权结构设计的原则

（一）责权利一致、对等原则

创业者要认识到在给核心员工或者合伙人分配职位时，就要考虑给予其相应的权利，这样对方才能尽职去做事。权利对应的是责任，然后是风险，承担多大的职责就要负多大的责任，同时要准备承担相应比例的风险。

（二）团队必须有“老大”原则

经营团队一定要有一个明确的领导者，做最后拍板的人，也是承担底线责任的人；如果有董事长，又有总经理或者 CEO，就一定要清楚是谁负责任。这样才能保证企业内部运行的效率、对外合作的清晰，投资人也更愿意看到这样的格局。

“一个老大带若干小弟”的股权结构，是集中与民主的结合，是一种稳定的股权结构。它是分散的，但又不是平均的；它的平均是“小弟”间的平均。对“老大”来说，在重视股权结构的同时，找到无条件追随的人才是重要的；对“小弟”来说，找到值得追随的人，也是重要的。

（三）股权分段释放原则

股权在企业不同的发展阶段有不同的意义，要清楚这一点后再决定分配方案。股份不能一次分完，在分股的时候要设定好回收机制。比如，有人中途离职，股权怎么办？是原价回收还是以当时的价值收回，可否向外部转让？另外，股权的工商登记和变更可能会有很多变化的时候，主要创始股东可以和其他零散股东签订代持协议。

在公司初创阶段，股份的意义是共同投入，共担风险；在成长阶段，股权可以吸引关键人才加入；在发展和成熟阶段，股权才和真实利益有关，才可以起到激励的效果；在成熟阶段，股权主要是以期权的形式发放，其目的是留住关键员工。

【拓展知识】

解码核心持股比

表 6–4　有限公司股东持股比例含义表

持股比例	含义	详解
34%	股东捣蛋线	对股东会的 7 类事项决策拥有一票否决权
51%	绝对控股线	除 7 类事项外，拥有决策权
67%	完美控制线	对股东会所有决策，均有一票通过权
25%	外资待遇线	外国投资者出资比例高于 25%，方可享受外商投资企业待遇
20%	重大影响线	股东需用“权益法”对该投资进行会计核算
10%	申请解散线	拥有申请法院解散公司和召开临时股东会的权利

表 6–5　非公众股份公司股东持股比例含义表

持股比例	含义	详解
1%	股东代表诉讼线	当董事高管侵害公司利益时，有权提起诉讼
3%	股东提案资格线	提交股东大会议案
10%	股东大会召集线 申请公司解散线	拥有申请法院解散公司和召集临时股东会的权利

表 6–6　新三板公司股东持股比例含义表

持股比例	含义	详解
67%	重大重组通过线	重大资产重组须经出席会议的股东所持表决权的 2/3 以上通过
30%	实际控制认定线	实际支配挂牌公司股份表决权超过 30% 被认定为拥有新三板挂牌公司的控制权
10%	权益变动报告线	投资人拥有权益的股份达已发行股份的 10%，需编制并披露权益变动报告书
5%	重要股东判断线	权益受限要披露；减持披露；拥有权益增减幅达 5% 要披露；自愿要约收购，约定比例不低于 5%；外资比例超过 5% 要备案

任务五　创业融资

一、创业融资的认知

（一）融资的准备

1. 确定融资框架

融资前创业团队内部首先要确定一个融资框架。其内容包括：①确定融资额度；②确定出让股份；③期权的设置；④确定融资代表，与投资方进行接洽与谈判；⑤事先确定企业的估值范围。以上这都是需要在融资前就要决定好的，且这个融资框架是创业团队内部一致同意的。

2. 制订商业计划书

一份优质的商业计划书（BP），是成功融资的敲门砖。在准备商业计划书之前，必须对经营概念做出一个快速的可行性研究，尽量多搜集市场、财务和生产运营等相关信息。商业计划书中，应提供与企业产品或服务有关的细节，包括企业实施的相关调查及细致分析的竞争对手情况。

制订商业计划书的目的是给投资者提供企业对目标市场的深入分析与理解，同时，应该表明企业行动的方针与展望、展示创业团队等内容。要注意计划书必须简单、有操作性、具体而适度且客观完整。

3. 筛选目标投资商

现在投资机构比较常见，创业企业融资之前，需要进行一定的筛选，选出对企业来说有价值的投资商。下面罗列的筛选依据可为创业者提供一定的参考。

（1）品牌价值。最好选择那些能够给企业带来品牌效应的投资方，这些投资方的认可有利于创业企业之后获得更多的投资。

（2）战略价值。投资方所处的行业存在的战略价值，比如有的专门投资智慧旅游行业，有的专门投资云计算，有的专门投资移动互联网。战略价值不仅在于投资商的资源，还在于其所投公司给创业企业带来的价值。比如创业企业是制作新媒体广告的，投了大量媒体，对创业企业有很好的战略价值。

（3）竞争分析。对可能已经投了创业企业竞争对手的投资方，需要放弃。

在进行了以上三个方面的分析后，筛选出来的潜在投资商就是创业企业需要瞄准的目标。

（二）融资过程

1. 与投资方初步接触

如果投资机构或投资人对项目感兴趣，一般会与创业者约谈，进行初步的沟通。在这个过程中，投资方会提出意见与建议，商业计划书需要进一步升级完善，这就意味着创业团队需要不断修改商业计划书。投资商还可能修整企业的融资框架，调整企业的估值。商业计划书修改得越完备越具可操作性，之后获得融资的可能性就越大。

2. 与投资方深入接触

在融资的时候，投资方会拿到融资意向书，创业企业深入接触的时候要把握好时机。比如现在有 4 家是需要深入接触的，经过了解和观察，发现其中有一家决策非常快，可能一周时间就会出融资意向书。

可先接触最慢的，再接触两家平均水平的，最后接触那家最快的。因为意向书通常是有时间限制的，可能一两周就过期了。要根据对投资商的理解把握好约谈顺序，尽可能在投资商给出融资意向书时，1~2 周内获得 2~4 份意向书，之后就会有比较好的选择。

3. 审阅投资意向书

投资商出具的投资意向书（Termsheet），正常来说会有很多条款。创业者必须充分理解"优先清算权""参与分配权""棘轮条款""优先股"等概念。投资商清楚地知道，融资协议比估值要重要得多，因此通过这些规定来确保公司走下坡路时依然能够最大程度地保护自身财产。创业者必须充分理解投资意向书中的条款并且知晓其带来的后果，再与投资方进行谈判。投资方给出的投资意向书，是可以通过谈判修改的。

4. 尽职调查

在投资人详细了解了创业计划书并认为项目具备较大潜力后，将与创业者用合同的形式锁定一段时期做尽职调查，在此期间，创业者不能与其他投资者讨论融资问题。这时候投资人会对企业进行一系列调查，包括业务、财务、法务。法务和财务对早期公司多不规范，所以企业应更加重视投资商的业务调查。

5. 融资完成

资金没有到账之前一切都有变数，违约是所有投资人都不愿意做的事情，但现实中难免出现意外。一旦资金到位，融资完成，投资人与创业者就开始一种新的伙伴关系。

二、不同发展阶段的融资需求特征

第一阶段：项目启动

资金需求与风险分析：在这个时期，企业产品研发成功，企业运营对资金的需求量也会加大，但是相应的销售收入现金回流却十分有限。因资产规模小，但对于资金的需求又极为迫切，企业能否获得足够的资金来占领市场充满了不确定性，这一状况决定了在企业创立期所面临的风险较大，其抵御风险的能力也较低。

融资方式：创立期，大多数创业公司会选择风险投资机构来进行融资。与此同时，在这一时期，由于公司未来发展依旧存在许多不确定因素，创业者也无法对现金流做到精准预估，因此投融资双方对企业的价值在很多情况下会出现分歧，对于股权比例的争夺也较为激烈。

融资决策：创业者可根据企业的发展情况和市场的实际情况来修订相应的商业计划书。除了确定本轮融资的相关事宜外，在这一发展阶段，企业还要对下轮及多轮融资进行筹划。

第二阶段：项目成长

资金需求与风险分析：成长期，企业销售规模迅速扩大，创业及管理队伍已成型，公司在生产、销售、服务方面也有了十足的把握。在这一阶段，创业者往往会抱有扩充队伍、扩大生产线的愿景，以进一步开拓企业发展的市场。要实现规模效益的目的就决定了企业在该阶段会对外部资本产生较大需求。同时，在成长期，技术和市场的不确定性依旧很大，因此创业企业仍旧面临着诸多风险。但是相较于前一个阶段，其风险性逐步降低。

融资方式：在这一阶段，由于享有了一定的商誉，拥有了一定的资产可以抵押或者关联企业的担保，企业融资渠道也会变得较为通畅。除了股权融资以外，企业也可选择债务融资等方式。

融资决策：在这一时期，融资决策要包含未来企业的发展模式。企业处于快速发展阶段时，自身商誉得到了一步步的提升，便有能力获得其他金融机构的支持。

三、创业企业的融资渠道

（一）融资渠道

1. 自筹资金

一般，国内很大一部分创业企业在创业初始阶段依靠自筹资金。因为创业企业融资劣势，使他们难以通过传统的融资方式，如向银行借款、发行债券等获得资金，所以私人资本成为创业融资的主要组成部分。

2. 天使投资

天使投资是自由投资者或非正式风险投资机构，对处于构思状态的原创项目或小型初创企业进行的一次性前期投资。天使投资虽是风险投资的一种，但两者有着较大差别。天使投资是一种非组织化的创业投资形式，其资金来源大多是民间资本，而非专业的风险投资商；天使投资的门槛较低，有时即便是一个创业构思，只要有发展潜力，就有可能获得资金，而风险投资一般对这些创业构思兴趣不大。

天使投资主要有三个特点：①高科技。投资对象大多是处在种子期和初创期的中小型高科技公司，投资的目的不是项目本身，而是高新技术背后潜在的巨大利益；②高风险。从投入到退出时间比较长，中间经历复杂多变的各种要素，因此投资风险较大；③高回报。一般投资于具有高成长性的科技、技术项目，收益率比较高。

3. 风险投资

在中国，风险投资是一个舶来概念。美国风险投资协会将其定义为“是由职业投资家投入到新兴的、迅速发展的、具有巨大经济发展潜力的企业中的权益资本”。在这段定义中，有几个关键的组成部分：①权益资本，风险投资是一种股权投资，一般不以贷款等债权投资形式体现；②职业风险投资家，风险投资的整个投资过程是由专业的风险投资家负责，包括做投资决定、管理投资等；③创业公司，风险投资一般投资那些处于发展期的或者处于快速成长期、在未来有可能成为大企业的公司。

4. 私募股权投资

私募股权投资，是指通过私募基金对非上市公司进行的权益性投资。在交易实施过程中，会附带考虑将来的退出机制，即通过公司首次公开发行股票（IPO）兼并与收购或管理层回购等方式退出获利。简单地讲，就是投资者寻找优秀的高成长性的未上市公司注资其中，获得其一定比例的股份，以推动公司发展、上市，此后通过转让股权获利。

5. 众筹融资模式

众筹融资起源于美国，2011 年正式进入国内。众筹融资实际上是指大众筹资或群众筹资。其主要特点是利用互联网传播，通过自己的创意让公众关注和支持，然后得到所需的资金支持。其主要模式是众筹平台对项目的创新性、可行性审核后，批准发起资金募集。投资人可通过第三方支付“捐献”指定数目的资金，并在项目完成后得到“回馈”。

6. 政府资金

我国政府于 2005 年成立政府引导基金。其运行模式为政府出资设立“母基金”，风险投资机构出资设立“子基金”，由专门的风险投资机构进行实际操作，对创业企业进行投资，政府起监督管理作用，以此来发挥风险投资对我国创业企业的作用。政府引导基金一般是支持发展前景好、具有市场潜力的创业企业。

（二）不同阶段的融资渠道

企业处于不同阶段时融资渠道不同。此处将企业分为三个阶段，即种子阶段、成长阶段、成熟阶段，来分析创业企业处于不同阶段时的融资方式。

1. 种子阶段

种子阶段主要是指产品处于创意或开发研究阶段，尚无正式的产品，无销售收入，无正式的销售渠道。企业在这一阶段面临技术风险、市场风险和管理风险。其主要任务是确定技术和商业上的可能性。

种子阶段的融资渠道主要包括自有资金和天使投资。相比后面的融资阶段，天使轮的融资条件方面比较宽松，天使投资人的商业判断和个人偏好往往占据较大因素。

2. 成长阶段

创业企业进入成长阶段，已经具备较成熟的商业模型、较规范的商业运作，但还需要在与市场结合的过程中加以完善。这一阶段的资金主要用于形成生产能力和开拓市场，其目标是尽快实现盈亏平衡，解决生存问题。这个阶段通常包括 A/B/C 轮的融资，通常又被称为第一、第二、第三轮融资。富有竞争力的公司在这一时期，往往会出现多家投资机构争相投资的情况。

3. 成熟阶段

通常来说，一般到第二、三轮融资时，互联网公司就会准备 IPO。成熟期的企业在生产、销售、服务等方面已具备较好的基础，新产品设计和工艺已经定型，并具备批量生产的能力，但完善的销售渠道和网络还没有建立，企业品牌和形象也需要进一步巩固；同时，由于创业型企业产品更新换代速度快，企业在提高产品质量、降低成本的同时，开始着手开发第二代产品，以保证企业的可持续发展，确立企业在行业中的主导地位，所以这一阶段融资也很重要。

四、创业融资的估值

（一）估值方法

1. 重置成本法

重置成本法是在现实条件下重新购置或建造一个全新状态的评估对象（创业公司），以所需的全部成本减去应计损耗来确认其价值。通常这是以初创公司发展支出的资金为基础，来确定估值谈判的底价。不过，重置成本法的缺点在于没有考虑与创业公司运营相关的所有无形价值，也没有考虑到预期收益增长的价值，因此这种方法通常会低估创业公司的价值。

2. 现金流折现法

现金流折现法是以合理贴现率计算预测现金流的总现值方式来确认创业公司价值。通常依据不同的公司发展和总体经济预测，把未来现金流分为多个阶段。在预测现金流时，需要考虑创业公司的行业前景、竞争对手、政策影响、成本因素等，在处理合理贴现率时需要考虑行业特点和公司所处创业时期（种子期、成长期、成熟期）。现金流折现法基于公司未来的经济表现，相对准确地反映了创业公司绝大部分的价值，通常是创业公司比较有效的估值方法。不过其缺点在于预测的参数过多，其结果准确性会受影响。

3. 市场法

市场法以已有可比上市公司或可比近期交易为参照，根据对比差异调整其定价乘数后，套入创业公司的各项基础财务指标（如利润、现金流、收入、账面值等）得出公司估值。市场法相对简单且容易操作，但其难点在于如何找到合适的参照，需要大量的实际数据。对可比上市公司与创业公司、可比近期交易与标的交易的差异性评价，及其对应的修正也是其难点。一般，市场法不适用于特点独有和有大量无形资产的创业公司。

（二）种子期的估值

在创业初期，无数字可看，甚至无产品可看，要获得投资完全凭创始人。投资处于种子期的创业企业时，投资人往往面临着缺乏信息、未来不确定性高、数据缺失等挑战。为了达成投资并有效控制风险，种子期创业投资主要采用过往统计数据结合自身主观判断的方式，对投资进行估值，这种估值方法可以称为主观统计法。根据创业企业投资案例的实证统计分析，种子期投资的估值一般遵循以下投资原则：企业资产上限和投资比例上限。种子期企业的估值不超过 500 万元，且投资单一企业的股份比例不超过 25%。

（三）成长期的估值

对创业公司的 A 轮估值一般是创业者动态询价达成，初始价格是由创业者制定，然后将项目和价格报给数家业内投资公司。如果有投资公司认为价格和项目匹配合理，就会达成一致；反之创业者则只能主动降价直到找到合适的投资人。

【思政园地】

创新创业人才不仅需要创新创业精神，还需要坚持不懈、不畏困难、勇于开拓、敢于进取等品质。红色文化中也蕴含着求真务实、百折不挠、自强不息、开拓进取等宝贵的精神财富。这些精神是人们源源不断获取知识的源泉，且与创新创业人才所需的优秀精神具有相同之处，例如红色精神中的井冈山精神。井冈山精神是革命先烈在革命斗争中形成的一种内含丰富的革命精神，其所代表的艰苦奋斗、坚持信仰有利于培育学生志存高远的创业精神，将井冈山精神与创新创业精神相结合，有助于形成当代的创新创业精神。优良的创新创业精神能够激发创新创业人才的思考，融入红色基因的创新创业教育，可以为创新创业事业提供源源不断的精神动力。

点评：创新创业教育与红色基因有机结合，可为创新创业精神提供充足的营养。有了“营养来源”的创新创业教育，其精神核心会更加明确，也更易于弘扬创新创业精神。

思考与练习

一、判断题

1. 创业企业的合作伙伴就是合伙人。（　　）
2. 创业企业的产品需求一般是根据市场调研获得。（　　）
3. 一般的创业项目不需要考虑市场营销。（　　）
4. 一般的路演 PPT 需要 100 页。（　　）
5. 创业计划书与 PPT 路演内容要相互匹配。（　　）

二、选择题

1. 创业的初始阶段，创业者应该确定以下哪项要素，来考察企业的计划目标是否按期达到。（　　）

A. 指标　B. 决策点　C. 目标　D. 观测器

2. 创业者所处的环境及具备的能力对以下哪个类型的选择有决定性作用。（　　）

A. 创业动机　B. 创业贷款　C. 创业团队　D. 创业项目

3. 推动自主创新，将创新成果转化为市场化产品，必须依靠谁的创业行为。（　　）

A. 政府　B. 企业　C. 学校　D. 个体

三、思考题

1. 当前旅游行业的最大痛点是什么？有什么途径能解决这个痛点？
2. 智慧旅游相关的创业企业有哪些？请举例他们的融资方式是什么？
3. 创业团队核心成员的分工是怎样的？
4. 根据一般智慧旅游创业项目，怎样设置招聘岗位的人员构成与需求？

参考答案

项目七　智慧旅游产品的市场运营

项目导读

旅游产品的市场运营是旅游企业通过市场营销、产品开发、品牌管理等市场开发行为以取得利润或提高市场占有率。其市场运营的主要特点是企业着重以提高自身竞争力来实现企业利益最大化。市场运营需要制定符合市场发展的运营策略及市场开发的战略目标和发展规划。本项目主要通过介绍品牌的内涵与构成要素、品牌的内容设计、品牌策略以及营销组合策略等方面的内容,使读者对旅游产品的市场运营有全面的了解。

学习目标

知识目标

1. 了解品牌的概念、内涵及种类。
2. 了解 CIS 的起源、发展历程和组成内容。
3. 掌握品牌定位、设计及品牌管理的基本内容。
4. 了解市场营销组合理论在企业实践中的意义。
5. 了解新产品试销与产品投放的概念。

能力目标

1. 熟悉品牌决策的基本流程。
2. 能够阐述品牌的构成要素。
3. 掌握新产品试销与产品投放的方法。

素质目标

1. 会运用市场营销组合对企业市场活动进行分析、决策。
2. 会使用新产品试销的方法开展互联网创新产品试销。
3. 会使用新产品市场投放的方法开展互联网创新产品的投放。

思政目标

从商业道德角度,培养学生营销能力、服务能力。

思维导图

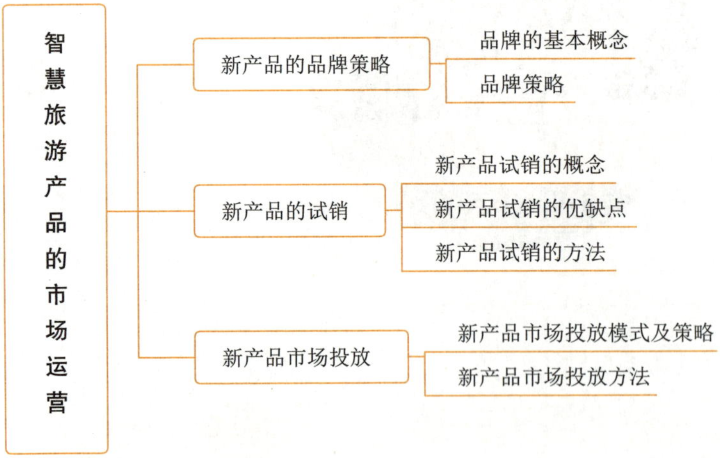

任务一 新产品的品牌策略

一、品牌的基本概念

（一）品牌的含义

1. 品牌的概念

品牌是一个识别的标准，是标志、概念、产品、认知的综合代表，是商品或者服务提供商之间为了互相区别而产生的、属于每个提供商独特的名字、符号、标识，或者是这些元素的组合。从法律上来讲，每个注册过名称和标识的服务商都有自己的品牌。

品牌印象早于产品感受。真正的品牌是消费者心智中代表特定品类的名字或者符号。在消费者心智中发生关键作用的是品类，品牌的意义在于表达品类。因此品牌最基本的含义其实包含四个方面：一是质量，二是知名度，三是差异化，当然还有一个最基础的方面——可信度，表现本质就是简单可信。质量是品牌的基础，知名度是品牌的前提，差异化是品牌的基因。

品牌不仅是区分同类产品或服务的名称和符号，更是在顾客心智中针对竞争对手所建立的认知优势。品牌聚焦于某一产品特性所建立的差异化概念，是获得消费者关注，建立认知优势的核心。

2. 品牌的属性

虽然不同学者对品牌有着不同的定义，但总地来说，对品牌的研究都离不开符号、服务和价值等核心要素。对品牌的基本属性可以概括为三点：第一，品牌是一种可以区分其他产品种类、产地等的符号；第二，品牌具有吸引、锁定消费者，促进营销的功能；第三，品牌是企业应用品牌战略进行市场维护、开发和提升商品价值的手段。

人们已从实践角度证明了品牌的作用，品牌影响认知，认知影响产品体验，产品体验又影响购买行为。哪个品牌获得了认知上的优势也就等于获得了市场上的优势。

3. 品牌的种类

品牌可以依据不同的标准划分为以下不同的种类：

（1）根据品牌知名度的辐射区域划分

根据品牌的知名度和辐射区域，可以将品牌分为地区品牌、国内品牌、国际品牌。其中，地区品牌是指在一个较小的区域之内生产销售的品牌。这些产品一般在一定范围内生产、销售，产品辐射范围不大，主要受产品特性、地理条件及某些文化特性影响。国内品牌指国内知名度较高、产品辐射全国销售的产品。国际品牌指在国际市场上知名度、美誉度较高，产品辐射全球的品牌。

（2）根据品牌产品生产经营的不同环节划分

根据产品生产经营的所属环节可以将品牌分为制造商品牌和经营商品牌。其中，制造商品牌是指制造商为自己生产制造的产品设计的品牌，经销商品牌是经销商根据自身的需求、对市场的了解，结合企业发展需要创立的品牌。制造商品牌很多，如索尼、奔驰、长虹等，经销商品牌如“西尔斯”等。

（3）根据品牌来源划分

依据品牌的来源可以将品牌分为自有品牌、外来品牌和嫁接品牌。其中，自有品牌是指企业依据自身需要创立的，如全聚德等。外来品牌是指企业通过特许经营、兼并，收购或其他形式而取得的品牌。例如联合利华收购的北京“京华”牌，香港迪生集团收购法国名牌商标 S.T. Dupont。嫁接品牌主要指通过合资、合作等方式形成的带有双方品牌的新产品。

（4）根据品牌的生命周期长短划分

根据品牌的生命周期长短来划分，可以分为短期品牌、长期品牌。其中，短期品牌是指品牌生命周期持续较短时间，由于某种原因在市场竞争中昙花一现或持续一时。长期品牌是指品牌生命周期随着产品生命周期的更替，仍能经久不衰，永葆青春。例如老字号全聚德等。

（5）根据品牌所属行业划分

根据品牌产品所属的行业不同可将品牌划分为家电业品牌、食用饮料业品牌、日用化工业品牌、汽车机械业品牌、商业品牌、服务业品牌、服装品牌、网络信息业品牌等几大类。

除了上述几种分类外，品牌还可依据产品或服务在市场上的态势划分为强势和弱势品牌等。

4. 品牌的构成要素

从最基本的层面上，企业品牌是向受众及消费者传递一种产品或企业的正向信息，其主要包含以下几方面：

（1）属性

一个企业品牌首先代表特定产品的属性。特定的属性附着在一定的产品上，不同企业品牌的产品表现为不同的属性差异。消费者可以根据不同的企业品牌区分出同类产品的属性差异，据此选择自己所需求的产品。

（2）利益

消费者是购买利益而不是购买属性。从消费者视角看，企业品牌属性就是企业品牌功能和情感利益，“质量可靠”会减少消费者维修费用，给消费者提供节约维修成本的利益；“服务上乘”意味着极大方便了消费者。

（3）价值

企业品牌的价值特指可以兼容多个产品的理念，是企业品牌向消费者承诺的功能性、情感性及自我表现型利益，体现了制造商的某种价值感。企业品牌的价值是一种超越企业实体和产品以外的价值，是与企业品牌的知名度、认知度、美誉度、忠诚度等消费者对企业品牌的印象紧密相关的、能给企业和消费者带来效用的价值，是产品属性的升华。企业品牌价值需要通过企业长期努力，使其在消费者心中建立起一定的价值，再通过企业与顾客之间保持稳固的联系加以体现。

（4）文化

企业品牌的内涵是文化，企业品牌属于文化价值的范畴，是社会物质形态和精神形态的统一体，是现代社会消费心理和文化价值取向的结合。

（5）个性

企业品牌的个性是企业品牌存在的灵魂，是企业与消费者沟通的心理基础。从深层次来看，消费者对企业品牌的喜爱是源于对企业品牌个性的认同。

（6）使用者

品牌暗示了购买或使用产品的消费者类型。企业品牌将消费者区分开来，这种区分不仅从消费者的年龄、收入等表象特征体现出来，更多地体现在消费者心理特征和生活方式。

企业品牌的内涵在于它除了向消费者传递品牌的属性和利益外，更重要的是它向消费者所传递的品牌价值、品牌个性及在此基础上形成的品牌文化。

如图 7–1 所示，“属性、利益和使用者”是形成一个企业品牌的基础，而企业品牌价值和企业品牌个性是在此基础上的浓缩和提炼，而文化则是进一步地升华。企业品牌的策划要深度开发企业品牌的内涵。如果一个企业品牌只具备了属性、利益和使用者这三个基本要素，可以称它为物质性企业品牌；如果具备了属性、利益、价值、文化、个性和使用者这六个基本要素，可称它为精神性企业品牌。如果一个企业把企业品牌仅看成是某个元素符号，就忽略了企业品牌内涵的关联性。在企业品牌的六大要素中，价值处于中心地位，是企业品牌的精髓，是成为精神品牌的关键。企业品牌价值是在物质性企业品牌基础上的升华，一个企业品牌最独一无二且最有价值的部分通常会表现在核心价值上。强势企业品牌无一例外是靠其核心价值获得消费者的品牌认同。

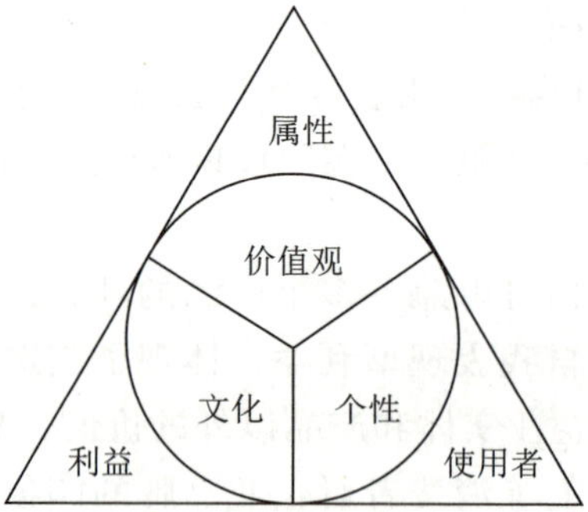

图 7-1 品牌的构成要素

（二）品牌内容的设计

品牌内容的设计是在企业自身正确定位的基础之上，基于正确品牌定义下的视觉沟通。它是一个协助企业发展的形象实体，不仅能协助企业正确地把握品牌方向，而且还能使人们正确、快速地对企业形象进行有效深刻的记忆。

品牌设计在内容上可以分为广义的品牌设计和狭义的品牌设计，其中广义的品牌设计包括战略设计（如品牌理论、品牌核心价值、品牌个性）、产品设计、形象设计等；狭义的品牌设计则是品牌名称、标识、形象、包装等相结合以展示品牌的属性、效益、文化等而进行的设计。

1. 品牌设计的重要性

消费者与品牌的关系越来越密切，从服饰到电器，从旅游到家具，生活的各个领域几乎都成为各大品牌群雄逐鹿的战场。

（1）品牌是一个企业存在与发展的灵魂。产品本身是没有生命力的，只有产品没有品牌的企业也是没有生命力和延续性的。品牌是一个企业存在和延续的价值支柱。

（2）品牌代表着企业的竞争力。品牌意味着高附加值、高利润、高市场占有率，好的品牌可以为企业带来较高的销售额，可以花费很少的成本让自己的产品或服务更有竞争力。早在 40 年前美国著名广告研究专家 Larry Light 就根据他对市场发展的研究大胆地提出：未来营销之战将是品牌之战，是为获得品牌主导地位而进行的竞争。未来的企业和投资人都将品牌视为企业最有价值的资产。拥有市场比拥有企业更重要，而拥有市场的唯一途径是拥有占据市场主导地位的品牌。由此可见，品牌及品牌战略已经成为企业构筑市场竞争力的关键。

（3）品牌意味着客户群。对于消费者来说，有品牌的产品不仅在质量上能给予消费者以保证，更重要的是能满足消费者在消费时的愉悦感，从心理上得到了更大的满足，品牌代表着一贯的承诺。品牌对于顾客不仅意味着其消费的产品、享受的服务源自何处、出自谁手，而且与一定的质量水准、品牌信誉始终相连。一个品牌代表着一定的产品、服务质量，凝聚着企业的形象和顾客、公众和社会对它的评价，吸引着相对稳定的、忠诚的客户群。对于广大企业来说，品牌意味着客户忠诚，意味着稳定的客户群，意味着同一品牌覆盖之下持久、恒定的利益。

2. 品牌识别

品牌识别（Brand Identity）是品牌设计者希望创造和保持的、能引起人们对品牌美好印象的联想物。品牌识别，是一个系统性工程，包括品牌理念识别（Brand Mind Identity，简称 BMI）、品牌行为识别（Brand Behavior Identity，简称 BBI）、品牌视觉识别（Brand Visual Identity，简称 BVI）三大识别系统。品牌理念识别是最核心的品牌识别，它影响、制约并统率其他的品牌识别，最终在顾客心中形成鲜明的品牌形象；品牌行为识别是企业有关品牌的行为总和，它提供了实际层面的品牌价值；品牌视觉识别是品牌的外在形象，它提供传播层面的品牌信息，效果最明显、最直接。

（1）品牌理念识别。企业理念识别可以表述为企业从事一切经营管理活动的哲学、思想、价值观。它是企业在经营上希望达到的理想境界，最高准则、也可以说是企业追求利益、经营战略战术的核心，是企业全体人员行动的总目标、方针。企业理念包括企业使命、经营理念、共有价值观、企业精神、管理原则，以及对外传播的广告语、精神标语等内容。理念识别（MI）系统在企业活动中不仅决定着经营的方针、行为的导向，更由此构筑企业文化，培育企业精神、企业风格、企业个性和企业形象。企业理念是构筑 CIS 战略的灵魂、基石和原动力。

（2）品牌行为识别。企业行为识别也称名牌商标形象战略的行为识别，指在企业的经营理念、经营方针、企业价值观、企业精神指导下的企业识别活动。它通过企业的经营管理活动以及社会公益活动等来传播企业的经营理念，使之得到企业内部员工的认可和支持之后，更能进一步得到社会公众的接受，从而进一步强化其品牌形象，在市场创立的品牌中树立一种美誉度极高的企业形象，创造更加有利于企业深化发展的内、外部环境。从这一意义上讲，BI 是以企业独特的经营理念为基本前提，这就决定其具有个性化特点，始终围绕企业经营理念这个核心展开。

①企业内部活动的识别。所谓企业内部活动识别即企业行为识别是在企业内部对本企业员工的传播活动，目的是使企业理念得到主体员工的认同，因此有人称其为企业的自我认同。著名品牌设计公司捷登设计总监 Raymon

曾说过：企业经营理念的确立并非企业领导者的个人行为，它需要全体员工的共同认可，才能作为整体企业的纲领性指导方针，并且在具体的企业经营活动中，企业员工是企业精神与理念的实质性载体，他们担负着传达理念于受众的艰巨任务，他们的实际工作无时无刻不在传播着本企业信息，塑造着企业或好或差的形象和品牌。因此，BI 内部识别战略就是要争取员工对本企业的认同，使员工不仅了解企业的经营战略、经营思想、发展战略，并且要使他们成为企业的有机组成部分，全心全意地为实现企业长期目标而工作，这样企业就成为一个命运共同体。

②企业对外的行为识别。企业对外的行为识别，是指企业在市场调研和营销策划的基础上，通过一系列公共关系活动、社会公益活动等，向社会公众进行的信息传播活动，其目的是由此有计划、有步骤地传播企业文化和经营理念，以求得社会公众的认可，为企业的经营活动营造一个理想的外部环境。企业对外行为识别主要应从以下两个方面进行设计：

一方面是市场营销。市场营销是企业最主要的外部经营行为，它是企业从市场特点及消费者需求角度出发，将适销对路的产品通过有效的渠道、有力的促销、合理的策略以及完善的服务等传递到消费者的一整套经营管理行为。它不仅能给企业带来经济效益，更为重要的是，它塑造了企业及其产品的市场形象，这对于一个有长远发展战略的企业来讲十分重要。

另一方面是公共关系。企业外部公共活动主要是针对消费者、社区大众以及政府和新闻媒体的，旨在通过全面的、一贯的、长期的信息传播活动，塑造良好的企业形象。

③品牌视觉识别。品牌视觉识别是运用系统的、统一的视觉符号系统。视觉识别是静态的识别符号具体化、视觉化的传达形式，项目最多、层面最广、效果更直接。品牌视觉识别系统属于 CIS 中的 BVI，是用完整的视觉传达体系，将企业理念、文化特质、服务内容、企业规范等抽象语义转换为具体符号的概念，塑造出独特的企业形象。视觉识别系统分为基本要素系统和应用要素系统两方面。其中基本要素系统主要包括企业名称、企业标志、标准字、标准色、象征图案、宣传口语、市场行销报告书等。应用系统主要包括办公事务用品、生产设备、建筑环境、产品包装、广告媒体、交通工具、衣着制服、旗帜、招牌、标识牌、橱窗、陈列展示等。

品牌视觉识别系统是品牌形象具体化、视觉化的表达形式，往往会构成消费者对品牌的第一印象、第一认知，同时也最具有传播力和感染力，最容易被认知、被记忆和被联想，起着品牌形象传递的先锋队作用。其设计是将企业标志的基本要素，以强有力方针及管理系统有效地展开，形成企业固有的视觉形象，透过视觉符号设计出经营者的理念、精神，有效地推广企业及其产品的知名度和形象。视觉识别系统设计将企业识别的基本精神充分地体现出来，使企业产品品牌化，同时推进产品进入市场。

二、品牌策略

（一）品牌设计

随着信息时代的到来，品牌需要品位和富于联想的内涵，品牌设计逐渐从品牌标志设计延伸至更加体系化的品牌视觉识别系统的打造。消费者对于品牌形象认知，也慢慢从品牌标志转移到其他品牌视觉资产上。面向未来的设计应该是关注人们内心深处的真实情感需求。根据马斯洛的需求层次理论，愈靠近顶层的需求，愈有可能与品牌受众发生情感联系。只有关注人的需求所做的品牌设计，才能创造出独特的定制体验以及品牌价值。面向未来的品牌设计有以下几点特征：

1. 鲜明的品牌人格

鲜明的品牌人格能够形塑出独特的品牌个性和视觉腔调，在市场上形成强大的感召力。面向未来的品牌设计应该是重视品牌个性化塑造，而不是聚焦在不同市场中与竞品的差异。

2. 一致性的品牌视觉架构

一致性的品牌视觉架构能够确保品牌、产品、员工、渠道、传播之间的相互联结，亦是品牌与受众之间的情感信任基础。一致性不意味着一成不变，而是创造一个共性的视觉基础，通过固定和灵活的方式来系统性管理品牌视觉元素。

3. 可持续化的品牌表达

可持续化的品牌表达是基于品牌愿景和目标，制订清晰的未来品牌视觉扩展规则，帮助品牌有序成长，向品牌目标受众清楚地传达信息，树立清晰的品牌联想，使品牌视觉资产持续累积并最大化。

4. 创新技术的应用设计

未来的品牌设计应该是愈来愈趋向于体验，并与创新技术的应用结合。创新技术的应用设计使品牌视觉资产更具未来性及人性化的体验，品牌设计不仅是平面的标志设计或者是静态辅助图形设计，而是需与时俱进地在目标受众心中形成立体化品牌联想。

（二）品牌策略

大部分企业对于品牌策略都十分关注，都希望能依据企业的自身情况，量身定制其品牌策略。但很多企业都忽视了品牌策略的本质，以及建立品牌策略的过程。

品牌策略的本质是解决品牌差异化。品牌策略的建立是为了品牌能够向不同的受众人群清晰、准确地输出“我是谁”“我有何不同”“我的形象怎样”，并且能够保障品牌对外认知的统一性。让品牌在激烈的市场竞争中能够树立起与竞品有差异化的辨识度，让品牌在纷杂的信息传播中脱颖而出。品牌策略都是围绕目标顾客差异化认知而展开，制定品牌策略可以依据经典的“3W”原则，即“Why”“What”“Who”。

1. Why

即品牌策略制定的背景和合理性论证。在品牌不同的发展阶段，所面临的情况不一样。因此，品牌策略的制定首先就要确保与品牌发展阶段及竞争格局的匹配性。只有针对特定的市场环境和发展阶段而制定的品牌策略才是有效的。对于品牌背景及来龙去脉的深刻了解洞察，往往可清晰掌握品牌的脉络，品牌故事也就水到渠成。

2. What

即品牌策略制定的相关方法及具体内容。在深刻洞察品牌的显著差异性之后，可根据品牌特性输出品牌差异性定位，明确提出品牌的独特价值，并根据品牌定位做相应的资源陪衬，上至品牌愿景、使命等理念表达，下至品牌色调、服务等具体规范。品牌策略的具体内容输出就是对品牌的进一步规范和丰富，让品牌不仅“有法可依”，还“有血有肉”。

3. Who

即品牌策略的落地及与实际情况的适应性。在内容输出的基础上，进一步根据品牌及市场的实际情况和相应节点，将品牌策略落到实处，让品牌策略能够发声，如具体营销活动的配合与承接，与品牌策略一脉相承的传播推广等，让品牌策略能从市场中走进目标顾客心里去。

【案例】

聚集品牌：故宫

故宫博物院作为中国历史更迭的见证者、传统文化的火炬手，同样也可以称得上是让我们为之骄傲的物质文化遗产宝藏。

还记得小时候，走进故宫博物院是什么感觉吗？映入眼帘的红墙黄瓦夺人眼球、宏伟华丽的故宫建筑流连忘返，甚至过道走廊的白玉栏杆都华丽壮观。每前进一处，每一个院落，都展现出庄严豪华、神奇优美、五彩斑斓的景象。故宫，这座美丽的城中之城，令人心驰神往！

2012 年 58 岁的单霁翔被任命为故宫博物院院长。在他任职期间，故宫各方面都管理得很好，而且让文物有了尊严、让故宫有了尊严。他的期许是站好“守门人”的每一班岗，将一座壮美的紫禁城交给下一个六百年。正因为他的期许，让故宫的一切都变得不一样了。

1. 转变：用文创产品拉近与民众的距离

2013 年故宫一款“朕知道了”纸胶带在网上爆红，这让北京故宫看到了文创产品的庞大市场，也给故宫发展带来了灵感：努力将故宫的建筑、文物和历史故事，找到一个符合当代人喜欢的时尚表达载体，研发具有故宫文化内涵、鲜明时代特点、贴近于观众实际需求、深受消费者喜爱的故宫元素文化产品。之后，推出了“奉旨旅行”行李牌、“朕看不透”眼罩、“朕就是这样汉子”折扇等产品，走上了“卖萌路线”。

2016 年，光是一组故宫初雪的照片，就获得了一千四百万的点击量。宣传到位了，产品也得做起来，故宫淘宝文创店一开，产量跟不上卖的速度。各类产品应有尽有，仗着故宫博物馆这个大 IP，设计出了 9000 多种产品。故宫里的宫妃服饰、乾隆字画都成了手机壳、披肩、尺子、睡眠眼罩。

2. 转变：IP 重焕活力

故宫多渠道综合发力，博得关注与走入日常生活的同时，最终更要达到传播文化的使命，让故宫的品牌形象持久深入地触达全民心里。2016 年，纪录片《我在故宫修文物》史无前例地获得了大量年轻人的追捧。

2017 年 12 月，有着上下五千年的“年轻节目”《国家宝藏》，北京故宫博物院领衔各大博物馆给观众带来一场文博视听盛宴，成功打入年轻人群体。

2018 年 10 月，《上新了，故宫》自开播后引发广泛关注，成为现象级文化类综艺节目，更是将故宫 IP 推向了全民关注的高潮。

可以说，故宫新文创的成功变现离不开对故宫 IP 的多年耕耘。这也从侧面反映出，文创产业应该紧抓活跃的年轻族群。

故宫的亭台楼阁，曾是古人屋檐，而现在故宫却向普通人展现出了一切。其实大家喜欢故宫，是被一种特殊的情怀打动。

3. 转变：跨界合作让 IP 更深入人心

故宫文创产品做到了产品创意娱乐化，其中创意最为重要。这也是文化产品和文化创意产品的区别，通过历史改编，给传统庄严的文物、古人形象加入了萌化、趣味化的元素以及表现方式，形成反差感创意；其次，通过用户驱动，在新媒体渠道中，用表情包等方式与用户交流，激发用户创意。

通过IP授权，与多品牌跨界联合，通过不同的品牌组合，碰撞出更多创意产品，覆盖更多不同的群体、持续制造话题热点及影响力。比如最出名的就是故宫携手百雀羚打造宫廷限量礼盒，各种美什件，件件精美，丝毫没有破坏历史文化的印记，反而让古典风和现代风结合得相得益彰，既传承了东方之美，又向消费者展现了故宫的另一面：“我们既可以传承文化，又可以引领潮流”。

（资料来源：聚集品牌：故宫 贺盼盼，李槐珠）

案例点评：IP化的商业价值之巨大已无需证明，让传统文化回归大众视野，也佐证了市场对传统文化产品的巨大需求。但与此同时，传统文化要形成较强的IP属性，单靠创意还远远不够，捕获更多人的注意更需要商业化运作。

故宫是地表最强IP，它可以没有“围墙”、可以以一种娱乐化的形式走进人们生活。但不可忽视的是，它不能够被玩坏，其身上的文化基因需要保存。同时，开发者也要无惧市场的变化，对传统文化葆有敬畏之心。

图7–2 北京故宫

任务二 新产品试销

企业为建立自己的竞争优势，必须不断进行新产品的开发。而新产品的开发不仅要有前期的市场调查及产品设计、制造各阶段的配合，更要通过试销来达到验证成功与否的目的。试销是许多新产品在开发过程中达到商品化以前都需要经历的一个阶段。

视频：从整体角度把握产品的概念

一、新产品试销的概念

（一）试销的概念

试销（Test Marketing）是在产品全面上市前选择某一区域市场进行测试以估计其未来销售情形。如果购买者并无明确采购计划，或是其购买意图变幻莫测，直接试销不失为一种可行的办法。在预测新产品的销售情形、或现有产品在新分销渠道或新市场的销售情形时，试销特别适用，而试销的结果通常可以用来做更可靠的销售和利润预测。

（二）新产品试销的目的

新产品试销的目的是对新产品正式上市前所做的最后一次测试。尽管从新产品构思到新产品实体开发的每一个阶段，企业开发部门都对新产品进行了相应的评估、判断和预测，但这种评价和预测在很大程度上带有新产品开发人员的主观色彩，最终投放到市场上的新产品能否得到目标市场消费者的青睐，企业对此没有把握，通过市场试销将新产品投放到有代表性地区的小范围目标市场进行测试，企业可借此真正了解该新产品的市场前景。

市场试销是对新产品的全面检验，可为新产品是否全面上市提供全面、系统的决策依据，也为新产品的改进和市场营销策略的完善提供启示。有许多新产品是通过试销改进后才取得成功的。如某化妆品企业对一种能掩饰疤痕的化妆品进行试销时，发现许多妇女用来掩饰脸上的雀斑，由此扩大了该新产品的市场范围。

（三）新产品试销的作用

新产品试销的目的在于让消费者了解商品性能，收集消费者意见，为进一步促销奠定基础。

①试销有利于企业了解市场行情，收集市场信息。通过试销，可以掌握消费者对商品性能、质量以及销售价格、销售方式、销售服务等方面的评价，可及时调整销售策略。

②试销有利于企业选择最佳的目标市场。企业想面对全部市场进行经营是不可能或不现实的，为此，必须选择适合于企业和所经营商品的目标市场，通过试销反馈回的信息，企业可据此选择有效的细分市场，以增强企业经营的针对性。

③试销有利于企业选择最佳的促销组合策略。通过试销，企业可以了解试用促销策略的效果，并可根据目标市场选定广告、公共关系、营业推广或人员推销的最佳组合。

④试销有利于减少企业风险。由于试销采用小批量销售的方式，在市场

出现不利因素的情况下，不至于因此而遭受大损失。

⑤试销有利于促进消费者的购买行为。试销作为一种促销手段，可以将有关商品和销售活动中的各方面信息传递给消费者，使消费者了解并认识商品，以增强其消费需求；同时，消费者在试用过程中，可据此建立良好的印象和记忆，并可起到义务宣传作用，从而达到扩大消费者购买的目的。

二、新产品试销的优缺点

1. 新产品试销的优点

①试销可以保证新产品大规模投放市场时的安全性。即使新产品安全通过了产品试验，也难保不在推向市场时遭遇失败。

②试销给管理人员为新产品拟定的市场营销组合提供了一个“实验室”，以比较不同的市场营销组合方案，选出最优方案。

③通过试销可以实际了解消费者类型、态度和与竞争产品比较的结果，由此可以帮助企业修正目标市场，预估销售水平，并为广告和推销方式选择提供参考意见。

④试销中可以发现产品的缺陷，以便于及时改进。

2. 新产品试销的缺点

①试销成功并不意味着以后的市场销售就一定成功。这主要是因为消费者的心理和习惯不易准确估计、竞争情况复杂多变、经济形势难以预料等因素的存在。

②试销的费用和时间占用是可观的。根据一份资料，对于准备推向全国市场的新产品，花费几十万元在两个城市试验市场进行试销，是具有代表性的数目。试销占用的时间有时相当长，可达半年至一年之久。

③试销期间给竞争者提供了发现企业计划的机会。竞争对手会监测企业的试验，窃取相关成果，由此迅速发展起其自身的新产品或制定出对应的竞争对策。

三、新产品试销的方法

（一）新产品试销的前提条件

对市场营销人员来说，并非所有的新产品都要经过试销，可根据新产品的特点及试销带来利弊比较而决定。新产品试销的首要问题是决定是否试销。

1. 通常要经过试销的新产品

①高投入的新产品。高投入的新产品市场风险很大，不经试销直接上市，如果失败了，其损失是巨大的。试销是减少该类新产品失败风险的有效手段，且相对于高昂的开发费用，试销费用所占的比重是相对小的。

②全新的新产品。由于缺乏有关全新产品的消费者、市场方面的信息，也没有价格、销售渠道、促销等方面的经验，因此对新产品进行试销是必要的。此外，某些新产品采用跟以往完全不同的包装、分销渠道、销售方法等手段也有必要试销，对某些改良新产品进行试销也是值得的。总之，新产品的创新程度越高越值得试销。

2. 一般情况下无须试销的新产品

①时效性极强的新产品。时效性极强的新产品在时间上不允许试销，如新款时装等。

②投入不大的新产品。对于投入不大的新产品也可直接上市，即便失败了损失也不太大，还可避免试销带来的负面效应。

③模仿型新产品。其他企业的该类新产品已经上市，本企业紧跟模仿，此时应尽快向市场推出新产品而无须试销。

（二）新产品试销的方法

试销是为了得到新产品的市场信息，为新产品的上市提供决策依据。在消费品的试销中，应主要收集试用、首次重购、采用和购买频率四个变量值。其主要的测试方法如下：

1. 销售波研究

采用销售波技术试销的基本过程是：首先免费将新产品提供给消费者使用，然后再以低价提供新产品或竞争者的产品给消费者，如此重复 3 到 5 次，在该过程中还可加入一些有关新产品的广告概念。企业对此过程进行严密监控，观察消费者在有竞争者产品和广告影响的前提下重复使用本企业新产品的情况，并分析不重复使用新产品的消费者是基于什么原因。销售波试销技术主要用于对新产品使用的测试，不能有效地说明不同的促销活动对新产品使用率的影响。

2. 模拟测试

也称实验室试销，是在类似的实验室环境中模拟全面的试销活动。实验室环境通常是选择某一商场或购物中心，随机选取在商场中购物或逛商场的 30 到 40 名消费者。首先征得他们对新产品的意见，既而向他们展示简短的系列产品广告，既有知名广告，也有些新广告，本企业新产品的广告也在其中，但不向消费者作提示。然后，把消费者引到陈列着本企业测试新产品的商店中，并给予补贴，让其自由购买。企业可观察消费者购买本企业新产品和竞争者产品的情况。之后把消费者召集起来，询问其对新产品的反应，可通过填表或访谈进行。受试者离开前，可送一个样品。几个星期后，再用登门或电话方式询问其对新产品的使用情况，尤其是满意程度和重复购买的可能性，同时为其购买任何产品提供可能。模拟测试可测量新产品的使用率、重复购买率、广告效果及对竞争的把握，利用测试的数据可进行新产品的销售预测。但实验室试销也有其不足，因整个过程是在营销人员的调控下进行的，前提条件是促销、分销及企业同消费者之间的关系等变量一定，需结合销售波测试，才能获得消费者重购等信息。

3. 控制测试

控制测试是企业雇请市场研究公司帮助，选取一定的零售商店对新产品进行试销。其具体做法是：市场研究公司按企业的试销计划，对新产品在商店的试销进行全面控制，如货架的位置，新产品的陈列、广告及促销等活动都在控制之列，并根据货架的动态变化和消费者购买记录来观察新产品的销售状况。还可随机抽取一些消费者进一步了解他们对新产品的印象。控制测试的优点是该技术中运用了真正的消费者购买行为，消费者在这类“市场”中可按正常的价格购买他们所需要的真实产品。在这种情形下，收集购买和重复购买及消费者对产品的态度方面的数据可靠性较高。据此能较客观地估计新产品的销售量，测试各种促销活动及广告对消费者购买行为的影响，而且这些都不需要企业动用自己的销售队伍，也无须给零售商折扣。但这种方法也有缺点，就是把新产品暴露在竞争者面前。

（三）新产品试销过程管控

试销是一项费用相对高、占用时间长的工作。要想减少成本，尽快结束试销，没有一个良好的试销控制系统是办不到的。这个控制系统应当拥有有效的市场信息子系统和营销参谋机构，才能正常运转。控制是营销管理人员采取必要的措施，逐渐把实验结果引向所期望的方向，为新产品投放决策提供依据。

1. 试销过程的控制

①确定可控营销变量。诸如营销费用、分销周密度、促销强度、人员能力、消费者感知程度等变量都是企业可控的因素。除此之外，对竞争活动等因素也应制定出监测方案。

②制订计划目标。针对若干个可以定量化表示的项目制订出期望达到的目标。根据计划中的试销期限，可分出几个期间，比如在新产品介绍期这一关键阶段，监测的时间应当短些，每月或每季进行一次。期望达到的目标，

比如新产品投入市场后三个月内达到 3% 的市场份额，半年内达到 8% 的市场份额。然后根据这些计划目标，拟定出具体的市场营销方案。

③计划目标与实际结果的定量比较。包括市场营销管理的主要领域在计划期间应达到的目标和实际的执行结果，并列出各领域管理人员所作出的改进策略。

④制定改进策略。管理人员要随时根据试销情况发现问题，制定出改进营销方法的策略。这就需要营销管理人员具有良好的市场调查研究能力，善于收集市场信息，分析和处理各种情报资料，找出关键问题并提出改进措施。

⑤修正计划目标。因为经营环境总是在不断变化，所以计划目标不能刻板。这就需要控制系统的管理人员不仅要按照预期目标衡量和评价实际执行情况，还必须准确修正执行标准，以适应经营环境的变化。

⑥在规定的期限内重复测定实际结果并与计划目标相比较。即在完成了一个阶段的试销任务后进入下一试销阶段，运用经过修正的市场营销策略和计划目标，直至达到计划的试销期末，或者得到预期的结果从而提前结束试销。

⑦决定新产品的命运。根据试销结果，决定新产品是进入商品化阶段，或是被放弃，或是进一步改进。

2. 试销控制重点

①新产品宣传的效果。新产品试销过程中，大量的广告宣传是不可缺少的，其他的促销方式，如人员推销、展销、邮件等也可同时应用。管理人员的任务是要注意检查这些促销宣传的效果，以便发现问题及时修改市场营销策略。这项工作要由有经验的市场调查人员来做。

②试销成本。试销期间，由于小批量样品生产而无法利用规模经济所带来的损失和大量的市场调研、广告宣传费用，通常产品利润都是负值。要想尽快摆脱这种状况，扩大销售量是主要的办法，但成本控制也是不容忽视的方面。

③试销的执行标准。执行标准的制定要根据目标市场的状况和企业自身的营销能力而定，如市场份额标准要考虑到目标市场的销售潜力和竞争变化，营销费用标准要考虑产品的制造、分销渠道、与中商的关系、广告媒体的有效性等多种因素。除了标准要定量化的要求外，还要求合理性。例如，新产品的销售达到预期的增长率，则该产品被认为是成功的。可是，如果这一增长标准低于同时期的行业增长率，那这个标准并不合理，这意味着产品或产品组合并不成功。

④试销时间。控制试销时间，使其尽可能短时间结束，是新产品成功的一个关键。其主要是源于产品寿命周期正在缩短和面临的竞争压力。其中，产品寿命周期的缩短是由于消费者无止境地需求新产品引起的，这迫使制造厂商不断地推出新产品，以加强相互间的竞争。而竞争的压力是由于竞争对手会在试销期间学习到这种新产品，或制定出营销对策，以对抗新品。正是由于以上这些原因，有的企业才把力量集中于产品要领试验和使用试验，并模拟计算出销售预测值，越过试销阶段而直接进行商品化。但是，如果市场试验时间过短，全面的销售战略就有可能建立在不准确、不完整、没有说服力的数据基础上。不能要求试销的每项工作都能在几天之内结束，能尽力做的是计划制订、人员安排、产品生产、广告设计、信息收集和分析以及决策制定等各项管理工作，使这些工作都能尽快完成，为此争取时间。

任务三　新产品市场投放

一、新产品市场投放模式及策略

（一）新产品市场投放模式

新产品进入市场投放时有两种模式可供选择，即一是针对目标细分市场全面投放新产品；二是针对目标细分市场采用某种顺序进行滚动式投放。

（二）新产品市场投放策略

1. 早期策略

早期指企业领先于其他厂商率先在市场上推出产品的时期，这时往往对应着产品生命周期的第一阶段，即投入期，市场存在高风险和不确定的因素。但早期进入市场能形成一种竞争优势，即能建立并提高该行业的进入壁垒，防止潜在的竞争者进入，从而在市场占据主导地位。早期在市场中赢得一定的忠实客户，通过这些客户又可能对其他潜在的客户产生有利的影响，从而利于建立强大的市场地位。尤其是对于全新产品或技术更新迅速的产品，早期进入市场的产品往往会成为或被默认为该行业的标准。不论新产品和其要满足的需要是否基于价格或技术等因素，早期进入者总是有机会建立进入壁垒。这些壁垒可以建立在规模经济、经济效应，进入后的营销计划修正，产品、生产与技术的继续改进等方面。

但同时，早期进入者也会面临一些问题。由于市场是新的，广告和推销的重点必然会放在介绍产品的功能或该产品能满足的需要等方面，这对后来者来说非常有利，其进入市场时可省下介绍产品方面的广告费用而直接占领市场。另外，市场的原始开拓可能会使早期进入者产生资金、人员等方面的缺乏。

那么，早期进入市场应该采取何种定价策略呢？撇脂和渗透是两种熟知的方案。一般来说，在产品成本以可变成本为主时，适于采用撇脂战略，如电子消费品和产业用品。这时，分销网点应该受到限制，以保护高价格；在固定成本高时，适于采用渗透战略。如果追求广阔的细分市场，则进行广泛的分销是重要的，所以在交易导向的促销上需多花些费用。当然，由于营销费用高、利润较低，所以显得价格比较昂贵。

另外，由于新产品的市场潜力大，所以对于早期进入者来说，没有必要把主要精力放在阻止对手的进入上，把钱花在自身产品的开发和不断扩大产品市场占有率更为明智。

2. 中期策略

中期是指与其他厂商同时或在十分接近的时间里将新产品推向市场的时期，在这段时间内，能否成为第一对于市场和其他利益相关者没有太大差别。因为在消费者对一种新品牌和产品没有形成偏好之前，先进入者没有来得及建立进入壁垒，稍后进入的厂商与之前进入的厂商是处于竞争平衡状态的。这里的厂商往往是重要的竞争对手，而同期所指的时间长度也因不同行业不同产品而不同。当主要竞争对手的产品信息比较容易得到时，同期进入市场策略是较好的，因为可以迅速针对对手的举动采取防御或进攻措施，以此削弱对手开发可能造成的潜在优势，从而赢得更大的市场。在多元产品的市场情况下，同期进入可被用作一种进攻策略。这一时期要重视市场的细分和定位，一旦细分市场把握不准，有可能失掉时机。

3. 晚期策略

晚期是指在竞争对手进入市场后，再将新产品推向市场的时期。这意味着推迟新产品的市场投放日期，以取得长期竞争优势的目的。当然，也有可能因产品开发的时间比对手晚而被迫迟于对手推出新产品。在这里，善于学习对手的经验很重要。之所以要晚期进入市场，在于从早期进入策略中分析了早期进入的两个缺点，即原始市场开拓的风险高和成本大。如果企业的流动资金不是很充裕，进行原始市场的开拓一旦失败有可能关系到企业的生死。晚期进入一方面可以避免风险，另一方面可以学习对手的经验，发现消费者的偏好，从而更好地改进新产品，找准目标市场，节约潜在成本。除了善于学习，晚期进入策略另一个需要注意的环节是可通过对手的市场开拓和消费者偏好的了解发现自己新产品的特点和可能的消费者，还要善于发现未被开拓的细分市场，这些是采取晚期进入以取得长期竞争优势的原因所在。

对于晚期进入者，有以下几种方案可供参考：

①以扩大市场占有率为目标，轻视资本收益率。这是为了扩大市场占有率，采用扩大产品品种投资、增加产量投资和降低价格的办法。

②以扩大市场占有率和收益率为目标。这种策略适用于存在未开发的细分市场的行业。

③占领一定的市场，重视资本收益率。这是一种不以市场规模为目标，而是以开发和经营高价值和高档产品为方向，谋求提高企业收益的方案。

④确保市场占有率，牺牲收益率。晚期进入者为了成为市场领导者，或在早期进入者实行低价格策略以甩掉竞争者时，适于采用的策略。但如果资金能力不足，不能进行竞争时，第三种方案会更适合。

二、新产品市场投放方法

（一）定价方法

1. 确定定价目标

在营销组合中，价格是唯一能产生收入的因素，是实现企业总体战略目标的手段和保证。新产品定价是一个谨慎而科学的管理过程。首先，应确定新产品的定价目标。新产品战略目标首先必须解决特定新产品达到的价格目标，也就是新产品的产品、技术、目标群等一系列定位。如果企业已经选择了新产品的目标市场，进行了市场定位，确定了营销组合，那价格将是相当明确的。

（1）追求市场地位。一般企业对市场地位的追求分为四种情况，即创造新的市场机会、扩大现有市场占有率、保持市场占有率、争取中间商。市场占有率是企业竞争状况和经营能力的综合反映，市场占有率越高产品销量越大；企业的市场地位越高，产品和品牌在消费者心目中的地位越稳固，也越能提高企业的盈利水平。而前三种情况反映的正是企业对市场占有率孜孜不倦的追求。另外，建立和保持与中间商良好的合作关系对绝大多数企业来说是影响新产品营销目标实现与否的重要因素之一，而企业处理双方关系时必然涉及经济利益，而其中价格最为敏感。所以，在具体定价时要考虑到中间商的合理利益，双方共同制定价格或给予合理折扣。

（2）追求利润目标。微观经济学中，企业利润最大化有两种标准，即总量标准（即总收益与总成本之差最大）和边际量标准（即边际收益等于边际成本时利润最大）。企业要实现利润最大化与价格紧密相关。只有制定科学合理的价格才能实现企业当期或长期的利润最大化。也有一些企业追求投资回报率，会制定预期利润率作为投资回报率的保障。但在现实营销活动中，企业追求的最大利润或预期利润率又受到种种限制，难以如愿以偿。所以，有些企业只将其作为参照标准，再根据客观环境的变化不断修改，以企业感到满意的盈利标准作为具体的定价目标。还有些企业为达到较高的市场占有率，为迎战竞争对手等，会采取保本定价甚至亏本定价的策略，这也是短期内企业可以接受的。

2. 影响定价的因素

影响新产品定价的主要因素除了产品的定价目标以外，还有如下因素：

①产品成本。产品成本是构成产品价格的主要部分，也是决定产品价格的最低界限。在经济学中，成本一般有两种分类，即固定成本与可变成本，边际成本、总成本与平均成本。研究固定成本与可变成本主要是为了确定成本变动与产量变动之间的关系，对成本进行动态分析；研究边际成本、总成本与平均成本可使企业根据边际成本等于边际收益的原则，以寻求利润最大化时的均衡产量，也使社会资源得到充分利用。

②市场需求。公司可能收取的每种价格都导致一种不同水平的需求以及由此对不同营销目标产生的不同效果，因此需求一般有两个变量，即一种商品的价格水平以及此价格水平上人们愿意接受并有能力购买的商品数量。价格和需求量一般成反比关系，价格越高需求数量越少，反之亦然；但有时需求曲线的斜率也成正数，比如一种香水提高了价格反而销量更大，因为消费者认为更昂贵的价格意味着更体现品位的香水，然而价格定得太高，需求量还是会下降。

③竞争产品状况。直接竞争产品的价格和所提供的产品若与新产品相似，那么新产品的定价必须低于竞争者，否则无法真正占领市场；如果新产品是优越的，企业才可索要更高的价格，这是企业定价的起点，并且企业在定价时也必须考虑竞争者会做出的反应。

产品的定价，特别是新产品定价是一个复杂的管理过程，而价格是营销组合中最敏感、最活跃的因素受到社会资源、技术进步、经济发展、政治法律等因素制约，不能随心所欲，必须综合考虑各种内部因素和外部因素，才能制定出符合经济规律和企业发展的新产品价格。

3. 主要定价方法

（1）撇脂定价法（Skimming Pricing）

这种定价法是用从鲜奶中撇取乳酪来比喻高价产品从消费者中赚取高额利润，其一般适用于不易模仿、受专利保护的全新产品、改进型产品或重新定位型产品，消费者需求迫切，需求弹性较小，没有竞争者或竞争者较弱的情形。其优点主要表现在：主动性强，随着时间逐步推移，价格可分阶段逐步下降，以利于从其他细分市场吸引新的顾客群；适应性强，可与生产能力相适应，而限制需求量迅速扩张会造成供不应求的局面；能从市场中迅速吸取利润，较快收回成本；另外，还有利于在消费者心目中树立企业、品牌和产品形象。但其缺点也很明显，价格高，不利于扩大市场，也容易招致竞争者恶性竞争。

（2）渗透定价法（Penetration Pricing）

和撇脂定价法相反，这种定价方法目的是争取最大的市场占有率和目标消费者。其优点主要表现在：新产品能迅速为市场接受，快速打开销路，使成本随着生产发展而降低，并且由于利润率低使竞争者望而却步，可降低竞争的激烈程度，当新产品没有显著特色，竞争激烈、需求弹性较大时宜采用这种方法。但是使用这种方法的前提是必须新产品有一个巨大的潜在市场，企业也有较大的生产规模和丰富的营销经验。

4. 其他定价方法

上述两种新产品定价法是一般的定价策略，制定具体价格时还需要很多技巧和方法可综合利用，以下方法可供参考：

（1）心理定价法

有些定价技巧迎合了消费者某些特定心理，如整数定价法和尾数定价法，很多商品的尾数都是 0.98 元、0.99 元，而不是 1.00 元。就是这种价格位数低一位，使消费者产生一种便宜的错觉，从而反映更积极、可促进销售，在服装定价中尤为明显，经常都是定为 99 元、199 元等；而有些产品定价却追求整数，目标消费者认为“便宜无好货，好货不便宜”，价高一位更能刺激消费者购买。

（2）折扣定价法

折扣价格法是促进新产品销售时的一种最常用手法。折扣有不同形式，如现金折扣是对消费者及时付清账款的一种价格折扣。数量折扣是根据购买数量和金额的不同，单价相应降低，购买量越大单价越低，又分为累计数量折扣和非累计数量折扣。这种折扣形式适用于一般消费者，不能将数量定得太高，以至于消费者望而却步。还有针对中间商的交易折扣，生产企业根据不同中间商在营销中的不同任务和作用而给予不同的折扣和优惠，以建立和维持良好的合作关系。

总之，定价策略是多变的，可根据不同的市场环境、供需状况、企业战略、产品成本等因素综合考虑，并依照形势灵活地上下浮动。总之，市场是最好的指南针。

（二）渠道方法

1. 营销渠道决策因素分析

①产品性质。产品性质包括多方面，如产品的生命周期、易腐性、季节性、流行程度、体积、重量、价格、附加服务、购买频率等。一般而言，便利品的密集分销与长渠道相互关联，而特殊品在特定区域的选择性分销决定了渠道较短。

②消费者特点。渠道设计在很大程度上同样受消费者特点的影响。消费者特点多种多样，譬如消费者的数量、分布状况、购买心理、文化特征、态度倾向等。当企业进入一个大规模或消费者分布广泛的市场时，一般选择长渠道以满足其随时购买，反之则可以采取较短渠道。

③企业状况。这主要取决于企业控制渠道的愿望和能力。企业本身的规模、能力与信誉等直接影响渠道的选择，因为这涉及企业能否控制销售渠道，中间商是否愿意与企业合作。若公司的财务状况良好、营销管理能力强，则可承担一部分或全部的渠道管理营销职能，若企业内部状况不允许或没有直接管理渠道的愿望，则可委托中介机构管理，当然这些中介机构是要分享利润的。

④市场环境。从微观环境看，新产品的分销渠道最好与其代用品采取不同的渠道，渠道的选择也可以创新。另外，零售商规模的大小也与渠道选择密切相关。如果某市场上零售商规模大、进货多且频率高，制造商完全可以不通过批发商而直接卖给零售商，采取较短的销售渠道；相反，如果中小型零售商数目多、竞争激烈，则通过批发商的长渠道，以取得较高的营销效益。从宏观环境分析，经济形势对企业营销渠道的决策也有较大影响。在通货膨胀的形势下，市场需求降低，企业的关键是控制和降低产品的最终价格，以避免不必要的流通费用，因此大部分企业都采取短渠道销售。若经济形势良好，企业选择营销渠道的主动权会更大一些。

2. 一般营销渠道决策

（1）全新产品和开拓新市场的新产品渠道决策

全新产品的出现意味着将要开拓一个全新行业，而进入新市场的新产品也一样，营销渠道的建设首先面临的问题就是采用直接渠道销售还是间接渠道销售。

直接营销渠道：即一般所说的厂家直销。如果新产品具备以下一条或几条特征，采取直接渠道会比间接渠道有优势：①技术的复杂性导致对信息的要求很高；②产品的客户化程度很重要；③质量的担保很重要；④高定货很多；⑤运输和储运复杂。

间接营销渠道：一般间接营销渠道由若干层销售中介机构组成，主要包括销售代理或代表、批发商或经纪人、零售商等。若某种新产品的可得到性或售后服务很重要，或者消费者往往将此新产品与其他产品共同购买，则采取间接渠道销售比较科学。

（2）改进型和模仿型新产品的销售渠道

这类新产品的出现意味着产品步入成长期，竞争会愈演愈烈。对于新进入的厂家，跟进全新产品的销售模式当然可取，若在渠道的建设中采用一些新元素会更好，这不仅适合自己的实力，也是差异化的一种体现。

（3）成系列型或降低成本型新产品的渠道决策

新产品的销售都会采用企业已经建立起来的销售网络，这是企业的资源，推出这两种新产品的目的之一就是充分利用现有资源，如利用企业原有品牌、销售渠道较小的边际成本取得最大利润。

（三）促销方法

新产品促销是指对企业或者商家推出的新产品进行推销的方法和形式，新产品促销的主要目的是缩短广大消费者对新产品的认识过程和接受过程。消费者不同的认知阶段，促销的重点不一样，诉求不一样，因而促销形式和方法也不一样。

1. 导入期促销

导入期是新产品从工厂进入市场的过程，其主要目的是让终端售点知道、喜欢并接受这一产品，将产品摆到售点的柜台货架上。导入期促销的主要指标是铺货率和上柜率。这一时期的促销活动要围绕提高铺货率、上柜率而进行，促销对象主要是中间商和终端零售点；主要方式是利用广告宣传和人员推销。新产品导入期的诉求点是产品的性能特点，特别是产品的销售利润和市场前景。通常情况下，对已确定的目标区域市场，产品的导入期不宜太长，应集中力量在短时间内完成，一般不超过半个月。

2. 认知期促销

认知期是产品从产品导入开始逐渐被消费者认识、接受的过程，也是产品的试用和初步消费体验的过程。其重要性就好比人的第一印象，消费者通过试用体验，基本确定了对产品印象的好坏，如果第一印象好就继续使用并向熟悉的人推荐；反之，如果印象恶劣，不仅不再继续使用，同样会向熟悉的人诉说不满，开始恶口碑传播。所以说，认知期是新产品推广成功的关键时期。认知期除了以产品的性能特点和卖点为诉求外，更要关注和有效引导消费者的试用体验。在体验中加深对产品的全面了解，争取形成良好的第一印象，培养第一批口碑传播者，为逐步扩大市场打下良好的基础。

3. 成长期促销

经过认知期促销后，部分消费者对产品有了不同的第一印象。在企业持续的宣传推广活动和第一批品牌拥护者的口碑传播下，市场影响逐步扩大，销量不断攀升。成长期的促销推广除了要继续强化产品的卖点和特点外，开始向目标消费者导入品牌文化和理念（思想），培育品牌精神，让品牌理念与广大消费者在心灵深处产生沟通和共鸣，使之融化到消费者的思想灵魂中，落实在消费者持续的消费行动中，不断壮大品牌忠诚者的队伍。在操作上要以终端售点为主阵地，紧紧抓住第一批品牌拥护者和口碑义务宣传者，植入品牌理念，培养品牌理念的认同者和品牌精神的追随者，使之成为品牌和企业的编外营销员。实际上，这部分编外营销员的促销效果比企业内部的营销员更好，成本低、可信度高。所以企业不要忽视对编外营销员的培育和管理，要加强思想、感情和利益多方面的联系和沟通，使其始终如一地为企业服务。

4. 成熟期促销

产品进入成熟期，销量基本稳定。这一时期，要不断吸收用户意见，改进和完善产品性能，降低产品成本，维持品牌形象。在操作上，投入适当的维持性媒体宣传成本，在终端现场，通过人员接触、品牌接触和宣传促销品的接触，维持与消费者的品牌情感，利用淡旺季和节日适度优惠促销，目的也是为了维护老客户的情感，在保住老客户的前提下，开发新用户。

5. 衰退期产品促销

在衰退期，产品开始老化，没有新增用户，忠诚用户渐渐减少，销量日趋下滑。这一时期的任务是继续维护品牌形象，维持产品性能，将老品牌的无形资产向新产品转移。其促销的主要目的是延缓衰退、延长产品寿命，为新产品的成长争取时间。其促销的主要手段是优惠让利，同时向用户推介新产品，完成新老产品的过渡与衔接。

【思政园地】

科技使可持续发展，共建更加绿色的智能世界

华为是全球领先的信息与通信技术（ICT）解决方案供应商。消除数字鸿沟，促进经济、环境和社会的和谐与可持续发展是华为一直以来的愿景。为此，华为不仅支持联合国可持续发展目标的实现，还同时与供应链上下游的客户和供应商密切合作，致力于构建一个可持续的、更美好的全联结世界。华为的可持续发展战略主要表现在：

在商业道德方面，华为恪守商业道德、遵守国际公约和各国相关法律法规。华为推进海外各子公司的合规体系建设，已经在100多个业务相关国家完成对标当地与ICT产业相关的法律要求。在近150家子公司全面落实了反腐败、反商业贿赂实践，并在此基础上结合自身业务特点，持续强化了反腐败和反商业贿赂管理体系建设，比如诚信与合规文化、合规管理以及对外交流方面的建设。

在网络安全方面，2018年华为基于“网络环境是不安全的，网络攻击是常态化的”假设，华为以动态响应的思维构建了产品规划与开发的全视图，发布了新的网络安全框架，以应对更为复杂的网络安全环境。

图 7-3　网络安全也是产品规划与开发的考虑因素

在清洁高效，低碳循环方面，致力于减少生产、运营等过程以及产品和服务全生命周期对环境的影响，通过创新的产品和解决方案，促进各行业的节能减排和循环经济发展，持续牵引产业链各方共建低碳社会。

绿色产品：把绿色环保理念融入到产品规划、设计、研发、制造、交付和运维等各个环节中，通过持续的技术创新，不断提升产品和解决方案的资源使用效率，向客户提供领先的节能环保产品和解决方案。

绿色运营：致力于在办公、生产、物流及实验室等方面提升资源使用效率，降低温室气体及废弃物排放强度，将华为运营打造为环境友好型典范。

绿色伙伴：持续保证华为产品的环保符合性，促进合作伙伴运营活动符合环境法规要求，牵引供应链节能减排，提升华为产业生态链综合竞争力。

绿色世界：致力于不断推广绿色ICT综合解决方案，促进各个行业的节能减排，积极推动资源节约、环境友好的低碳社会建设。

华为董事长表示，华为秉持“开放、合作、共赢”，携手全球伙伴，通过技术创新，积极推进绿色环保，着力实现更好的数字包容，促进可持续发展，共同构建一个更加美好的万物互联的智能世界。

点评：通过上述案例，同学们可以认知中国的企业是如何践行社会主义核心价值观、如何履行社会责任。华为公司恪守商业道德、构建网络安全框架，创新产品与解决方案，把绿色环保理念融入到产品规划、设计、研发、制造中，构建一个美好的万物互联智能世界。

思考与练习

一、判断题

专业词汇

1. 在品牌的构成要素中，属性、利益和文化是形成一个企业品牌的基础。（　　）

2. 品牌是一个企业存在与发展的灵魂。（　　）

3. 扩大产品组合的广度，可满足市场对同类产品的不同要求，提高市场占有率。（　　）

4. 新产品上市之初，要抢先用高价夺取高额利润，所以应采用吸脂定价法。（　　）

5. 拉式策略即以直接方式，运用人员推销手段，把产品推向销售渠道。（　　）

二、选择题

1. 根据品牌的生命周期长短划分，品牌可以分为（　　）。

A. 自有品牌　B. 短期品牌　C. 长期品牌　D. 外来品牌

2. 品牌的视觉识别包括以下哪些内容？（　　）

A. 企业标志　B. 宣传口号　C. 衣着制服　D. 陈列展示

E. 经营理念

3. 产品整体概念包括哪些内容？（　　）

A. 核心产品　B. 形式产品　C. 期望产品　D. 附加产品

E. 潜在产品

4. 按照单位成本加上一定百分比的加成来制定产品销售价格的定价方法称为（　　）定价法。

A. 成本加成　B. 目标　C. 诊断　D. 认知价值

5. 促销组合策略包括以下哪些方法？（　　）

A. 广告　　B. 人员推销　　C. 公共关系　　D. 销售促进

6. 一般情况下，以下哪些新产品需要试销？（　　）

A. 高投入的产品　　B. 低投入的产品

C. 时效性强的产品　　D. 时效性低的产品

7. 控制试销时间的主要原因包括（　　）。

A. 产品寿命周期正在缩短　　B. 竞争的压力

C. 成本　　D. 利润

8. 试销的缺点有哪些？（　　）

A. 试销成功并不意味着以后的市场销售就一定成功

B. 试销的费用和时间占用是可观的

C. 试销期间给竞争者提供了发现计划的机会

D. 试销可以促进产品销售

9. 影响产品定价的主要因素包括以下哪些方面？（　　）

A. 产品的外观　　B. 产品成本

C. 市场需求　　D. 竞争产品状况

10. 新产品市场投放的策略包括（　　）。

A. 早期策略　　B. 中期策略

C. 晚期策略　　D. 产品生命周期策略

三、简答题

1. 简述新产品试销的方法。

2. 简述新产品投放的主要定价方法。

参考答案

项目八　知识产权及法律风险管理

项目导读

大学生创业者也是市场经济的动力对推动我国的经济和科技发展具有一定的作用。不过总体而言,目前我国大学毕业生的创业成功率并不高,自然风险、市场风险、信用风险、法律风险等诸多因素都可能导致创业的失败。其中,大学生法律风险意识的缺失即是导致其创业失败的重要原因之一。

本项目旨在帮助大学生创新创业团队掌握知识产权的概念、类型和侵权行为,熟悉创新创业相关风险及法律法规,从而掌握创新创业相关法律风险防控。

学习目标

知识目标

1. 了解创新创业相关法律法规。
2. 熟悉知识产权概念、特点以及知识产权侵权要件。
3. 掌握新产品开发风险类型、防范与补救措施。

能力目标

1. 能分辨知识产权侵权行为和侵权后的归责。
2. 有效防范新产品开发相关的法律法规风险和有效补救措施，能依规守法进行创业和经营。

素质目标

通过对法规和风险管理的学习，增强学生尊法守法和风险防控意识。

思政目标

从商业道德、网络道德、安全意识等方面，培养学生法律意识与社会责任感。

思维导图

- 知识产权及法律风险管理
  - 知识产权
    - 知识产权概述
    - 知识产权的类型
    - 知识产权侵权
  - 创新创业相关法律法规
    - 企业法律风险概述
    - 创业初期相关风险及法律法规
    - 创业经营过程中相关风险及法律法规
    - 创业终止时相关风险及法律法规
  - 创新创业法律风险防控
    - 企业法律风险防控及管理
    - 创业团队成员法律风险及防控
    - 知识产权风险防范
    - 算法风险及防控与管理
    - 直播带货的风险及防控

【案例导入】

"茶颜悦色"起诉"茶颜观色"不正当竞争案

被山寨、被抄袭一直是很多品牌的痛点。"茶颜悦色"做为长沙网红奶茶品牌，始终被山寨问题困扰着。仕女图商标、门店装潢、茶饮料包装等被其他公司抄袭模仿，给日常经营造成了不利影响。2021年"茶颜悦色"起诉"茶颜观色"一案有了结果，长沙某法院认定被告构成不正当竞争，须赔偿原告170万元。

拓展知识8-1："茶颜悦色"的维权之路

案例点评：从"茶颜悦色"漫长的维权经历中可以看出，当下人们的版权意识、正当竞争意识还有所欠缺。如何通过相关法律维权在创业过程中也是大学生创业需要注意的。

任务一　知识产权

一、知识产权概述

《中华人民共和国宪法》第47条规定："中华人民共和国公民有进行科学研究、文学艺术创作和其他文化活动的自由。国家对于从事教育、科学、技术、文学、艺术和其他文化事业的公民的有益于人民的创造性工作，给以鼓励和帮助"。

民法通则首次使用"知识产权"的概念，将其作为一种民事权利加以概括，并进行系统性的规定。民法通则之后，著作权法、反不正当竞争法、植物新品种保护条例、专利法、商标法等颁布和施行，著作权、植物新品种权、商业秘密及其他知识产权法益的法律保护体系就日渐完备，形成了较为完善的知识产权规范与保护体系。2021年1月1日实行的《中华人民共和国民法典》（以下简称《民法典》）第一编总则，第五章民事权利，也明确了知识产权的相关规定。

（一）知识产权的概念

知识产权是指人们对智力创造成果和工商业标记依法享有的权利。《民法典》第一编总则，第五章民事权利，第123条，都有相关规定，比如："民事主体依法享有知识产权。""知识产权是权利人依法就下列客体享有的专有的权利：1. 作品；2. 发明、实用新型、外观设计；3. 商标；4. 地理标志；5. 商业秘密；6. 集成电路布图设计；7. 植物新品种；8. 法律规定的其他客体。"

（二）知识产权的特点

知识产权的客体不是有形物，而是知识、信息等抽象物，是一种无形财产。基于知识产权的无形性，在法律上衍生出以下四个特征：

1. 法定性

知识产权的产生和取得的方式与有形财产产生与取得方式有所不同，其必须按照法律的规定才能产生和取得。知识产权的法定性包括知识产权获得的法定性、知识产权内容的法定性、知识产权行使的法定性以及知识产权保护与限制的法定性。

2. 专有性

知识产权的专有性是从其法定性延伸而来的，它强调权利取得的唯一性。法律赋予知识产权专有独占之权，就是说知识产权所有人独占、垄断地享有权利，没有法律规定或未经权利人许可，任何人不得使用权利人的创造性智力成果，同一项智力成果不允许两个或两个以上同一属性的知识产权同时存在。

3. 地域性

知识产权的地域性也是其法定性的延伸。知识产权根据一国法律规定产生，也仅在一国境内受保护。特定的知识产权离开特定的地域范围则不受法律保护，其他国家法律除了根据本国法律或国家之间的协议约定，否则没有必要的义务对这些知识产权进行保护。

4. 时间性

知识产权具有时间性特征，是世界各国普遍认可的。一般的知识产权都有保护期限的限制。知识产权只在法律规定的期限内才受法律保护，超过法律规定的有效期限，权利就丧失，这一权利就成为全社会共同财富，任何人都可以无偿使用。如我国著作权法规定公民作品的著作权保护期限是公民有生之年加死后 50 年；商标保护期限是 10 年，但是可以申请续展；专利法规定的发明专利保护期限是 20 年等。但对于商业标记、商业秘密等非智力成果或公开信息，本就不是社会进行创新创造活动的基础，或者本就是为私人所独有，因此法律并不规定权利享有的期限。

（三）知识产权出资

知识产权出资是指知识产权所有人将能够依法转让的知识产权专有权或者使用权作价，投入标的公司以获得股东资格的一种出资方式。

从登记角度看，对于知识产权出资的审查与核准一般侧重用于出资的知识产权要具备确定、现存、可评估、可转让的特点。因此，申请人在以知识产权出资时，要确定其是否符合以下四个要件的要求：

其一，确定性，是指用于知识产权出资的标的物必须是特定的现实对象。

也就是说，标的物应当明确、具体，不能仅仅是一种抽象的概念。

其二，现存性，是指用于出资的知识产权必须是事实上已经依法获得的知识产权，而且出资者对该知识产权依法享有处分权。

其三，可评估性，是指用于出资的知识产权必须具有能够通过客观评价予以确认的具体价值，即可以用货币进行具体估价。如果无法通过客观评价确认具体价值，无法用货币进行具体估价，则该知识产权不能用于出资。

其四，可转让性，是指为了使公司股东能够履行出资义务，用于出资的知识产权应适合独立转让，即权利可以发生独立、完整的转移。

《中华人民共和国公司法》（以下简称《公司法》）《中华人民共和国中外合资经营企业法》都明确规定知识产权的出资范围为工业产权和非专利技术（也称专有技术）。在我国，工业产权包括专利权和商标权这两类权利。由此，应注意到知识产权出资标的中不包括著作权。

二、知识产权的类型

结合我国现行的知识产权规定以及智慧旅游中常涉及的知识产权，现重点介绍下列几种知识产权类型：

（一）工业产权

1. 商标

商标是用来区别一个经营者的品牌或服务和其他经营者的商品或服务的标记。我国商标法规定，经商标局核准注册的商标，包括商品商标、服务商标和集体商标、证明商标，商标注册人享有商标专用权，受法律保护，如果是驰名商标，将会获得跨类别的商标专用权法律保护。

2. 专利

专利权是发明创造人或其权利受让人对特定的发明创造在一定期限内（一般 20 年）依法享有的独占实施权。根据新《中华人民共和国专利法》（以下简称《专利法》）第 2 条，本法所称的发明创造是指发明、实用新型和外观设计。

（1）发明，是指对产品、方法或者其改进所提出的新的技术方案。发明审查严格、含金量高，分为产品发明（如机器、仪器、设备和用具等）和方法发明（制造方法）两大类。

（2）实用新型，是指对产品的形状、构造或者其结合所提出的适于实用的新的技术方案。实用新型具有成本低、研制周期短等特点。授予专利权的发明和实用新型，应当具备新颖性、创造性和实用性。

（3）外观设计，是指对产品的形状、图案或者其结合以及色彩与形状、图案的结合所作出的富有美感并适于工业应用的新设计，例如具有新造型的茶壶可申请外观设计专利。

专利分防卫型和攻击型，其中防卫型专利申请的权利要求针对本公司的技术和产品，适当扩大权利要求范围，目的是保护本公司产品不被竞争对手仿制，保护产品市场；攻击型专利申请的权利要求涵盖竞争对手的产品，这是通过预测市场趋势并针对下一代新产品必要的技术申请的专利，将来可以告别人或防卫或收取许可费。工业产权还包括禁止不正当竞争、商业秘密、地理标志等内容。

（二）著作权

著作权也称版权，是保护作者原创作品，授予创作者对自己作品进行复制、公开展演及授权他人进行上述活动的独占权，版权覆盖音乐、艺术、文学、影视作品和计算机软件等。根据版权的表现形式，可分为软件著作权和作品著作权。

1. 软件著作权

软件著作权是指软件的开发者或者其他权利人依据有关著作权法律的规定，对于软件作品所享有的各项专有权利。软件著作权按照登记对象可分为个人登记和企业登记，如果企业要申报双软认证或高新技术企业认定，须保证著作权是企业登记的状态。

2. 作品著作权

作品著作权是指文学、艺术、科学作品的作者对其作品享有的权利（包括财产权、人身权）。版权，即著作权，是知识产权的一种类型，其作品是由自然科学、社会科学以及文学、音乐、戏剧、绘画、雕塑、摄影、图片和电影摄影等方面的内容组成。

三、知识产权侵权

知识产权的侵权行为，一般认为包括对著作权、商标权、专利权、商业秘密权、反不正当竞争权等智力成果权的侵害行为。

（一）知识产权侵权行为

（1）未经授权，在生产、经营、广告、宣传、表演和其他活动中使用相同或者近似的商标、特殊标志、专利、作品和其他创作成果；

（2）伪造、擅自制造相同或者近似的商标标识、特殊标志或者销售伪造、擅自制造的商标标识、特殊标志；

（3）变相利用相同或者近似的商标、特殊标志、专利、作品和其他创作成果；

（4）未经授权，在企业、社会团体、事业单位、民办非企业单位登记注册和网站、域名、地名、建筑物、构筑物、场所等名称中使用相同或者近似的商标、特殊标志、专利、作品和其他创作成果；

（5）为侵权行为提供场所、仓储、运输、邮寄、隐匿等便利条件；

（6）违反国家有关法律、法规规定的其他侵权行为。

（二）知识产权侵权行为构成要件

（1）违法性。这是知识产权侵权行为一个重要的构成要件。

（2）损害事实（结果）。在一般民事侵权理论侵权的构成中，都认为损害事实是民事侵权的构成要件之一。但是已经有不少学者提出，在知识产权侵权构成中，损害事实（结果）已经不再是必需的构成要件，这也是知识产权侵权行为与一般民事侵权行为的不同点之一。

（3）因果关系。这是一般民事侵权理论中，构成民事侵权行为的必备要件，但由于有些侵犯知识产权的行为并不要求有损害后果，因此只有对造成损害后果的知识产权侵权行为，需要确定侵权人所应承担的责任大小时，因果关系的认定才有意义。

（4）主观要件。在知识产权侵权行为的构成中并不是以主观过错为必备要件。我国专利法第 63 条第 2 款、商标法第 56 条第 3 款均确立了无过错的侵权责任。从以上的立法条例中可以看出，即使行为人是无过错的，也应承担侵权责任，只不过其承担的侵权责任要比有过错的轻，有过错的行为人除承担停止侵权、销毁侵权产品、消除影响等侵权责任外往往还要承担损害赔偿责任。

（三）知识产权侵权责任

1. 知识产权侵权民事责任

（1）责令停止侵权行为，消除影响；

（2）依法封存有可能转移、隐匿、销毁的有关财物、资料；

（3）消除现存物品上侵权的商标标识、特殊标志、专利标记、作品和其他创作成果；

（4）收缴并销毁侵权商标标识、专利标记、特殊标志；

（5）收缴直接用于侵权的模具、印版和其他工具；

（6）侵权商标、特殊标志、专利、作品和其他创作成果与物品难以分离的，责令并监督销毁。

2. 知识产权侵权刑事责任

（1）假冒注册商标罪。根据《中华人民共和国刑法》（以下简称《刑法》）

第 213 条，未经注册商标所有人许可，在同一种商品上使用与其注册商标相同的商标，情节严重的，处三年以下有期徒刑或者拘役，并处或者单处罚金；情节特别严重的，处三年以上七年以下有期徒刑，并处罚金。

（2）销售假冒注册商标的商品罪。根据《刑法》第 214 条，销售明知是假冒注册商标的商品，销售金额数额较大的，处三年以下有期徒刑或者拘役，并处或者单处罚金；销售金额数额巨大的，处三年以上七年以下有期徒刑，并处罚金。

（3）非法制造、销售非法制造的注册商标标识罪。根据《刑法》第 215 条，伪造、擅自制造他人注册商标标识或者销售伪造、擅自制造的注册商标标识，情节严重的，处三年以下有期徒刑、拘役或者管制，并处或者单处罚金；情节特别严重的，处三年以上七年以下有期徒刑，并处罚金。

（4）假冒专利罪。根据《刑法》第 216 条，假冒他人专利，情节严重的，处三年以下有期徒刑或者拘役，并处或者单处罚金。

任务二　创新创业相关法律法规

一、企业法律风险概述

所谓“企业法律风险”，是指在法律实施过程中，由于行为人做出的具体法律行为不规范而导致的，与企业所期望达到的目标相违背的法律不利后果发生的可能性。从系统的角度讲，企业风险可以分为企业决策风险、企业管理风险、非经营风险（由于客观环境的变化而给企业带来的难以抗拒的风险）以及法律风险。法律风险融通于各种企业风险中，不是孤立的一种企业风险，从形成原因和表现形式上看，具有多样性，一般可以分成如下两类：

（1）直接的法律风险。指法律因素导致的或者由于经营管理时缺乏法律支持而带来的各类企业风险，例如企业决策判断时缺乏法务支持而导致的决策风险，企业管理体系中合同管理、知识产权管理、管理人法律意识等欠缺而导致的管理风险，立法调整而导致的非经营风险。

（2）间接的法律风险。指非法律因素的各类企业风险发生后，给企业带来的各种法律后果，例如财务风险带来的法律风险，企业经营失败后给股东带来的企业清算责任，企业决策在实施中因为战争、自然灾害等不可抗力导致的经营失败给企业带来的民事赔偿以及法律纠纷。

本任务主要学习创新创业团队在创业初期、新产品开发阶段、创业经营过程中、创业终止时相关的风险以及涉及的法律法规。

二、创业初期相关风险及法律法规

（一）创业组织相关风险及法律法规

政府对大学生创业的扶持是针对大学生创业组织的，所以依法创立一个适合自己的创业组织显得尤其重要。一些没有进行注册的创业行为，比如大学生摆摊、没有营业执照的外卖等，都脱离了法律的监管。所以大学生进行创业，应当根据投资额、合作伙伴、所进入的行业等情况成立一个创业组织形式并进行工商登记。这就需要进行创业组织形式的选择，因为不同的创业组织形式具有不同的相关规定。

1. 不同创业组织形式的责任承担

一般而言，大学生进行创业所能选择的创业组织形式包括个体工商户、个人合伙、个人独资企业、合伙企业、有限责任公司等形式。不同的创业组织形式自身所存在的法律风险是不一样的。个体工商户、个人合伙、个人独资企业的投资者，对该组织形式的债务承担无限责任或者无限连带责任；普通合伙企业的合伙人、有限合伙企业的普通合伙人对合伙企业债务承担无限连带责任，而有限合伙企业的有限合伙人则以其认缴的出资额为限对合伙企业债务承担有限责任。我国《公司法》规定，有限责任公司的股东也是以其认缴的出资额为限对公司债务承担有限责任。

由于我国尚没有个人破产法律制度，一旦创业者对创业组织形式的债务承担无限或者无限连带责任，且该组织的债务又是比较庞大的话，则创业者不但会倾家荡产，并且还将因还债的巨大压力面临无法重新创业的局面。因此，创业者在创业时，如果选择的是个体工商户、个人独资企业等组织形式，应尽量控制该组织的资产负债率；如果选择的是个人合伙、普通合伙企业等组织形式，由于人合的因素，部分创业者可能无法控制该组织的债务规模，那创业者应当通过合伙协议、规章制度、参加保险等法律措施对组织的债务规模进行约束，对相关的风险进行控制和规避；而如果选择的是有限合伙企业、有限责任公司，因有限合伙企业的有限合伙人、公司股东由于对组织债务承担的是有限责任，这些创业者就不必考虑这方面的风险了。

2. 不同创业组织形式的管理成本

从个体工商户、个人合伙、个人独资企业、合伙企业、有限责任公司这样的顺序讲，组织运行的管理成本是不断增加的。个体工商户、个人合伙、个人独资企业、合伙企业往往没有注册资本的要求，而有限责任公司则有注册资本的要求。即使在有限责任公司的两种组织形式之间，管理成本也是不同的。2005 年公司法修改后，允许设立一人有限责任公司，许多人也注册了一人有限责任公司。但一人有限责任公司的注册资本的最低要求是 10 万元，必须一次性交齐，而一般有限责任公司的最低注册资本为 3 万元，对于注册资本高于 3 万元的可以分期缴纳。如果一人有限责任公司在运行过程中没有将公司与股东、家庭严格区分，则有可能股东要对公司债务承担无限责任，那成立一人有限责任公司就失去意义了。因此，选择创业组织形式时应考虑到创业者在组织运行后对管理成本的承受能力。

3. 不同创业组织形式人合风险

另外，在一些创业组织形式中还存在着人合风险。个人合伙、合伙企业、有限责任公司这些组织形式，明显存在着人合性质。合伙人之间、股东之间会发生各种各样的冲突，如经营思想、利益甚至性格的冲突。这些冲突往往会演变为组织的僵局，使组织因为创业者之间的矛盾而陷于危机。因此，在选择这些创业组织形式的同时，选择志同道合、善于沟通、以创业组织利益为重的合作者是非常重要的。

4.《公司法》简介

《公司法》是指规定公司设立程序、组织机构、活动原则及其对内对外关系的法律规范的总称。从狭义上讲，《公司法》是指 1993 年 12 月 29 日第八届全国人民代表大会常务委员会第五次会议通过，根据 1999 年 12 月 25 日第九届全国人民代表大会常务委员会第十三次会议第一次修正，根据 2004 年 8 月 28 日第十届全国人民代表大会常务委员会第十一会议第二次修正，2005 年 10 月 27 日第十届全国人民代表大会常务委员会第十八次会议修订，根据 2013 年 12 月 28 日第十二届全国人民代表大会常务委员会第六次全议第三次修正。现行版本是全国人民代表大会常务委员会于 2018 年 10 月 26 日第四次修正的。

（二）场地租赁相关风险及法律法规

创业场地的选择和租赁也是创业初期的一个重要事项。大学生刚刚走向社会，有的甚至在校期间就开始创业，一般社会经验和法律意识相对薄弱，在租赁过程中可能会遇到一系列的风险，比如在租赁场地时没有对其进行充分调查，只经过口头协议而没有签订正式合同，从而引发风险；还有对于出租场地的修改和装修等相关事项没有清楚地进行约定，造成后期装修时产生纠纷；还有对于租金、水电、物业费等费用的支付，如果在租赁时没有合理约定，均有可能产生风险。

拓展知识 8-2：场地租赁示范合同

租赁场地最好签订租赁合同，其内容包括租赁物的名称、数量、用途、租赁期限、租金以及支付期限和方式、租赁物维修等条款。承租人和出租人在租赁开始日可将租赁分为融资租赁和经营租赁。经营租赁是一种由租赁公司向承租单位在短期内提供设备，并提供维修、保养、人员学习等的服务性业务，又称服务性租赁。融资租赁是由租赁公司按承租单位要求出资购买设备，在较长的合同期内提供给承租单位使用的融资信用业务，它是以融通资金为主要目的的租赁。租赁期限6个月以下的，可以由当事人自由选择合同的形式。无论采用书面形式还是口头形式，都不影响合同的效力。租赁期限6个月以上的，应当采用书面形式。未采用书面形式的，不论当事人是否就期限作了约定，都视为不定期租赁。

（三）新产品开发技术合同风险及法律法规

当前，我国把科技创新放在创新驱动发展的核心位置，大量成果转化、创新创业的激励政策密集出台，市场活力被激发出来，技术交易快速增长，作为创新源头的高校院所与创新主体的企业之间蕴含着巨大的合作潜能。大学生创新创业，特别是在智慧旅游新产品的开发方面，绝大多数是技术研发和创新的主力，在创新创业过程中，都牵涉到技术合同的签订。《民法典》第843条规定："技术合同是当事人就技术开发、转让、许可、咨询或者服务，订立的确立相互之间权利和义务的合同"。技术合同登记是我国特有的科技管理方式，2019年我国技术合同成交额首次超过2万亿元，释放技术市场的巨大能量。

拓展知识8-3：《民法典》中的技术合同

1. 技术合同的定义和类型

《民法典》第843条在定义中增加了技术许可合同这一合同类型，第863条明确了技术许可合同的外延，即包括专利实施许可、技术秘密使用许可等合同。明确了技术许可合同为一种独立的技术合同类型，将之前参照技术转让合同的专利实施许可合同纳入进来，并增加了技术秘密实施许可合同。建议企业在签订技术合同时要参照《民法典》，明确技术合同的类型，即属于哪一类，再具体确定双方义务、技术成果归属等条款。不同合同类型的法律规定有很大不同。

2. 技术秘密的保密义务

《民法典》第868条第1款所示，承担保密义务的主体由"技术秘密转让合同的让与人"变为"技术秘密转让合同的让与人和技术秘密使用许可合同的许可人"。技术秘密因其秘密性而具有价值，一旦被泄露，所有人都可以使用，就失去了其该有的经济价值。《民法典》第868条第2款规定除当事人另有约定除外，保密义务不限制许可人申请专利。

技术秘密许可合同的许可人仅仅是将技术秘密许可给被许可人在一定的期限内使用，被许可人仅享有使用权，并没有所有权，因此许可人有权对其技术秘密进行处分，包括申请专利。而专利的灵魂是用公开换保护，申请专利意味着技术秘密要被公开，这与保密义务是相冲突的，因此法律才会在这里作例外规定。《专利法》第11条规定："专利被授予后，除另有规定的以外，任何单位或者个人未经专利权人许可，都不得实施其专利。"因此，即使许可人申请专利公开了技术秘密，其他人也不能随意使用，对被许可人利益造成的损失很小，其竞争优势并没有丧失，所以法律赋予许可人申请专利的权利是合理的。

3. 工作费用的负担

实践中，因"技术咨询合同和技术服务合同中的工作费用由谁支付"的问题产生过很多法律纠纷，《民法典》第886条特对这两种合同中工作费用的负担作了明确规定：如没有约定或约定不明的，由受托人负担。在技术咨询和技术服务合同中，如果是受托人一方，要注意明确约定工作费用由委托人承担，切忌想当然地认为自己为了展开工作所支付的费用都应当由委托人支付，如果没有事先约定，即使日后诉至法院也无法得到法律的支持，所有工作费用只能由自己负担。在其他类型的技术合同中，《民法典》并没有对工作费用作上述类似的推定，但是为了保险起见，也应当在技术合同条款中明确工作费用的负担方以及具体费用条目。

三、创业经营过程中相关风险及法律法规

（一）人事管理相关风险及法律法规

合理的人事管理可以保证企业的正常运转。大学生创业虽然规模小，但是仍然需要招聘正式或兼职员工。企业人力资源管理的各个环节，从招聘开始，到面试、录用、使用、劳动合同的签订、员工的待遇直至员工离职这一系列流程，都有相关劳动法律法规的约束，企业不遵守法律的行为都有可能给企业带来法律纠纷甚至赔偿责任。比如聘用了与原用人单位签订有商业秘密保护协议或者同业限制协议并在有效期内的员工，将会导致企业承担连带赔偿责任。在处理这些劳动关系时必须遵守劳动法的相关规定，按照规定与员工签订劳动合同，并注意购买社会保险、发放员工福利、解除员工合同等细节问题。很多大学生创业因缺乏公司法和劳动法的相关知识，往往会忽视这些细节问题，从而引发法律纠纷。

广义的劳动法不仅包括《中华人民共和国劳动法》《中华人民共和国劳动合同法》（以下简称《劳动合同法》），还包括《中华人民共和国社会保险法》《中华人民共和国劳动争议调解仲裁法》等配套法律法规。《民法典》实施后，也有部分条文与人事管理相关，例如劳动者履职中因为故意或重大过失给单

位造成损失的，单位在对外承担赔偿责任后可以直接依法向劳动者追偿。

（二）知识产权相关风险及法律法规

大学生创业的优势在于善于把握时机和其创新能力。大学生有一定的创新能力，但是完全自我创新有一定的困难，有时会因跟风创新，不知不觉使用了他人的知识产权，造成侵权，产生法律风险。另外，大学生在创业初期，由于经验不足，自我知识产权保护意识不强，未能及时对自己的知识产权进行保护，导致被他人抢先注册，产生法律纠纷。这方面的风险还包括公司的企业名称权、商标权、专利权以及电子商务领域的企业网站域名等被侵权的风险。根据现行法规，知识产权风险防范方面主要应注意“先申请先保护”原则，以及权利的及时续展维护等相关内容。

（三）税收相关风险及法律法规

依法纳税是每个企业应尽的义务，大学生创业也必须按照相关规定纳税。尤其是很多大学生依靠网络平台进行创业，如果没有纳税意识，不主动纳税，出现问题才补缴，这样长此下去必然会产生风险。

拓展知识8-4：《税收征收管理法》

推进大众创业、万众创新，是发展的动力之源，也是富民之道、公平之计、强国之策。近年来，大众创业、万众创新持续向更大范围、更高层次和更深程度推进，创新创业与经济社会发展深度融合，对推动新旧动能转换和经济结构升级、扩大就业和改善民生、营造公平营商环境和创新社会氛围发挥了重要作用。截至2021年6月，我国针对创新创业的主要环节和关键领域陆续推出了100多项税费优惠政策措施，覆盖企业整个生命周期。国家税务总局也发布了《“大众创业 万众创新”税费优惠政策指引汇编》，创新创业团队可按图索骥寻找适合自己的税费优惠政策。

拓展知识8-5：《“大众创业 万众创新”税费优惠政策指引汇编》

（四）合同相关风险及法律法规

合同作为一种实现合同当事人利益的手段或者工具，具有动态性，双方当事人通过合同确定的权利义务的履行，最终需要确定某种财产关系或者财产权属状态的变化，而当合同利益的取得或者实现出现障碍，根源于合同利益的损失风险就展现出来。比如履行合同不符合约定要承担违约赔偿责任，或者企业给代理人授权不明签订合同要承担的法律风险，又如买卖合同履行过程中审查不严格造成的付错款风险，再如技术转让合同中没有制约对方的关键条款造成技术成果不能实现的风险等，这些都属于合同法律风险。

合同法律风险指企业在经营过程中，在经济合同订立、生效、履行、变更和转让、终止及违约责任的确定过程中，利益受到损害的风险。大学生在经营企业过程中最主要的风险便是合同风险。多数大学生创业者对委托开发合同、买卖合同、租赁合同等创业中需要熟练掌握的合同概念缺乏深度了解，对识别合同的法律风险也缺乏足够的认知，为此这里特别归纳了相关知识。

1. 订立合同时的风险和注意事项

（1）无合同不交易。完备的书面合同对于保证交易安全乃至维系与客户之间的长久关系十分重要。应尽可能与客户签署一式多份的书面合同，保证多份合同内容完全一致并妥善保存。

（2）有行动必留痕。妥善保管对于证明双方之间合同具体内容具有证明力的下述资料：与合同签订和履行相关的发票、送货凭证、汇款凭证、验收记录，在磋商和履行过程中形成的电子邮件、传真、信函等资料。在合同履行过程中双方变更合同约定，包括数量、价款、交货、付款期限等，也要留下书面凭证。

（3）慎用善用公章。完善有关公章保管、使用制度，杜绝盗盖、偷盖等可能严重危及企业利益的行为。在签署多页合同时加盖骑缝章并在紧邻合同书最末一行文字处签字盖章，防止缺乏商业道德的客户采取换页、添加等方法改变合同内容侵害权益。

（4）慎用授权文书。企业业务人员对外签约时需要授权，在有关介绍信、授权委托书、合同等文件上尽可能明确而详细地列举授权范围，以避免不必要的争议。业务完成后尽快收回尚未使用的介绍信、授权委托书、合同等文件。

（5）员工离职通知相关客户。企业业务人员离开企业后，在与其办理交接手续的同时，向该业务人员负责联系的客户发送书面通知，告知客户业务人员离职情况。特别是在创新创业期间，共同创业者一旦有变动，更要对外进行公告和提醒。

（6）撤销问题合同注意期限。如果认为客户在签署合同过程中存在欺诈、胁迫行为的，或者事后发现签署合同时对合同内容有重大误解或认为合同权利义务安排显失公平的，可以请求法院撤销合同。但是务必自知道或者应当知道撤销事由之日起一年内行使撤销权，否则将失去请求法院撤销合同的权利。当然，在撤销权行使期限内提出的请求是否能得到法院支持还将取决于所举证据是否充分。

（7）注意定金条款。在签订合同时，当事人可能为了确保合同履行而要求相对方交付定金，由于“定金”具有特定法律含义，请务必注明“定金”字样。如果使用了“订金”“保证金”等字样且在合同中没有明确表述一旦支付方违约将不予返还、一旦收受方违约将双倍返还的内容，法院将无法将其认定为定金性质。

（8）保证条款要明确。如果需要对方提供保证担保的，在与相关客户签署保证合同时，务必表述由保证人为债务的履行提供保证担保的明确意思，避免使用由对方“负责解决”“负责协调”等含义模糊的表述，否则法院将无法认定保证合同成立。

（9）注意保证性质。为了业务需要向他人提供保证担保的，无论是债权人还是保证人，在签署保证合同时要写明保证期间起止点。如果没有明确约定，保证期间视为主债务履行期届满之日起六个月；保证合同约定的保证期间早于或者等于主债务履行期限的，视为没有约定，保证期间为主债务履行期届满之日起六个月；保证合同约定保证人承担保证责任直至主债务本息还清时为止等类似内容的，视为约定不明，保证期间为主债务履行期届满之日起二年。虽然选择“连带保证”还是“一般保证”取决于双方谈判磋商，但保证合同中务必写明“连带保证”或者“一般保证”字样。如果没有明确约定，视为连带保证责任。

（10）注意保证时间。采取“一般保证”方式的保证合同所担保的债务到期后没有偿还的，债权人务必在保证期间内向债务人和保证人提起诉讼或者仲裁。采取“连带保证”方式的保证合同所担保的债务到期后没有偿还的，务必在保证期间内以可以证明的有效方式向保证人明确要求其立即履行担保义务。如果债权人没有在保证期间内行使权利，保证人将免除对债权人的担保责任。

（11）抵押经登记有效。如需要对方提供抵押担保的，建议在签署抵押合同时立即到有关登记机关办理登记手续。仅有抵押合同而没有办理登记手续将可能使相关权益丧失实现的基础。若同一财产向两个以上债权人抵押的，抵押权已经登记的先于未登记的受偿。如果合同相对方在签署抵押合同后拖延、拒绝协助办理抵押登记手续，建议尽快向法院起诉请求法院判决对方协助办理登记手续。

（12）质押要转移占有。如需要对方提供质押担保的，建议在签署合同时立即办理质押担保物或者权利凭证的交接手续。仅签署质押合同而没有实际占有质押物的，质押不成立，将无法实现质押担保的目的。

2. 合同履行过程中的风险和注意事项

（1）企业内部管理人员变更等不影响合同效力。无论是单位改变名称、企业股权易手，还是法定代表人、负责人、经办人变更，都不能成为不履行合同的理由，这也是维系企业商业信誉的重要保证。

（2）市场变化，解约须慎重。经济形势的变化往往导致货物市场价格发生剧烈波动。建议不要轻易选择主动违约、解除合同或者提起诉讼等方式解决，平等协商、寻找双方都能接受的解决方案更有利于减少损失。

（3）付款方式须可靠。确定付款方式时，无论是付款方还是收款方，除了金额较小的交易外，请尽量通过银行进行结算。现金结算涉及经办人签收，签收效力认定可能会有不必要的麻烦。

（4）验收异议及时提。购进货物是企业经营的日常业务，请注意及时验收货物，发现货物不符合合同约定的，请务必在合同约定的期限内尽快以书面方式向对方明确提出异议。不必要的拖延耽搁，可能会导致索赔权的丧失。

（5）商业秘密要保护。在磋商、履行合同过程中，不可避免地接触到交易伙伴的商业信息甚至是商业秘密，在磋商、履行合同乃至履行完毕后务必不要泄露或者使用这些信息，否则将可能承担相应责任。

（6）合理行使不安抗辩权。在合同履行过程中，如果有确切证据证明对方经营状况严重恶化、转移财产或者抽逃资金以逃避债务、丧失商业信誉、有丧失或者可能丧失履行债务能力的其他情形的，可中止履行依照合同约定应当先履行的义务，并及时通知对方当事人，等待对方提供适当担保。中止履行后，对方在合理期限内未恢复履行能力并且未提供适当担保的，可以解除合同。不可直接解除合同或拒绝履行，否则将承担违约责任。

（7）解除异议及时提。对合同相对方提出解除合同通知存在异议的，若合同约定了异议期限，请务必在约定期限内向对方以书面方式提出异议。如果在约定期限届满后才提出异议并向法院起诉的，法院将无法支持。

（8）对方违约也须及时止损。如果合同相对方违约，不管是什么理由，均应及时采取措施，防止损失扩大，由此产生的合理费用将由违约方承担。如果消极对待、放任损失的扩大，损失扩大的部分将无法请求合同相对方承担。

（9）诉讼时效期间内必须有动作。客户拖欠货款在企业经营过程中时有发生，注意法律关于诉讼时效的规定，向法院请求保护民事权利的诉讼时效期间为三年。可采取在诉讼时效期间届满前以向对方发送信件或者数据电文等可以证明主张权利的有效方式进行处理，信件中务必要有催请尽快支付拖欠货款的内容。必要时应在诉讼时效期间内提起仲裁或诉讼。

四、创业终止时相关风险及法律法规

企业终止通常是指企业彻底结束相关营业活动。大学生创业失败或者是其他原因导致的企业终止，应该到相关的政府部门进行依法注销，否则就会面临企业被他人非法利用。

另外，对企业终止后偿还债务存在一定风险的，承担债务的方式也会因组织形式的不同而产生区别。以有限责任公司为组织形式的，大学生创业者应以注册时的资金为限承担有限责任；组织形式是个人独资企业、合伙企业和个体工商户等形式，可按照创业组织存在期间的债务，以个人资产或家庭共同财产承担无限连带责任。

任务三　创新创业法律风险防控

一、企业法律风险防控及管理

一般企业法律风险是指企业经营中由于不懂法律规则、疏于法律审查、逃避法律监管所造成的经济纠纷和涉诉给企业带来的潜在或已发生的重大经济损失。造成法律风险的原因通常是违反有关法律法规、合同违约、侵权（例如：知识产权）、或怠于行使公司的法律权利等。法律风险带来的结果都是商业性的，或者导致花费增加，或者失去商机或商业优势，法律风险甚至可能带来灭顶之灾。

（一）企业法律风险产生的因素

法律风险产生的原因有很多，根据引发法律风险的因素来源，可以分为企业外部法律风险和企业内部法律风险。所谓企业外部法律风险，是指由于企业以外的社会环境、法律环境、政策环境等外在因素引发的法律风险，包括立法不完备，法律变迁，执法不公正，竞争对手或合同相对人的人为因素及不可抗力等。由于引发因素不是企业所能够控制的，因而企业不能从根本上杜绝外部环境法律风险的发生。所谓企业内部法律风险，是指企业内部管理、经营行为、经营决策等因素引发的法律风险，表现为企业自身法律意识淡薄，对法律环境认知不够，经营决策不考虑法律因素，甚至违法经营等。

在风险防范的时机选择上，事后控制不如事前预防，应在源头上消除企业法律风险的发生，尽可能避免或减少法律风险转化为法律障碍、法律危机。企业必须走出误区，将法律风险管理置于企业管理的前沿。

（二）企业法律风险防范的措施

1. 完善法律风险防范体系建设

大型企业可以设专职高管人员担任企业总法律顾问，并设置法律事务部门，配备具有企业法律顾问资格的员工专职从事法律事务工作，从组织上保证企业依法经营与维权。对于创新创业企业来说，可以聘请专业的企业法律顾问，由其展开专项的法律事务工作来实现对法律风险的防范和控制，这些专项的法律事务工作包括参与企业重大经营决策、参与审核企业规章制度、负责企业合同管理、负责企业知识产权管理、参与企业重大经济活动、负责处理企业纠纷等。

2. 建立参与机制

企业应把法律工作的重心从事后补救转移到事前防范，加大法律咨询论证的工作力度。其主要基于以下考虑：一是由被动参与向主动参与转变；二是由一般咨询型向筹划设计型和谈判主导型转变；对重大项目运作模式、风险责任分担以及协议合同框架设计等重要经营问题，要与法律顾问一起作出系统论证和设计，作为项目洽谈和运作的基本依据；三是由随意型向制度型转变，创新创业团队应从强化制度建设入手，明确法律人员参与重大项目决策和运作的方式和程度，实现法律咨询论证工作制度化、规范化和常态化。

3. 强化合同监控

强化合同监控，能够大大减少法律风险。具体可采取以下措施：一是实行合同集中管理；二是实行合同网上监控，将涉及合同的各种数据录入计算机，并对录入数据进行网络实时维护、审核、监控；三是实行合同文本标准化，推行合同标准示范文本和招投标示范文本格式，规范常用的合同文本，减少并逐渐杜绝签订合同过程中出现的经营漏洞。

二、创业团队成员法律风险及防控

（一）创业团队成员的用工管理与风险防控

防微杜渐、未雨绸缪，提前设计好核心团队成员的用工权益，应该成为管理者的一个核心意识。创业团队核心成员，在职期间可以是股东、高管、资方，一旦离职就可能迅速转换为竞争对手、弱势群体、劳方，这样的转换可能会带给创业企业相应的法律风险。为了防控这种风险要尽量做到以下几点：

（1）创业团队成员作为劳动者，也需要签劳动合同，否则可以向公司主张因未签劳动合同双倍赔偿工资。

（2）赋予核心团队成员股权时，既要有权利，同时要事先设定义务和条件；赋予股权，要提前设计好退出机制。对核心团队成员事先设定竞业限制条款，否则容易出现团队有人带着部分成员离职去竞争对手那里，或自立门户的情况。

（3）创业初期，团队必须有一个可以一锤定音的“灵魂”成员，故股份安排时，“灵魂”合伙人应占多数股份；且对于普通有限责任公司，在进行股权安排时，应适当预留考虑未来股权激励和融资的份额和大致方案。

（4）创业团队成员需要遵守单位的规章制度，例如规章制度中加班如何认定必须明确且有操作性，否则创业团队核心成员离职后可以向劳动仲裁提出未休带薪年假等。

（二）分清公司财产与个人财产

很多创业型企业老板，都认为公司是自己的，财产也是自己的，自己就是公司，公司就是自己，殊不知蕴藏巨大风险。

公司股东滥用公司法人独立地位和股东有限责任，逃避债务，严重损害公司债权人利益的，应当对公司债务承担连带责任；一人有限责任公司的股东不能证明公司财产独立于股东自己财产的，应当对公司债务承担连带责任；公司存在资本显著不足，或股东与公司人格高度混同，或者股东对公司进行不正当支配和控制情形的，可以认定属公司股东滥用公司法人独立地位和股东有限责任的行为。

企业要严格按照规范的财务制度运作，避免将企业财产与个人财产混同。应保留足够证据证明企业财产与个人财产已完全分开，以免个人为公司债务承担连带清偿责任。个人投入企业的注册资金，以及企业通过合法经营赚取的利润，在企业没有进行利润分配之前，都并不完全等同于企业家的个人资金。

三、知识产权风险防范

（一）知识产权出资范围认识不全面的风险与防控

根据法律规定，广义范围内的知识产权均可以作为出资的形式。因此，版权以有关权利、商标、专利、非专有技术、厂商名称权、集成电路布图设计、未披露信息等都是可以利用的出资方式。因此，对于高新技术企业来说，在创建初期以知识产权出资为主，但可出资的范围是比较大的，未获得专利保护的非专有技术同样可以出资，不应仅仅局限在专利或商标方面。否则，将不能充分发挥知识产权的广泛性和价值性，降低出资成功的机会。

（二）知识产权出资协议的风险与防控

1. 知识产权权利瑕疵的风险与防控

对于技术出资方而言，应避免其存在任何知识产权合法性、完整性的法律风险。如果职务技术成果、软件职务作品等存在权属争议，将从根本上影响出资的成立。因此，可考虑在投资协议或合同中写明：“投资方保证，所投入的高新技术投资前是其独家拥有的技术成果，与之相关的各项财产权利是完全的、充分的并且没有任何瑕疵”，并约定相应的缔约过失责任。

2. 知识产权出资价值评估中的风险与防控

知识产权的评估价值关系到其市场应用及盈利价值，同时也关系到股权比例或控制权强度，在评估过程中，忽视以下因素往往导致评估结果失误：审核高新技术前期开发费用不实；同类产品或技术的市场风险预测不准确，市场潜力和价值分析出现偏差；后续开发费用投入预测失当。如果评估失实或不当，技术出资方将在知识产权价值保护上承受重大不利。

3. 知识产权出资比例的风险与防控

根据法律规定，知识产权出资的最高比例可达百分之七十，这说明法律鼓励以知识产权出资，但过高或过低的出资比例同样存在着法律风险。因此，必须根据实际情况选择合适的出资比例。

4. 知识产权有效期限制的风险与防控

以工业产权中的专利权和商标权出资都必须在其有效期内，如果超过期限，就属于出资瑕疵了，而以非专利技术出资就无期限限制了。

5. 尽快建立知识产权出资登记公示制度

公示的具体内容可以包括知识产权出资人姓名、标的知识产权权利内容、知识产权出资额、知识产权出资比例、知识产权出资是否实缴到位等信息，并允许社会公众查阅。

（三）出资后知识产权转移的风险与防控

对于投资控股高新技术企业，更深层的意义在于控股股东能真正掌握所投资的高新技术。因此，在合作协议中，当事人如忽略或轻视技术成果的权属问题，或者约定含混、不明，容易导致争议发生，尤其是对技术开发方而言，会造成知识产权保护的重大障碍。这种隐患将可能导致技术成果的组成部分被不正当地利用、泄露，或完整性缺失。

为防止高新技术被擅自转让，在投资合作协议或公司章程中可考虑采取如下措施：明确约定知识产权归公司所有；明确约定各方具有知识产权保密义务；通过技术员工股权激励的方式保护知识产权。

（四）建设知识产权管理体系

1. 实施知识产权风险预警

知识产权风险的产生是由于经营管理中存在的不确定因素造成的，因此加强风险防范是降低风险的主要且有效途径。在企业研发活动中，在项目立项阶段，应认真进行专利检索和分析评判；研发活动完成后，通过健全的评审程序确定有效的保护形式，及时采取申请专利等不同的形式对研发成果进行保护；在采购阶段评价供应商知识产权状况，通过合同的方式约束供应商，以避免由于供应商对他人知识产权的侵权给企业造成知识产权侵权风险；新产品销售前，加强专利预警、商标、营销方案、广告语等相关知识产权查询，规避侵权风险，同时还应当加强对竞争对手的定期监控，防止他人侵犯本企业的知识产权。

2. 建立健全知识产权档案

知识产权档案是侵权纠纷中的重要法律证据，健全完备的知识产权档案可有效地应对侵权诉讼。健全完整的知识产权档案包括研发活动的研发记录、知识产品评审资料、专利申请文件交底书等与研发成果相关的所有资料和文件。具体的企业知识产权档案应根据知识产权活动的特点进行整理归纳，保证各类资料文件的完整完备，以更好地防范和应对知识产权风险。

3. 采取合同约束防范措施

合同是市场经济活动中重要且基本的法律文件，企业在知识产权风险管理中应积极地利用合同的法律效力来防范风险。在采购环节中要求供货商在合同中明确确保所提供的产品不侵犯他人知识产权，或一旦侵权供应商承担相应的侵权责任；自主研发后委托他人制造时，企业与指定厂家签署合同时，应在合同条款中约定对方对未申请保护的知识产权进行保密；对于合作开发的技术，应明确合作中各方对研发成果的所有权、使用权和收益权。

为防范企业员工不当行为给企业带来的知识产权风险，尤其是企业核心管理和技术人员在设计过程中可能会重复以往的设计方案、技术解决方案等，若此类人员跳槽到其他企业，易引起法律纠纷，给企业带来知识产权风险。因此企业还应当加强对企业人员的合同约束，与企业员工签订职务发明归属、竞业禁止等协议，明确员工应保守商业机密、技术机密，从而防范内部用工流失给企业造成的知识产权风险。

4. 利用专利信息进行技术方案规避设计以防范侵权风险

企业在产品投放市场时，对前期未进行充分检索或针对意外出现的侵权风险进行预警、FTO 分析，以避免投放市场后的侵权诉讼。如果发现存在侵权风险时，可以利用专利信息，例如专利权人为获得专利而放弃的技术、现有技术中描述的技术、省略部分要素及相应性能的技术、说明书及附图中记载，但未反映在权利要求书中的技术方案来有效规避侵权风险。

四、算法风险及防控与管理

为了规范互联网信息服务算法推荐活动，维护国家安全和社会公共利益，保护公民、法人和其他组织的合法权益，促进互联网信息服务健康发展，弘扬社会主义核心价值观，根据《中华人民共和国网络安全法》《中华人民共和国数据安全法》《中华人民共和国个人信息保护法》（以下简称《个人信息保护法》）《互联网信息服务管理办法》等法律、行政法规，国家互联网信息办公室起草了《互联网信息服务算法推荐管理规定（征求意见稿）》（以下简称《算法规定草案》），其内容实际上涉及了之前热议的许多话题，例如“大数据杀熟”、隐私问题、外卖配送调度问题等，同时也对互联网服务中算法里的很多细节进行了规定。智慧旅游产品中，不少会涉及算法，值得创新创业团队重视。

（一）相关定义

《算法规定草案》第二条规定，在中国境内应用算法推荐技术提供互联网信息服务（“算法推荐服务”）的，适用本规定，并进一步明确了“应用算法推荐技术”的定义，即“应用生成合成类、个性化推送类、排序精选类、检索过滤类、调度决策类等算法技术向用户提供信息内容”。以上适用范围非常广泛，从定义中可以看到该规定基本上囊括了互联网产品中涉及的大部分算法技术服务，如图片视频 AI 生成；各类推荐、搜索、热榜；外卖、网约车的调度等。各类提供算法推荐服务的互联网公司几乎都在监管范围内，如各类短视频平台、电商平台、社交平台及餐饮外卖平台等。

（二）禁止关于算法的不正当竞争行为

1. 不得实施流量造假

《算法规定草案》第十三条明确规定，“算法推荐服务提供者不得利用算法虚假注册账号、非法交易账号、操纵用户账号，或者虚假点赞、评论、转发、网页导航等，实施流量造假、流量劫持”，对流量造假、流量劫持行为明令禁止。

2. 不得操纵搜索结果

《算法规定草案》第十三条进一步规定，“不得利用算法屏蔽信息、过度推荐、操纵榜单或者检索结果排序、控制热搜或者精选等干预信息呈现，实施自我优待、不正当竞争、影响网络舆论或者规避监管”。

（三）特定群体的特殊保护

1. 禁止“大数据杀熟”，保障消费者合法权益

2021 年 8 月 20 日发布的《个人信息保护法》针对“大数据杀熟”行为提出了相关应对措施，如规定个人信息处理者利用个人信息进行自动化决策，不得对个人在交易价格等交易条件上实行不合理的差别待遇。

与《个人信息保护法》相呼应，《算法规定草案》也针对“大数据杀熟”

提出了类似措施，规定算法推荐服务提供者向消费者销售商品或者提供服务的，“不得根据消费者的偏好、交易习惯等特征，利用算法在交易价格等交易条件上实行不合理的差别待遇等违法行为”。

2. 防止未成年人沉迷网络，保障未成年人身心健康

《算法规定草案》针对未成年人网络保护进行了特殊规定，要求算法推荐服务提供者向未成年人提供服务的，应当开发适合未成年人使用的模式、提供适合未成年人特点的服务，不得向未成年人用户推送可能引发未成年人模仿不安全行为和违反社会公德行为、诱导未成年人不良嗜好等可能影响未成年人身心健康的信息内容，或利用算法推荐服务诱导未成年人沉迷网络（见《算法规定草案》第十六条）。

3. 完善平台调度服务，保障劳动者权益

《算法规定草案》第十七条规定，“算法推荐服务提供者向劳动者提供工作调度服务的，应当建立完善平台订单分配、报酬构成及支付、工作时间、奖惩等相关算法，履行劳动者权益保障义务”。

（四）算法推荐服务提供者义务

1. 落实算法安全主体责任

《算法规定草案》规定，算法推荐服务提供者作为算法安全主体，应履行以下主体责任：①建立健全用户注册、信息发布审核、算法机制机理审核、安全评估监测、安全事件应急处置、数据安全保护和个人信息保护等管理制度；②制定并公开算法推荐相关服务规则；③配备与算法推荐服务规模相适应的专业人员和技术支撑。

2. 维护法律及公序良俗，倡导主流价值导向

《算法规定草案》除了强调算法推荐服务应遵守法律法规，同时也强调应尊重公序良俗，倡导主流价值导向。为此，《算法规定草案》规定算法推荐服务提供者应：①定期审核、评估、验证算法机制机理、模型、数据和应用结果等，不得设置诱导用户沉迷或者高额消费等违背公序良俗的算法模型；②加强信息内容管理，防止违法信息扩散，保存有关记录，并向网信部门报告；③加强用户模型和用户标签管理，不得将违法和不良信息关键词记入用户兴趣点或者作为用户标签并据以推送信息内容，不得设置歧视性或者偏见性用户标签；④加强算法推荐服务版面页面生态管理，建立完善人工干预和用户自主选择机制，在各个重点环节积极呈现符合主流价值导向的信息内容。

五、直播带货的风险及防控

对于被疫情冲击的旅游业，国内各大景区、旅游公司都在采用直播的形式迅速“回血”。直播对于旅游业而言，有更强烈的销售促进功能。旅游直播正在改变过去的旅游营销模式，创造出“所见即所得、想买就能买”的全新旅游营销模式。2020年的6月28日，人力资源和社会保障部发布9个新职业，其中包括“互联网营销师”“直播销售员”等5个工种。不少文旅创新创业团队也瞄准了旅游直播这一方向。

（一）直播带货的主体及法律关系

在直播电商的产业链中，主要分为上游、中游和下游三个层级。上游为商家以及生产者，中游为直播带货平台、MCN机构以及主播团队，下游为消费者。因此，直播带货一般有生产者—商家（自聘主播）—MCN机构或外部独立主播团队—直播带货平台—消费者这六个主体。

1. 主体定位

（1）商家：根据《中华人民共和国广告法》（以下简称《广告法》）的规定，商家既是广告主，又是广告经营者；根据《中华人民共和国电子商务法》（以下简称《电子商务法》）的规定，商家是电子商务平台内经营者；根据《中华人民共和国消费者权益保护法》（以下简称《消费者权益保护法》）的规定，商家是经营者；根据《中华人民共和国产品质量法》（以下简称《产品质量法》）的规定，商家是销售者，但也可能是生产者。

（2）主播：根据《广告法》的规定，主播是广告代言人。

（3）直播带货平台：根据《广告法》的规定，直播带货平台是广告发布者；根据《电子商务法》的规定，直播带货平台是电子商务平台经营者。

2. 法律关系及适用的法律

（1）生产者与商家的法律关系：买卖合同关系或委托合同关系。法律适用《民法典》等。

（2）生产者与消费者的法律关系：对商品质量进行保证及履行质保责任。法律适用《消费者权益保护法》等。

（3）商家与消费者的法律关系：买卖合同关系。法律适用《民法典》《消费者权益保护法》等。

（4）商家与MCN机构（外部独立主播团队）的法律关系：委托合同关系。法律适用《民法典》等。

（5）商家与自聘主播的法律关系：劳动合同关系。法律适用《劳动合同法》等。

（6）商家与直播带货平台的法律关系：服务合同关系。法律适用《民法典》《电子商务法》等。

（7）消费者与直播带货平台的法律关系：服务合同关系。法律适用《民法典》《电子商务法》等。

（8）MCN 机构（外部独立主播团队）与直播带货平台的法律关系：服务合同关系。法律适用《民法典》《电子商务法》等。

（9）MCN 机构与外部独立主播团队的法律关系：经纪合同关系或劳动合同关系。法律适用《民法典》《劳动合同法》等。

（10）消费者与外部独立主播团队无任何法律关系：此处需要注意，主播的直播带货行为其背后是促成消费者和商家之间的交易，主播只是广告代言人，并非商品和服务的提供方。

（二）直播带货的法律风险及防控

在直播带货中，由于不同主体之间存在着多重且复杂的法律关系，因此基于其法律关系，有必要对法律风险予以防控，以下列举的是直播带货过程中较为常见的违法风险。

1. 违反《广告法》的风险

（1）发布虚假广告的风险。商家作为广告主，如果提供的商品或者服务与带货时不符，则应当依照《电子商务法》《民法典》《消费者权益保护法》的规定，承担继续履行、退货、更换、修理、支付违约金、赔偿损失等违约责任。不参与实际交易的主播作为广告经营者、发布者和代言人，虽然只是提供产品链接，不是合同相对方，但其在直播过程中对商品、服务作出的承诺，也可能构成网络购物合同的内容，比如对“买一赠一”“假一赔十”的承诺等。此时，如果商家拒绝履行合同义务，主播就应当在其承诺范围内承担责任。

此外，发布虚假广告，致使消费者遭受人身、该产品以外的其他财产损害的，应当承担侵权责任。根据《广告法》第五十六条的规定，侵权责任首先应由广告主承担。广告经营者、发布者不能提供广告主真实名称、地址和有效联系方式的，消费者可以要求广告经营者、发布者先行赔偿。如果是关系到消费者生命健康的商品或者服务的虚假广告，造成消费者损害的，其广告经营者、发布者、代言人应当与广告主承担连带责任。其他商品或者服务的虚假广告，造成消费者损害的，广告经营者告发布者、代言人，明知或者应知广告虚假仍设计、制作、代理、发布或者作推荐、证明的，应当与广告主承担连带责任。

除民事责任外，上述主体还可能承担广告费用数倍以上罚款的行政责任。

广告主、广告经营者、广告发布者甚至可能构成《刑法》第二百二十二条所规定的虚假广告罪，面临二年以下有期徒刑或者拘役的刑事处罚。

（2）违规使用广告语的风险。根据《广告法》第九条的规定，广告不得有下列情形：使用或者变相使用中华人民共和国的国旗、国歌、国徽，军旗、军歌、军徽；使用或者变相使用国家机关、国家机关工作人员的名义或者形象；使用“国家级”“最高级”“最佳”等用语；损害国家的尊严或者利益，泄露国家秘密；妨碍社会安定，损害社会公共利益；危害人身、财产安全，泄露个人隐私；妨碍社会公共秩序或者违背社会良好风尚；含有淫秽、色情、赌博、迷信、恐怖、暴力的内容；含有民族、种族、宗教、性别歧视的内容；妨碍环境、自然资源或者文化遗产保护；法律、行政法规规定禁止的其他情形。

由于缺乏法律认识，一些主播在直播带货时习惯使用“国家级”“最佳”“最强”等词语；也多有存在上述违法宣传行为的情形，这些行为都有可能被认定为违反《广告法》，最低处罚的标准即是 20 万元起步。

3. 违反《中华人民共和国反不正当竞争法》（以下简称《反不正当竞争法》）的风险

（1）进行欺诈性销售。欺诈性销售包括假冒他人商标；未经授权，擅自使用与知名产品近似的名称及包装；直接使用他人企业名称，使人误解以及伪造、冒用认证标识这几类情形。这种行为但凡发生，会毫无争议地被认定为构成不正当竞争，因此主播在直播带货时需要慎之又慎。

（2）发布虚假广告。发布虚假广告是指经营者利用广告或者其他使公众知道的方法，对产品的质量、制作成分、性能、用途、生产者、有效期限、产地等作引人误解的虚假宣传。因此，主播推销的商品应与事先发布的商品链接一致，且实时有效。主播不得违规推广商品和服务，不得利用直播发布虚假广告，或对商品和服务进行虚假宣传，欺骗、误导消费者。

（3）掠夺定价。掠夺定价一般是具有市场主导地位的企业，以击垮和打压竞争对手为目的，将低于成本价格或远低于市场一般价值的商品对外销售的行为。但销售鲜活商品，处理有效期即将到期的商品或者其他积压商品，季节性降价，因清偿债务、转产、歇业等原因而降价销售的商品等不属掠夺定价的范畴。

（4）欺骗性有奖销售。商家和带货主播在直播时谎称有奖或者让内部人员中奖的方式欺骗消费者，进而推销质次价高的产品。这种行为在无形中破坏了市场的公平竞争，符合欺骗性有奖销售的不正当竞争行为的认定标准。

（5）诋毁竞争对手商业信誉。主播在直播带货时为突出拟推荐商品或服务在某一方面的优秀品质，将该商品或服务与市场上的同类竞品进行对比。根据《广告法》第九条、第十三条，这一行为可能涉嫌贬低其他生产经营者，并可能涉嫌损害竞争对手的商品声誉，构成商业诋毁的不正当竞争行为。实践中，涉案广告的真实性越低，则就该特定生产者、销售者关于其商品声誉受损的主张，法院就越有可能予以支持。

4. 广告代言人未经实际使用的风险

根据《广告法》第三十八条第一款规定，广告代言人在广告中对商品、服务作推荐、证明，应当依据事实，符合本法和有关法律、行政法规规定，并不得为其未使用过的商品或者未接受过的服务作推荐、证明。

5. 带货时侵害他人知识产权的风险

为吸引流量，一些主播在直播中肆意侵害他人知识产权，引发了许多类似争端。另外，未经版权方同意，擅自使用已经录制的传播表演及演唱会等内容进行直播带货的，也属于侵害他人知识产权的行为。

6. 侵害他人肖像权、隐私权及其他人格权的风险

众所周知，直播带货的场景非常多元和广泛，特别是在公共场所进行录制时，不可避免地会将他人的形象一同录入。因此，在一定程度上极易对他人的人格权进行侵害。例如长时间身处饭馆进行直播带货的情境，饭馆内邻桌吃饭的自然人会长期出现在镜头当中，导致其肖像主体没有被淡化，如此便有可能产生纠纷，最终涉诉。

7. 商家与 MCN 机构合作可能存在的风险

实际中经常会出现 MCN 机构违反直播带货平台相关规则，导致其账号被平台下线、冻结、删除甚至是清退的情形发生。因 MCN 机构无法继续通过平台进行带货对商家造成损失，还将导致商家的损失无限扩大。另外，需要注意的是，若 MCN 机构在直播带货中对商品的性能、功能、质量、销售状况存在虚假宣传造成消费者损害的，商家应当承担相应连带责任。另外，一些 MCN 机构还会通过采取虚假交易的方式，帮助商家卖货。这种行为一旦被监管部门查实，商家也要承担欺诈消费者的“三倍赔偿责任”。

商家在主播带货前需要对其带货内容进行严格审核，并严格规范主播言行。在商家与 MCN 机构签订合作协议时，需要约定清晰双方的结算标准和方式，对违约责任的约定也需避免歧义。

8. 主播流动的风险

一名主播从培育到最终获得市场认可，往往需要几年时间，期间 MCN 机构可能对其投入了巨额资金。但主播和 MCN 机构之间多为劳动合同关系，根据《劳动合同法》的相关规定，员工只需提前 30 日向用人单位申请离职，企

业便再难对其进行约束。这将直接导致主播在离职后，对企业造成重大损失，甚至还会出现主播直接倒投竞品企业影响商家市场占有率和销量的情形发生。为避免主播离职后给企业带来损失，建议对于企业重点培育的主播，需要签订竞业限制协议，明确约束主播离职后的去向，避免出现上述风险。

9. 其他法律风险

（1）禁止刷单、诱导好评。根据《电子商务法》第十七条规定，电子商务经营者应当全面、真实、准确、及时地披露商品或者服务信息，保障消费者的知情权和选择权。电子商务经营者不得以虚构交易、编造用户评价等方式进行虚假或者引人误解的商业宣传，欺骗、误导消费者。因此，主播在直播带货时不能以刷单或者诱导好评的方式销售货物，违者可能会被认定为违反《电子商务法》及《反不正当竞争法》。

（2）禁止搭售商品。根据《电子商务法》第十九条规定，电子商务经营者搭售商品或者服务，应当以显著方式提请消费者注意，不得将搭售商品或者服务作为默认同意的选项。因此，主播在直播带货时不能将商品进行搭售，违者可能导致商家被行政部门处罚。

（3）入驻商家核验登记。根据《电子商务法》第二十七条规定，电子商务平台经营者应当要求申请进入平台销售商品或者提供服务的经营者提交其身份、地址、联系方式、行政许可等真实信息，进行核验、登记，建立登记档案，并定期核验更新。因此，直播带货平台需要对入驻商家及 MCN 机构或外部独立主播团队进行核验。此处需要注意，平台有定期核验更新的义务。

（4）自营业务需区别登记。根据《电子商务法》第三十七条规定，电子商务平台经营者在其平台上开展自营业务的，应当以显著方式区分标记自营业务和平台内经营者开展的业务，不得误导消费者。因此，主播在直播带货时，针对销售平台自营的商品，应当及时向消费者进行展示和披露。

（5）用户个人信息的保护。根据《电子商务法》第二十三条的规定，电子商务经营者收集、使用其用户的个人信息，应当遵守法律、行政法规有关个人信息保护的规定。

因此，商家和主播在直播带货时应注意对个人信息的保护，特别是需要区分个人信息和个人敏感信息的处置要求。实践中，对个人信息保护的要求非常细致和复杂，这些都对商户和直播带货平台的合规建设提出了高要求。

【思政园地】

创新创业者应具有企业家精神

习近平同志指出："我们全面深化改革，就要激发市场蕴藏的活力。市场活力来自于人，特别是来自于企业家，来自企业家精神。"其中，企业家精神应包括创新、诚信、爱国、敬业等优秀特质。

一、应在爱国敬业上作表率

我们要坚定信念跟党走，不断增强中国特色社会主义道路自信、理论自信、制度自信和文化自信。要坚定产业报国、实业强国的信念，把个人梦、企业梦融入国家梦、民族梦，始终屹立时代潮头、引领发展先河。

二、应在守法经营上作表率

守法诚信是企业安身立命之本。我们要加强自我学习、自我教育、自我提升，依法经营、依法治企、依法维权，不行贿，不欠薪，不逃税，不侵权，不偷排，不失信，自觉维护健康有序的市场秩序。要践行亲清新型政商关系，做到既讲真话、说实情、建诤言，满腔热情支持地方发展，又洁身自好、不越雷池，始终讲正气、走正道，推进清廉民营企业建设，做到聚精会神办企业、遵纪守法搞经营，在合法合规中提高企业竞争力。

三、应在创业创新上作表率

创业创新是强企之基。我们要心无旁骛创新创造，踏踏实实办好企业，聚焦实业，做精主业，把转型升级作为凤凰涅槃之举，加大科技研发力度，把握数字化、网络化、智能化融合发展契机，立足自身，苦练内功，提升经营、管理水平，增强主动去杠杆意识和风险防控能力，提高核心竞争力，面向世界，面向未来，把企业做强做优，实现高质量发展，努力成为具有省内顶尖、国内一流、世界领先的企业。

四、应在回报社会上作表率

企业越发展，承担的社会责任也越大。要致富思源、富而思进、富而思报，先富帮后富，带动共同富裕，努力实现企业壮大、地方增收、百姓得益、贡献大家的多赢发展。要主动服务全局战略，勇于承担社会责任，感恩党和政府的改革开放和社会主义市场经济体制，努力寻求企业发展和社会责任的最大公约数，画出社会价值最大同心圆。

点评：干在实处永无止境，走在前列要谋新篇，勇立潮头方显担当。新时代、新征程、新使命，要高举习近平新时代中国特色社会主义思想伟大旗帜，全面贯彻新发展理念，大力弘扬新时代民营企业家精神，一颗红心跟党走，一板一眼谋战略，一心一意抓主业，一马当先闯天下，一身正气搞经营，一腔热忱做公益，合力开创更加美好的明天，为实现中华民族伟大复兴的中国梦做出新的更大贡献！

思考与练习

一、判断题

1.《专利法》所指的发明创造仅指专利发明。（　　）

2. 未经授权，在生产、经营中使用相同或者近似的商标、特殊标志，构成知识产权侵权行为。（　　）

3. 即使行为人是无过错的，只要侵犯了他人的发明创造，也应承担侵权责任。（　　）

4. 我国尚没有个人破产法律制度。（　　）

5. 即使许可人申请专利公开了技术秘密，其他人也不能随意使用。（　　）

6. 创业团队成员作为劳动者，也需要签劳动合同，否则可以向公司主张因未签劳动合同双倍赔偿工资。（　　）

7. 商家作为广告主，如果提供的商品或者服务与带货时不符，则应当承担继续履行、退货、更换、修理、支付违约金、赔偿损失等违约责任。如果商家拒绝履行合同义务，主播就应当在其承诺范围内承担责任。（　　）

二、选择题

1. 知识产权是权利人依法就（　　）下列客体享有的专有的权利。

A. 发明、实用新型、外观设计　　B. 商标

C. 地理标志　　D. 商业秘密

E. 植物新品种

2. 技术合同是当事人就（　　）订立的确立相互之间权利和义务的合同。

A. 技术开发　　B. 技术转让　　C. 技术许可　　D. 技术咨询

E. 技术服务

3. 创业场地的选择和租赁也是创业初期的一个重要事项。租赁期限（　　）以下的，可以由当事人自由选择合同的形式。无论采用书面形式还是口头形式，都不影响合同的效力。

A. 3 个月　　B. 6 个月　　C. 1 年　　D. 无论多久

4. 根据法律规定，版权以有关权利、（　　）、未披露信息等都是可以利用的出资方式。

A. 商标、专利　　B. 非专有技术

C. 集成电路布图设计　　D. 个人肖像权

E. 厂商名称权

5. 知识产权出资最高比例可达（　　），这说明法律鼓励以知识产权出资。

A. 百分之三十　　B. 百分之五十

C. 百分之七十　　D. 百分之九十

6. 由于缺乏法律知识，一些主播在直播带货时习惯使用“国家级”“最佳”“最强”等词语；也多有存在上述违法宣传行为的情形，这些行为都有可能被认定为违反《广告法》，最低处罚的标准既是（　　）起步。

A. 5 万元　　B. 10 万元　　C. 20 万元　　D. 50 万元

三、思考题

1. 什么是知识产权？基于其无形性，衍生出哪些特征？

2. 创业者在订立合同时有哪些风险和注意事项？

3. 为了规范互联网信息服务算法推荐活动，维护国家安全和社会公共利益，保护公民、法人和其他组织的合法权益，促进互联网信息服务健康发展，弘扬社会主义核心价值观，根据《算法规定草案》，不得利用算法进行哪些不正当竞争行为？否则要承担什么样的法律后果。

4. 根据《广告法》，在直播带货中，作为广告代言人的主播不得在推荐的时候涉及哪些内容和词汇？

参考答案

参考文献

[1] 张凌云，黎巎，刘敏 . 智慧旅游的基本概念与理论体系 [J] . 旅游学刊，2012，27（05）：66–73.

[2] 许晔，孟弘，程家瑜 . IBM“智慧地球”战略与我国的对策 [J] . 中国科技论坛，2010（04）：20–23.

[3] 许晔，郭铁成 .IBM“智慧地球”战略的实施及对我国的影响 [J] . 中国科技论坛，2014（04）：148–153.

[4] 吴勇毅 .“智慧的地球”是救世主还是乌托邦？ [N] . 今日科苑，2009（07）.

[5] IBM. 智慧地球赢在中国 [R] . http://www–900.ibm.com，2008–11–06.

[6] 本刊讯 . 国务院发布促进智慧城市健康发展指导意见 [J] . 中国公共安全，2013（19）：40.

[7] 李德仁，姚远，邵振峰 . 智慧城市的概念、支撑技术及应用 [J] . 工程研究 – 跨学科视野中的工程，2012，4（04）：313–323.

[8] 章秀琴 . 智慧旅游服务生态系统的概念、特征及构建 [J]. 电子政务，2017（04）：106–113.

[9] 金卫东 . 智慧旅游与旅游公共服务体系建设 [J] . 旅游学刊，2012，27（02）：5–6.

[10] 任瀚 . 智慧旅游定位论析 [J] . 生态经济，2013（04）：142–145.

[11] 兰菊萍，田满文 . 无景点旅游视阈下养生旅游开发模式研究 [J] . 浙江师范大学学报（社会科学版），2013，38（06）：71–76.

[12] 徐波林，李东和，钱亚林 . 智慧旅游：一种新的旅游发展趋势——基于现有研究成果的综述 [J] . 资源开发与市场，2013，29（07）：781–784.

[13] 钟栎娜，邓宁 . 智慧旅游：理论与实践 [J] . 上海：华东师范大学出版社 . 2017（12）

[14] 莫琨 . 智慧旅游的安全威胁与对策探讨 [J] . 旅游纵览（下半月），

2013（04）：302–303.

［15］郑耀星，曾祥辉．福建省乡村智慧旅游发展创新策略研究［J］．资源开发与市场，2014，30（09）：1138–1141.

［16］浙江省智慧旅游建设工作方案［EB /OL］. http：/ /blog.sina.com.cn/s/blog_6da77cdf01016or4. Html，2015–03–16.

［17］姚国章．“智慧旅游”的建设框架探析［J］．南京邮电大学学报（社会科学版），2012，14（02）：13–16+73.

［18］杜鹏，杨蕾．智慧旅游系统建设体系与发展策略研究［J］．科技管理研究，2013，33（23）：44–49.

［19］张红梅，梁昌勇，徐健．智慧旅游云服务概念模型及服务体系研究［J］．北方民族大学学报（哲学社会科学版），2016（01）：138–141.

［20］李萌．基于智慧旅游的旅游公共服务机制创新［J］．中国行政管理，2014（06）：64–68.

［21］李云鹏，胡中州，黄超．旅游信息服务视阈下的智慧旅游概念探讨［J］．旅游学刊，2014，29（05）：106–115.

［22］姚志国，鹿晓龙．智慧旅游——旅游信息化大趋势［M］．北京：旅游教育出版社，2013 ：17.

［23］付业勤，郑向敏．我国智慧旅游的发展现状及对策研究［J］．开发研究，2013（04）：62–65.

［24］［美］约瑟夫·熊彼特．经济发展理论［M］．北京：商务印书馆，1990.

［25］陈劲．企业创新生态系统［M］．北京：科学出版社，2017.

［26］周航．重新理解创业：一个创业者的途中思考［M］．北京：中信出版社集团，2018.

［27］张玉利，李乾文，李剑力．创业管理研究新观点综述［J］．外国经济与管理，2006（05）：1–7.

［28］张冰，白华．“高校创新创业教育”概念之辨［J］．高教探索，2014（03）：48–52.

［29］缑婷，鲍洪杰，刘泽文．市场分析与创业机会识别［M］．北京：经济管理出版社，2017.

［30］刘婷婷．顾客满意视角下的“痛点”营销研究［D］. 兰州理工大学，2017.

［31］刘佳，李新春．模仿还是创新：创业机会开发与创业绩效的实证研究［J］．南方经济，2013（10）：20–32.

［32］牛君仪．体验型旅游产品类型及开发研究［J］．学术交流，2014（01）：125–128.

［33］陈一．城市文创旅游与地域旅游视觉形象设计构建［J］．社会科学家，2020（10）：71–76.

［34］郑家亨．统计大辞典［M］．北京：中国统计出版社，1995.

［35］余成龙，郭钢，吕昱．产品策划在产品创新设计体系中的应用方法［J］．重庆大学学报（自然科学版），2003（11）：34–37.

［36］杨振之，陈谨．旅游产品策划的理论与实证研究［J］．四川师范大学学报（社会科学版），2006（04）：105–110.

［37］刘永刚．"一小时旅游圈"圈进城间游［N］．中国消费者报，2004（08）.

［38］朱艳梅．"一小时旅游经济圈"的旅游价值探析［J］．旅游纵览（下半月），2012（20）：23–24.

［39］朱孔山．论旅游产品设计与开发的原则［J］．商业研究，2002（14）：116–118.

［40］彭庆云．Photoshop在平面设计中的应用［J］．南昌师范学院学报，2019，40（03）：36–38.

［41］申蔚，曾文琪．虚拟现实技术［M］．北京：清华大学出版社，2009.

［42］刘键，彭莉．基于心流理论的沉浸式VR旅游产品设计［J］．设计，2018（19）：136–138.

［43］张占龙，罗辞勇，何为．虚拟现实技术概述［J］．计算机仿真，2005（3）：5–7.

［44］马妮，周润苗．基于H5技术的交互页面在旅游景区导览系统中的应用［J］．数字技术与应用，2018，36（06）：80–81.

［45］冯茂娥．华山西岳庙旅游产品开发研究［J］．现代商业，2009（26）：200–201.

［46］大卫·爱格．品牌经营法则［M］．呼和浩特：内蒙古人民出版社，1998.

［47］菲利普·科特勒．营销管理［M］．上海：上海人民出版社，2003.

［48］许娟．网络经济时代的企业市场营销策略［J］．商场现代化，2022（18）：32–34.

［49］侯明娟．新媒体时代品牌营销战略设计新思路［J］．营销界，2022（15）：8–10.

［50］陈志武．谈品牌营销［J］．关东学刊，2020（06）：38–48.

［51］偰静昱．新媒体语境下农产品品牌传播的现状、问题及对策［J］．西部广播电视 .2020（24）

［52］李倩倩．创意中插广告在品牌传播中的应用研究［J］．新媒体研究 .2019（12）

［53］胡玉琪．浅谈我国企业国际营销中的品牌管理策略［J］．商展经济 .2021（21）

［54］陈茂良．我国企业品牌营销及战略设计［J］．中国商界（下半月）.2008（07）

［55］孙晓云．企业品牌营销问题研究［J］．品牌研究 .2019（11）

［56］吴红辉．智慧旅游实践［J］．北京：人民邮电出版社 .2018（10）

［57］杭州智慧旅游规划课题组．杭州智慧旅游规划研究［M］．长春：吉林大学出版社 .2020（01）

［58］陆均良，宋夫华．智慧旅游新业态的探索与实践［J］．杭州：浙江大学出版社 .2017（04）